熬通宵 也要读完的

大清史

覃仕勇◎著

台海出版社

图书在版编目（CIP）数据

熬通宵也要读完的大清史 / 覃仕勇著 . —北京：
台海出版社，2018.9（2025.1 重印）

ISBN 978-7-5168-2055-1

Ⅰ.①熬… Ⅱ.①覃… Ⅲ.①中国历史－清代－通俗
读物 Ⅳ.① K249.09

中国版本图书馆 CIP 数据核字（2018）第 189710 号

熬通宵也要读完的大清史

著　　者：覃仕勇

责任编辑：戴　晨

出版发行：台海出版社

地　　址：北京市东城区景山东街 20 号　　　　邮政编码：100009

电　　话：010-64041652（发行，邮购）

传　　真：010-84045799（总编室）

网　　址：www.taimeng.org.cn/thcbs/default.htm

E－mail：thcbs@126.com

经　　销：全国各地新华书店

印　　刷：天津中印联印务有限公司

本书如有破损、缺页、装订错误，请与本社联系调换

开　　本：710 毫米 ×1000 毫米　　　　　1/16

字　　数：160 千字　　　　　　　　　印　张：15

版　　次：2018 年 11 月第 1 版　　　　印　次：2025 年 1 月第 3 次印刷

书　　号：ISBN 978-7-5168-2055-1

定　　价：45.00 元

第一章 清朝的特色制度 / 1

◎"蝌蚪"形满文的由来 / 1

◎关于清朝帝位的传承 / 4

◎清朝皇帝不与后宫女人共同过夜 / 9

◎清朝女子并不都裹脚 / 11

◎清朝严禁外国女子在中国生活 / 15

◎乾隆修书是文化盛举还是文化浩劫 / 19

◎令人感慨无限的清朝奏疏和朱批 / 21

◎爱新觉罗氏是不是宋徽宗后裔 / 26

◎大清龙旗悬挂英格兰之谜 / 29

第二章 后金的崛起 / 32

◎努尔哈赤的祖父和父亲无故冤死 / 32

◎努尔哈赤是被明朝逼反的吗? / 35

◎努尔哈赤到底有多强悍 / 37

◎与绝世美女东哥有关的故事 / 40

◎皇太极名字的由来 / 45

◎很有性格的阿巴泰拒婚之谜 / 46

◎皇太极可爱,但不质朴 / 49

◎皇太极喜爱的宝物,乾隆却嗤之以鼻 / 52

◎皇太极与海兰珠的故事 / 55

第三章 清朝入关 / 58

◎清朝捡漏入关之说 / 58

◎多尔衮怒斥朝鲜进贡美女真丑 / 61

◎吴三桂在明清交替之际的历史作用 / 63

◎大清肇兴,此人功不可没 / 69

熬通宵也要读完的大清史 ┃ 目 录 ┃

◎如何给洪承畴准确定位 / 72

◎顺治与董鄂妃凄美爱情的前后 / 82

第四章　康熙大帝 / 86

◎鳌拜其实只是康熙的假想敌 / 86

◎康熙时期的两部伟大文学作品 / 90

◎康熙身高一米五几？这里有最富说服力的证据 / 93

◎此清朝名将想把日本变为中国一省 / 95

◎大清名臣李光地的另一面 / 98

第五章　雍正大帝 / 101

◎何以雍正夺嫡篡位之说仍不停息 / 101

◎雍正到底有没有篡夺皇位 / 105

◎雍正为什么杀了他曾经的知己年羹尧 / 108

◎岳飞后裔被皇帝称为"三朝武臣巨擘" / 111

◎雍正与宋仁宗比"仁义" / 115

◎雍正炼丹致死之谜 / 118

◎最勤政的雍正却丢了贝加尔湖 / 122

第六章　乾隆大帝 / 126

◎乾隆把亲生女儿下嫁给了孔子后裔吗 / 126

◎乾隆骂纪晓岚是文学妓娼 / 130

◎乾隆为什么要禁《大义觉迷录》 / 132

◎说说乾隆帝的十全武功 / 135

◎乾隆以狮子搏兔的精神来平定大小金川叛乱 / 141

◎清军四次大规模进攻缅甸失败之谜 / 143

◎乾隆修十三陵，调包换东西 / 147

◎乾隆八十寿丢库页岛 / 150

◎乾隆帝的爱情表达方式让人欲哭无泪 / 155

◎乾隆为试婚女子赋诗 / 157

第七章 由盛转衰的嘉、道、咸三朝 / 160

◎禁宫中遇刺最多的皇帝 / 160

◎清朝贝勒爷误家误国,其父天天盼其早死 / 166

◎大清四品翎顶将军华尔到底是英雄还是流氓 / 168

◎清朝对皇子的教育 / 175

◎清官爷爷与贪官孙子 / 179

◎大清小贩在紫禁城卖馒头 / 182

第八章 女人当国(上) / 185

◎慈禧是美人吗 / 185

◎一杯残茶选定的皇后 / 187

◎同治中兴:纸糊的辉煌 / 191

◎丁宝桢设计斩杀慈禧心腹 / 194

◎"杨乃武与小白菜"冤案的背后 / 196

◎清朝惊世奇案之刺马案 / 198

◎红顶商人胡雪岩商海沉浮 / 205

◎左宗棠收复百万领土之功 / 208

◎慈禧为何要光绪帝称自己为"亲爸爸" / 211

◎慈禧为什么被称为"老佛爷" / 212

第九章 女人当国(下) / 215

◎光绪皇帝的死因 / 215

◎晚清状元的气节表现不输文天祥 / 218

◎慈禧属羊偏喜欢吃虎 / 220

◎慈禧太后的海量陪葬品 / 222

◎清末女英雄抗击八国联军 / 226

◎龚自珍后人是否引导英法联军火烧圆明园 / 230

第一章　清朝的特色制度

"蝌蚪"形满文的由来

　　明万历四十四年（1616 年），一代豪雄努尔哈赤在新宾县二道河子畔的赫图阿拉城称汗建国，国号"后金"。

　　显然，努尔哈赤这是在向世人宣告，自己这个政权和历史上曾经平辽灭宋的赫赫大金国是一脉相承的。

　　在记述满族历史的权威史料《满文老档》里，收录有努尔哈赤写给朝鲜国王的一封信，信中说："我大定汗曰：'我金国征赵徽宗、赵钦宗帝时，朝鲜王不助宋亦不助金，乃是公正大国也。'"

　　毫无疑问，努尔哈赤是在以史上金朝直系后裔自居。

　　然而，让人感到奇怪的是，大金帝国建立时，金太祖完颜阿骨打已经命令完颜希尹和叶鲁创造了女真文字，完颜希尹和叶鲁也奉命"依仿汉人楷书字，因契丹字制度，合本族语，制女真字"而获得了"女真仓颉"称号，女真族也从此有了属于本民族的文字。

可是，努尔哈赤的建州女真在辽东半岛上兴起时，却面临着没有本国文字的尴尬，以致其在与明朝、蒙古各部的交流和联系时，不得不借助于蒙古文字。

为此，努尔哈赤专门责令精通蒙古语言文字的官员额尔德尼和噶盖仿照蒙古字创制本民族文字。额尔德尼和噶盖勉为其难，参照蒙古字母，结合满族语音，创制了满文。额尔德尼和噶盖所创制的满文字母数目及形体与蒙古文字母大致相同，很粗鄙。三十余年后，即皇太极时期，皇太极让文臣达海对这种粗鄙文字进行加工改进。达海用在字母旁加圈加点、改变某些字母的形体、增加新字母等方法，规范了词形，改进了拼写方法，并表达了原来不能区分的语音。

作为区分，后世把额尔德尼和噶盖所创满文称为无圈点满文，把达海所改满文称为有圈点满文。

不难看出，完颜阿骨打大金帝国所创制的女真文字主要来源于汉字和契丹字；而努尔哈赤后金所创制的满文则来源于传统蒙古文。

汉字和契丹字属于表意文字（其实，契丹字也来源于汉字），由此，女真文字的笔画有横、直、点、撇、捺，很像汉字。

传统蒙古文可追溯至古代回鹘文，用字母表音，所以，在蒙古文基础上创制出来的满文形如蝌蚪。

努尔哈赤虽然自称是金朝直系后裔，却没能秉承金朝国语女真文，这让人对他的女真人身份很是生疑。

还有，尽管爱新觉罗们都口口声声说"爱新觉罗"就是"金子"的意思，但《金史》记载的女真姓氏里，有姓完颜的，有姓乌古论的，有姓纥石烈的，有姓徒单的，有姓女奚的，有姓兀颜的……就是没有姓爱新觉罗的。

说起来，女真是生活于中国东北地区的古老民族，三千多年前称"肃慎"，公元二至四世纪时期称"挹娄"，公元五世纪时期称"勿吉"（读音"莫吉"），公元六至七世纪称"黑水靺鞨"，公元九世纪起始更名"女真"（辽代为避辽兴宗耶律宗真讳，称"女直"）。"女真"一词来自古代女真语（jusen 或 julcen），在音译汉字时也写作："朱里真""珠申""诸申"等。公元1115年，女真族完颜部首领完颜阿骨打统一女真各部，并且在很短的时间内攻打下了辽国的北方首都上京，建立金国，定都会宁城。随后，平辽灭宋，入主中原。

于是，生活在白山黑水的女真人倾巢南下，抢占了中原锦绣河山。

1234年，在蒙古人的持续打击下，金国全盘崩溃，金国上上下下仓皇南逃。由于铁木真有先祖死于金国木驴之上，宋有靖康之耻，蒙古人和汉人都对女真人有彻骨之恨，蒙宋对女真人杀戮极重。就这样，在蒙宋的轮番辗压下，女真或被蒙古各部吞并，或融入汉族，作为一个民族已经不复存在。

这里面有一个值得注意的现象：金国在亡国之际，只顾一路向南跑路，始终没有做出过向北返回故乡的打算。这到底是什么原因呢？

原来，自从女真全族南下，黑龙江、松花江、图们江、长白山北部一带便出现了真空。填补这个真空的，是来自更北的通古斯原始社会部落群。这些原始部落群不断向东南迁移，融合当地未被女真吞并的靺鞨部落，成了后来的海西女真、野人女真和建州女真。

所以说，东北老家已没有了金国亡国奴的立足之地，他们只能向南逃命。而海西女真、野人女真和建州女真与金国女真并没有什么血缘关系。即完颜阿骨打所操女真语与努尔哈赤所操满语其实是截然不同的两种语系，努尔哈赤的满语没法沿用完颜阿骨打女真文字，那是理所当然了。有语言学家认为，满语属阿尔泰语系满-通古斯语族满语支，当然，也有人认为满语是从满-通古斯语族分离出来而成为阿尔泰语系中独立的分支的。努尔哈赤以金朝直系后裔自居，纯属给自己脸上贴金。

随着后金事业的壮大，1635年皇太极下令废除女真旧称，改族名为"满洲"，下诏说："我国原有满洲、哈达、乌喇、辉发等名。向者无知之人，往往称为诸申。夫诸申之号乃席北超墨尔根之裔，实与我国无涉。我国建号满洲，统绪绵远，相传奕世。自今之后，一切人等，止称我满洲原名，不得仍前妄称。"

1636年，皇太极更是摘掉了"金"字招牌，改国号为大清。

这么做，一方面是自信可以超越伪祖宗女真人，一方面是淡化汉人对自己的仇恨。

《满文老档》里载有皇太极写给大凌河守将祖大寿的一封信，信中说"金国汗致书与大将军。前李喇嘛、方吉纳等往来时，我诚心欲和……而明君臣，惟以前宋帝为鉴，竟无一言回报。然大明非宋帝之裔，我又非先金汗之后……"

这一句"然大明非宋帝之裔，我又非先金汗之后"，已经揭晓了事情的真相：此女真非彼女真，后金非先金之后！

 ## 关于清朝帝位的传承

在封建社会里，皇权至高无上，不容他人稍有染指，即使是父子兄弟，稍起觊觎之心，便伏尸流血，格杀勿论。

数千年来，中国历朝历代，为皇权的争夺，不知上演过多少惨不忍睹的悲剧。

单以最后一个中国封建王朝——大清王朝论，虽然在皇位承接上，没有出现大面积流血事件，但也是暗流涌动，杀机四伏，惊心动魄。

想那清太祖努尔哈赤征战四方，开疆拓土，威风八面，气吞山河，可谓一时豪杰。但大业尚未成功，只因为兄弟舒尔哈齐稍有侵犯到自己的威望，便翻脸杀人，夺其兵权，将之处死。

说起来，作为努尔哈赤同父同母的兄弟，舒尔哈齐与努尔哈赤此前一直是手足相护，共历患难。努尔哈赤十岁丧母时，舒尔哈齐五岁，两人一同遭受继母的虐待折磨；一同到深山野林采松子、猎野禽；一同投靠到外祖父王杲门下；一同被俘入明朝辽东总兵李成梁帐中；一同跟随李成梁征战沙场；一同凭借祖父遗留下来的十三副铠甲起兵。

可以说，在创建后金事业中，舒尔哈齐是努尔哈赤最得力的助手和主要战将，居功至伟。

然而，就因为在万历二十三年（1595年）间，舒尔哈齐向朝鲜来使申忠一说了一句"日后你金使（官名）若有送礼，则不可高下于我兄弟"，努尔哈赤便杀心顿现。

万历二十七年（1599年），建州兵征哈达，舒尔哈齐持重不战，努尔哈赤立刻"计杀之""腰斩之"。

为了维持权力的独占，努尔哈赤对待手足兄弟是这样，对待骨肉亲子也是这样。

努尔哈赤先后娶有十六位妻子，共生育十六个儿子和八个女儿。褚英是诸子之首，长于弓马，武艺高强，谙熟军事，勇敢善战。

万历二十六年（1598年），十九岁的褚英初次将兵征伐东海女真安楚拉库路，收取二十多个屯寨的部民而回，被赐号"洪巴图鲁"（汉语意为"勇士"）。

在万历三十五年（1607年）的乌碣岩（今朝鲜钟城境内）之战中，褚英冒着漫天大雪，一马当先，杀入敌阵，大败乌拉兵，打通了建州通向乌苏里江流域和黑龙江中下游地区的通道。

褚英也因此被赐号阿尔哈图土门（汉语为"广略"之意，也就是"大智勇"的意思），次年又被授命执掌国政。

褚英既是努尔哈赤长子，又执掌国政，当时的建州还没有立嫡以长的传统，那么，这背后意味着什么，褚英懂，很多人也都懂。

然而，在光明前景的照耀下，褚英没能保持应有的谦虚，终于招来了努尔哈赤的忌惮。

万历四十三年（1615年）八月二十二日，努尔哈赤将褚英处死。褚英死时，年仅三十六岁。

补一笔，努尔哈赤处死舒尔哈齐、褚英之事，本在乾隆朝已被乾隆谕旨从各种书籍中圈画删掉。但是百密一疏，1962年，人们在台湾台中市雾峰北沟"故宫博物院"地库里发现了一本《满文老档》（即《无圈点老档》），里面还保存有相关的文字记载。

努尔哈赤处死舒尔哈齐、褚英时，还没有建立后金。努尔哈赤建立后金的时间是万历四十四年（1616年），他在赫图阿拉称"覆育列国英明汗"，把自己的汗位捂得严严实实，直到死，也没指定谁是汗位继承人。

天命十一年（1626 年），努尔哈赤患毒疽不治身亡。

由于努尔哈赤生前没有明确指定汗位继承人，这就使得在他死后，尸骨未寒，后金内部便发生了激烈的汗位之争。

不过，努尔哈赤早早确立了八旗制度和四大贝勒共理朝政的制度。四大贝勒之首的代善是努尔哈赤次子，和褚英为一母所生，曾在褚英死后锋芒太盛而被努尔哈赤呵斥、打压，这段黑历史严重影响到汗位之争；二贝勒阿敏是舒尔哈齐之子，从父死子继的角度上说，他并不具备继承努尔哈赤汗位的资格，而且，舒尔哈齐也是有黑历史的人；三贝勒莽古尔泰是个"张飞""李逵"式的粗人。而作为四大贝勒之一的皇太极不但军事才能杰出，谋略、威望也远在其他人之上，最终压倒了其他三大贝勒，顺利地继承了汗位。

饶是这样，登上汗位的皇太极还是间不容情地囚禁了二贝勒阿敏并剥夺了三贝勒莽古尔泰的爵位。

皇太极的才干见识不在刘邦、刘秀、朱元璋之下，雄才大略、高瞻远瞩，早有"若得北京，当即徙都，以图进取"之意。

说起来，皇太极改国号为大清、去汗位而称帝，就已向天下表明：自己不仅是满洲的大汗，而且是蒙古人、汉人以及所有人的大汗，是大清国臣民的皇帝。

可是，崇德八年（1643 年），雄心勃勃、体壮如牛的皇太极却突然猝死于盛京后宫，享年五十二岁。

皇太极死得太突然了，生前未立皇储，临终前又没留下遗诏，致使诸贝勒又兴起了一场皇位争夺战。

皇太极的长子豪格和努尔哈赤生前最钟爱的第十四子多尔衮互不相让，差点就要兵戎相见。

最后，在诸王大臣的调停下，采取了平衡原则，推举年方六岁的福临登位，是为顺治帝。

而多尔衮以首辅摄政王的身份独掌了清初的朝政大权后，胡乱找了个因由，幽禁了曾经的政敌豪格，使豪格冤死狱中。

顺治短命，二十三岁就去世了。不过，在去世之前，他曾一度闹出过要出家参见佛祖的风波。

话说，顺治最宠爱的董鄂妃病死了，顺治痛不欲生，万念俱灰，就决心"披缁山林，孤身修道"，并在得道高僧溪森的主持下，剃光了头发，准备遁入空门。

在这种背景下，顺治指定了皇三子玄烨，即后来的康熙为自己的帝位继承人。

虽说在孝庄皇太后的阻挠下，顺治最终没能离宫出走，但也在短短几个月之后撒手尘寰，离开了人世。

康熙即位后，充分感受和认识到提前指定帝位继承人的好处，所以，在自己 22 岁时就参照汉族的"嫡长制"，册立刚满周岁的嫡长子胤礽为皇太子。

康熙以为，这么一来，自己驾崩之后，在帝位的交接上就不会有太大的波折了。

可是，预立了储君，当年努尔哈赤和长子褚英那不和谐的一幕又历史性地重现了。

皇太子胤礽长大成人后，虽然只是皇帝的继位者，还没成为皇帝，但意气自得，很多地方隐然显示出皇帝的威仪和气象。

这还了得?!

康熙大斥皇太子胤礽"欲分朕威柄，以恣其行事也"，以"专擅威权"等罪名废斥并拘执了皇太子胤礽，将之幽禁咸安宫。

废斥皇太子这一年，是康熙四十七年（1708 年），康熙帝五十五岁。

皇太子被废，其他原本对帝位无望的皇子莫不欢呼雀跃，一场激烈的储位之争迅速展开。

该争斗残酷血腥，杀人于无形。

康熙惊骇万分，苦不堪言。

为堵塞诸子争储之路，没有办法，康熙只能重走立嫡长子一途。

康熙四十八年（1709 年）三月初九日，康熙宣布复立皇太子胤礽，遣官告祭天地、宗庙、社稷。

对于自己废而复立的行为，康熙是这样解释的："皇太子前因魇魅，以至本性泪没耳。因召至于左右，加意调治，今已痊矣。"

然而，时间才过了两年，康熙便啪啪啪地自己打自己的脸了。

康熙五十年（1711年），康熙怀疑皇太子在暗中策划逼皇父尽早让位的阴谋，于是将太子党成员一勺烩，下谕旨说："诸大臣皆朕擢用之人，受恩五十年矣，其附皇太子者，意将何为也？"

康熙五十一年（1712年）九月三十日，康熙正式宣布再次废黜皇太子，他说："皇太子胤礽自复立以来，狂疾未除，大失人心，祖宗弘业断不可托付此人。朕已奏闻皇太后，着将胤礽拘执看守。"

这次废黜皇太子，康熙对左右说自己"毫不介意，谈笑处之"，并拒绝再预立皇太子，他还嘴硬得像煮熟了的鸭子，说："宋仁宗三十年未立太子，我太祖皇帝并未预立皇太子，太宗皇帝亦未预立皇太子。汉唐以来，太子幼冲，尚保无事；若太子年长，其左右群小结党营私，鲜有能无事者。……今众皇子学问、见识，不后于人，但年俱长成，已经分封，其所属人员未有不各庇护其主者，即使立之，能保将来无事乎？"

可是，诸子争储，明争暗斗，兵刀凶险，终是康熙的一桩心病。

康熙晚年抱病于床，心境苍凉，寄语诸子说："日后朕躬考终，必至将朕置乾清宫内，尔等束甲相争耳！"

康熙话中有话，说的是春秋五霸之一齐桓公的典故。齐桓公死后，诸子相攻，尸体被射满了箭矢，而且，两个多月未能入殓，蛆虫成群。

康熙最后的下场虽然没像齐桓公那样惨，但儿子雍正的继位问题却迷离扑朔，成了一个谁也说不清的千古之谜。

而也正因为雍正在即位问题上遭遇到了这么多沟坎、磨难和尴尬，最后脑洞大开，发明了一个独特的"秘密建储制"。

平心而论，雍正首创的"秘密建储制"是一种非常聪明的办法，既避开了皇储的风头与皇帝相抵的可能，又避免了继位者在继位问题上的争斗，并让皇子在公平的环境中竞争和成长。

对比一下明朝，明朝实行的就是"嫡长制"，皇子间没有竞争，诸王"列爵而不临民、食禄而不治事"，明朝的王爷，很多都是酒囊饭袋，成了社会的寄生虫；清朝诸王是"内襄政本、外领师干"，都能独当一面。

不过，清朝皇帝的生育本事却是一代不如一代，逐代递减。

康熙生子共三十五人，雍正生子十人，乾隆生子十七人，嘉庆生子五人，道光生子九人，咸丰生子两人（夭折了一个，剩下一个为同治帝），同治、光绪无子女。

所以，从咸丰以后，"秘密建储制"已经形同虚设了。

像光绪、宣统两帝，都是由慈禧太后的"懿旨立储制"一手指定的。

不管是"嫡长制"、"秘密建储制"还是"懿旨立储制"，最终都把封建王朝推入了"家天下"的死胡同。

 ## 清朝皇帝不与后宫女人共同过夜

民间传说，清世宗雍正皇帝胤禛是被民女吕四娘杀死的。

吕四娘是谁？

雍正五年（1727 年），出现有一个"曾静案"。即湖南人曾静遣其门徒张熙投书川陕总督岳钟琪，意欲策劝岳举兵反清。岳钟琪忠于大清，将之锁拿，大兴冤狱。

曾静文人，不堪苦楚，供称是受了吕留良著作和思想的影响。

吕留良是清初著名思想家，不但已去世多年，他的儿子吕葆中坟头上的草也很高了。

雍正恨其著作蛊惑人心，下令将吕留良父子掘墓戮尸枭示，亲眷族人尽悉发配边疆，门生等亦遭株连。

民间传说中，吕留良的孙女吕四娘在案发时恰奉母在外，因免罹祸，后访名山、拜僧尼为师，练成绝世神功，潜入禁宫，杀了雍正。

萧一山所著《清代通史》就认为雍正可能是被吕留良的孙女刺杀身

亡的。

但要说吕四娘飞檐走壁入大内刺杀皇帝，这也太过离奇，让人难以置信。

所以，很多野史，如《清朝外史》《清宫遗闻》《清代述异》等均不支持此种说法，认为吕四娘是以选妃之名混进皇宫，在雍正召其侍寝时以短剑将雍正斩首的。

老实说，雍正的死亡确实很蹊跷。

《清实录》《东华录》《起居注册》等官方记录都记说雍正是暴毙于

雍正十三年八月二十三日的。

不过，诚如杨启樵在《雍正帝及其密折制度研究》中所述，处斩吕家时，雍正帝网罗密布，将吕家满门斩尽杀绝，吕四娘绝无漏网之可能。再者说，大内深似海，就算吕四娘学有武林绝学，也难以找得到雍正的寝室，更不可能在杀皇帝后全身而退。而说以选妃之名混进皇宫，那是对清朝妃嫔侍寝制度的无知。

事实上，作为最后一个封建王朝，清朝吸取各种教训，为皇帝的安全着想，皇帝与皇后之间、与所有妃嫔之间的夫妻之礼都取消了。

鉴于历史上发生过东晋孝武帝司马曜被宠爱的张贵人勒死、明朝嘉靖皇帝差点被宫女绞死的危险事件，清朝后宫制定了皇帝不与妃嫔甚至皇后同寝共眠的制度。

说皇帝不与皇后同居，也许不完全符合事实。因为，皇帝与皇后在大婚时是在坤宁宫东暖阁洞房同住三天的。但也只仅仅三天而已。三天一过，必须各自回自己的寝宫居住。对于其他的妃嫔，没有谁可以和皇帝同睡上一晚的。

可以说，清朝的皇帝是最孤独的。他们的深宵半夜，从来都是孤家寡人，半床寂寞半床冷。

这样的皇帝，可谓毫无夫妻之乐。

后宫的女人，只是皇帝用来传宗接代的工具。

要完成传宗接代的任务，就要保证皇帝和后宫女人有充分的接触时间和交欢时间，同时又要确保皇帝的安全，且不能出任何差池，怎么办呢？

清朝有一项森严而刻板的制度：皇帝需要行幸了，敬事房总管太监就会奉上写有妃嫔姓名的"绿头牌"，记下被皇帝"翻牌"的妃嫔，通知该妃嫔香汤沐浴。该妃嫔浴毕，不许穿衣服，只用一张毯子层层包裹住身体，由太监背到皇帝的寝宫。到了寝宫，太监退下，妃嫔才从皇帝脚下掀起被子的一角，赤身匍匐着钻进去。事毕，仍由皇帝脚下慢慢倒着爬出被子，仍用毯子包裹住身体，由太监背走。有时候，皇帝不舍，想要跟妃嫔多缠绵一会儿，太监不放心，便会在窗外催促："是时候了！"喊过三遍，不管皇帝答不答应，都会进屋将人背走。

所以说，吕四娘要选妃入宫刺杀雍正的可能性接近于零。

从这儿不难看出，为自身安全起见，清朝皇帝可谓做出了巨大牺牲，与后宫女人殊无男女之乐，只是犹如动物般完成交配任务，事前无前戏，事后无温存，而且，为了防范不测，妃嫔从脚下钻上，从脚下钻下，夫妻之礼荡然无存。

同治皇帝就是不堪忍受此种生活，偷溜出宫，行乐于各种私窑子之间，终于酿成千古大恨。

 ## 清朝女子并不都裹脚

关于中国古代女子裹足现象，大作家冯骥才在他的代表作《三寸金莲》中通过对一个名叫戈香莲的小姑娘的刻画而有具体且形象的描述：

"裹脚这天，奶奶换一张脸。脸皮绷得直哆嗦，一眼不瞧香莲，香莲叫也不敢叫她，截门往当院一瞧，这阵势好吓人呀——大门关严，拿大门杠顶住。大黑狗也拴起来。不知哪来一对红冠子大白公鸡，指头粗的腿给麻经子捆着，歪在地上直扑腾。裹脚拿鸡干嘛？院子当中，摆了一大堆东西，炕桌、凳子、菜刀、剪子、矾罐、糖罐、水壶、棉花、烂布，浆好的裹脚条子卷成卷儿放在桌上。奶奶前襟别着几根做被的大针，针眼穿着的白棉线坠在胸前。香莲虽小，也明白眼前一份罪等她受了。"

"奶奶拉过木盆，把她脚涮净擦干，放在自己膝盖上。这就要裹了，香莲已经不知该嚷该叫该求该闹，瞅着奶奶抓住她的脚，先右后左，让开大脚趾，拢着余下四个脚趾头，斜向脚掌下边用劲一掰，骨头嘎儿一响，惊得香莲'嗷'一叫，奶奶已抖开裹脚条子，把这四个脚趾头勒住。香莲见自己的脚改了样子，还不觉疼就又哭起来。"

"奶奶手好快。怕香莲太闹，快缠快完。那脚布裹住四趾，一绕脚心，就上脚背，挂住后脚跟，马上在四趾上再裹一道。接着返上脚面，借劲往后加劲一扯，硬把四趾煞得往脚心下头卷。香莲只觉这疼那紧这蹂那折，奶奶不叫她把每种滋味都咂摸过来，干净麻利快，照样缠过两圈。随后将脚布往前一拉，把露在外边的大脚趾包严，跟手打前往后一层层，将卷在脚心下的四个脚趾头死死缠紧，好比叫铁箍子死咬着，一分一毫半分半毫也动弹不了。"

"香莲连怕带疼，喊声大得赛猪嚎。"

"转天脚更疼。但不下地走，脚趾头踩不断，小脚不能成形。奶奶干脆变成城隍庙里的恶鬼，满脸杀气，操起炕扫帚，打她抽她轰她下地，求饶耍赖撒泼，全不顶用。只好赛瘸鸡，在院里一蹦一跳硬走，摔倒也不容她趴着歇会儿。只觉脚趾头嘎嘎断开，骨头碴子咯吱咯吱来回磨，是扎心疼，后来不觉疼也不觉是自己的了，可还得走。"

冯骥才不愧是一流的作家、功底深厚的语言学大师，这几段描写，就让生活在现代文明社会里的人可以全面而详尽地了解到裹足是如何的一种酷刑。这种酷刑，让人不寒而栗，同时也让人有足够的理由诅咒发明裹足和倡议裹足的那些变态者。

不过，冯骥才还说："历史一段一段。一朝兴，一朝亡。亡中兴，兴中亡。兴兴亡亡，扰得小百姓不得安生，碍吃碍喝，碍穿碍戴，可就碍不着小脚的事儿。打李后主到宣统爷，女人裹脚兴了一千年，中间换了多少朝代，改了多少年号，小脚不一直裹？历史干它嘛了？上起太后妃子，下至渔女村姑，文的李清照，武的梁红玉，谁不裹？猴不裹，我信。"——关于这一段话，却颇有考量的地方。

也就是说，在长达一千多年的历史里，是否真的"上起太后妃子，下至渔女村姑，文的李清照，武的梁红玉"，谁都脱离不了裹脚的命运？

不是的。

实际上，裹脚一直就不是全民的事，从来不是。

甚至大清入关，在下剃头令的时候，也曾经严令旗人不准裹脚、汉人必须放足。

这算得上是大清入关后做的极为值得称道的善事。但要注意的是，这并不是大清统治者有什么高尚的觉悟，从人性出发，爱护百姓。它那是为了巩固自己的统治，促进社会发展，充分利用一切有生劳动力。

试想想，女子要都裹脚了，连走路都困难，还能从事什么样的重体力活？不但不能为社会发展添砖加瓦，反而成了社会发展的一个巨大累赘，太亏了。

从这个角度出发，就不难想象，女子裹脚，一直以来，主要是富贵人家的事。贫苦人家，哪有经济能力养一个只能消费不能创造社会价值的小脚女人？

要说，小脚女人行走不便，做一些纯手工的活还是可以的，但自古以来，中国就是一个农业大国，农业是古代社会的主要生产部门，农业劳动有多少是纯手工活？

所以，清人徐珂在《清稗类钞·农商类》中说："男女并耕之俗，广东、广西、福建最多，江苏、浙江、江西、安徽亦有之，且有见于湖南者。"也就是说，他所游历的八个省，见到的农村大部分妇女都参加田间生产，这些妇女，都是不裹脚的。

徐珂也因此说："盖其地之妇女皆天足也，常日徒跣，无异男子。"

康雍间的官僚李绂到云南赴任，在荆襄至常德的路上，见"妇女皆徒跣，治田畴"，"与男子杂作水田中"。这也在一定程度上印证了徐珂的见闻，湖南、湖北妇女都是下田干活的。

而嘉庆年间的《松江府志》也记有松江府妇女"耘获车灌，率与男子共事"的字样，苏州人沈德潜更写有"磨镰霍霍割上场，妇女打晒田家忙"的诗句，可见南方妇人参加农耕劳动是极其常态的事，且南方妇女大多和男子一样是大足，没有包裹过。

无怪乎顺治年间的王沄到了福建，感叹说："泉漳之间，弓步绝迹。"

乾隆时的袁枚也在其所著的《随园诗话》中说:"江宁城中,每至冬月,江北村妇多渡江为人佣工,皆不缠足。"

光绪年间的《奉贤县志》称,该县"务农者多,妇女不裹足,不避寒暑风雨",能肩负致远。

独逸窝居士所辑《笑笑录》也说,广西"乡村妇女率大足,肩挑负贩,与男子同"。

与南方地区相比,那北方的情形又如何呢?

光绪年间的《玉田县志》明确记载有河北玉田县妇女采棉摘豆、割禾打麦的劳动场景,河北蠡县人李塨在《恕谷后集》中提到有妇女"农时躬穑"的事。

但相对南方来说,北方妇女下田少,裹脚女人比较多。

钱泳在《履园丛话·裹足》里说:"足之小者,莫如燕赵齐鲁秦晋之间。"

当然,宋元以降,统治阶级都把缠足作为考察妇德、妇容的一项指标,认为只有三寸金莲的女子才可能有教养,才美丽,无论南方、北方,富贵人家都会在裹足问题上大做文章、严格要求。

名士方苞写信给他的兄弟,说"余每见农家妇,耕耘樵苏,佐男子力作。时雨降,脱履就功,形骸若鸟兽"。方苞认为女子不裹脚,脱鞋下地干活,那是禽兽一样的行为。

以前有一句歇后语,叫"懒婆娘的裹脚布——又臭又长",说明裹脚布是比较臭的东西。可是,偏偏有人为之痴迷不已。

晚清怪才辜鸿铭就特别喜欢妻子的小脚,常常让妻子脱掉鞋子给自己嗅,如闻花香。有时写作没了灵感,就让妻子进书房,如痴似醉地嗅裹脚布的味道,用手捏妻子的小脚,自得其乐……

正是方苞、辜鸿铭之类文人的导引,上层社会人家的女子纷纷裹脚以迎合,终于构成了一个病态的社会阶层——小脚妇女群。

不过,值得庆幸的是,这个病态的阶层其实也并不是上层社会人家的全部。

诚如清代江苏人钱泳所说:"两湖、两广、云贵诸省,虽大家亦有不缠者。"

吴震芳在《岭南杂记》中也说:"岭南妇女多不缠足,其大家富室闺阁则缠之,奴婢俱赤足行市中,下等之家女子缠足则诟厉之,以为良贱之别。"

所以,小脚女人,只是中国宋元以后女子中的一部分,并非大部分。

 ## 清朝严禁外国女子在中国生活

话说,在清朝中叶,荷兰有一个名叫洛连的商人,经常漂洋过海到中国来做跨国生意。

中国的茶叶、陶瓷都是大受西方人欢迎的好东西。洛连头脑活,人又勤快,生意越做越大,做成了一定规模。洛连本人后来拥有了一艘重达六百吨的大型帆船"海马号"。

白居易在《琵琶行》里面说:"商人重利轻别离。"

这话也对,也不对。

作为商人,为了生计,为了盈利,当然得风霜江湖,在进出货物诸环节忙碌。如果一天到晚和老婆儿女厮守,那还不得喝西北风?

洛连在万里海疆上追波逐浪,不得不长期忍受与妻子孩子分别的痛苦。

可是,自从拥有了体积庞大的"海马号",携妻儿一起来中国就成为了可能。

洛连的妻子名叫詹妮,是个中国迷,对神秘的东方国度充满了向往。

洛连和詹妮有一双聪明活泼的女儿,受父母的影响,她们也常常吵闹着要到神话般的中国走一走,看一看。

可是,中国当时的制度,是不允许外籍女子入境的!

为什么会有这种变态的制度?洛连是知其然而不知其所以然的。

产生这一制度的理由其实很简单,两点:

一、有伤风化。

二、防止西方商人在中国定居。

外籍女子怎么有伤风化呢？

外籍女子衣着暴露，行为不检点，常常当街和男人牵手、说笑甚至亲吻，尤其可恨的是西方习俗处处都体现出"女士优先"的思想，这让男尊女卑的天朝情何以堪？

在乾隆初年，天朝在广州、福建、浙江、江苏四处设口岸对外通商，那些前来经商的外国人携眷招摇过市，对中国的民情、民俗、民风造成了巨大的冲击。他们过格的行为举止，不仅吸引了中国男人的眼球，也让还裹着小脚的中国女人在思想上不啻于受到了一场暴风雨的冲刷。

那种热闹和震撼的场景，英国人亨特在《番鬼在广州》一书中有记载："到九点半钟，我们陪妇女们到外面街上去参观街道。这时商店都已关门休息了，但是几个过路的中国人见了她们，忽喊起来：'番鬼婆！'于是每一家的大门立时打开，有灯笼照出来，在不到十分钟的时间，我们已经完全被包围，于是不得不赶紧退却。"

保守的清朝官员因此视西方女人为洪水猛兽。

另外，缺乏经济学理论的中国政府认为，和外国人做生意，只是有益于外国人，中国并无一利可图。在和西方人贸易中，西方人不仅可以享用中国的茶叶、陶瓷等好东西，中国国库里的大量白银也白白地流出了国门。要杜绝这一点，最好就是关闭通商口岸。就在这种思想的支配下，四处口岸关闭了三处，只剩下广州一处。在最后一处口岸还没能关闭前，最好的方法就是禁绝外国商人带女眷来中国。家眷不在中国，那么这些外国商人就在中国待不了很久，最终会尽快离开中国。这样，中国的白银保住了，中国固有的封建伦理秩序也保住了。

乾隆十年（1745 年），在乾隆的默许下，中国各地都严防西方女眷进入本地居住，并形成了地方定例。

洛连这次携妻女来华，实在是心存侥幸。

乾隆十五年（1750 年）十月，"海马号"从荷兰阿姆斯特丹港口起锚，绕过好望角，在海上颠簸漂流了十个月，终于来到广州海域。

在逆珠江上溯时，詹妮带着两个女儿站在船舷上，遥望着樯桅林立、彩旗飞扬的珠江两岸，欢呼雀跃不已。

"海马号"驶入内河，稽查人员飞报广州地方政府："红毛船一条向广州驶来，船名'海马号'，一等船，货主及家眷共四人，医师和牧师五人，船工厨子下人一百零五人，火炮三十门，炮弹六百个。"

有家眷！有家眷！而且三个家眷都是女的！

广州方面的神经马上绷紧了。

广州关长李永标、行首（商会会长）严济舟和担保商人潘振承，赶紧与荷兰商馆秘书约翰磋商阻止方案。同时调动吏胥、关丁、绿勇近百人在黄埔港严阵以待。

1751年7月8日，"海马号"抵达虎门与黄埔之间的狮子洋。

詹妮和两个女儿高兴得忘乎所以，她们不断地向码头方向挥舞着中国丝绸围巾。

但是，当船靠近码头时，荷兰商馆秘书约翰已早早站在岸上，用荷兰语大声喊："洛连，先不要靠岸，情况有变化，请先听我和你解释！"

洛连的心咯噔了一下，他已经预料到自己一直担心的事要发生了。

约翰和他的担保商人潘振承划了一条小船过来，重申了女眷不许上岸的规定。

洛连的眼眶一下子就红了，泪水涌了出来，说："我的妻子、女儿在风浪中漂泊十个月，终于来到了她们向往已久的中国，却不许她们上岸，太令人失望了！"

潘振承苦笑着说，这是规定，谁也无法改变。

洛连急得不行，大叫道："天啊，这样我太对不起妻子女儿了。"

他还跪在甲板上，擦着不断流下的眼泪，说："潘，请您给广州官员求情，让我的妻子、女儿上岸进广州吧。"

詹妮和两个女儿弄清楚了情况，也跟着哭了起来，和洛连一字儿跪在甲板上。

这种情形，即使是铁石心肠的人看见了也会落泪。

潘振承撩起衣襟下摆擦去了腮帮的眼泪，将他们扶起，答应回去给政府汇报。

走之前，潘振承要他们做好最坏的思想准备。

当天晚上，下起大雨，电闪雷鸣。

洛连等不及请示结果，带着惊恐不安的妻子、女儿冒雨登岸。

他通过私人关系，将被淋成了落汤鸡的妻女安置在外商聚居的十三行（今文化路至海珠南路一带）中的瑞丰行。

第二天，洛连带妻女来到广州的消息不胫而走，在广州和其他国家的商人中引起轰动。

最终，在关长李永标、行首严济舟、保商潘振承等人极力斡旋下，广州当局低调处理了这起纠纷。

广州当局说："夷人携带番妇同行，例当驱逐，但为表示圣朝怀柔之至意，敕令荷兰人将家眷带到澳门居住。"

洛连之事，就此平复。

处理结果呈报到北京，清政府因此将夷人家眷安置到澳门之举定为成例。

乾隆批示说："嗣后有夷船到澳，先令委员查明有无妇女在船，有则立将妇女先行就澳寓居，方准船只入口，若藏匿不遵，即报明押令该夷船另往他处贸易，不许进口；尚委员徇隐不报，任其携带妇来省，行商故违接待，取悦夷人，除将委员严参，行商重处外，定将夷人船货一并驱回本国，以为违禁令者戒。"

本来，清朝杜绝西方女性来华的禁令只是停留在"定例"和口头上，经过洛连一事，限制西方女性来华的条规就此陆续推出，成了正式法律条文。

1759 年，《防范外事规条》推出，其主要内容有：

一、永行禁止外国商人在广州过冬，如需在中国逗留过冬，也只能在澳门居住；

二、外国商人到广州后，须住于行商指定的商馆，并由行商管束稽查；

三、禁止中国人向外国人告贷，禁止外国商人雇中国女佣；

四、严禁外国商人雇人，以及与中国人传递信息；

五、对外国商船到广州停泊时，酌拨营员弹压稽查。

1776年，出台了《防夷四查》；1809年，出台了《民夷交易章程》；1814年，又出台了《整饬夷商贸易九事》。

在广州商馆生活了二十多年的美国人亨特在《旧中国杂记》中哀叹道："从此，我们这些可怜的广州外国人，都成了身不由己的修道士，就连女人的声音都是一种奢侈品，广州的官员是不允许他们的外国同性们享有的。"

 ## 乾隆修书是文化盛举还是文化浩劫

《四库全书》是我国现存最大的一部官修丛书，是乾隆皇帝诏谕编修的我国乃至世界最大的文化工程。

由于编纂人员都是当时的著名学者，其中纪昀、陆锡熊、孙士毅为总纂官，陆费墀为总校官，下设纂修官、分校官及监造官等四百余人，名士学者如戴震、邵晋涵、姚鼐、朱筠等亦参与进来。可谓鸿才硕学荟萃一堂，艺林翰海，盛况空前，历时十载，编纂初成。

此书的编修在客观上整理、保存了一大批重要典籍，开创了中国书目学，确立了汉学在社会文化中的主导地位，具有十分宝贵的文献价值、史料价值、文物价值与版本价值，可以称为中华传统文化最丰富最完备的集成之作，是世界文明历史上最博大、最宏伟的宝藏之一。

"四库"之名，源于隋唐以后的皇家图书馆及秘书省、翰林院等重要典藏图书之所，都是按照经、史、子、集分四库贮藏图书的。乾隆开"四库全书馆"，使成编时，名为《四库全书》。

"四库全书馆"设立不久，总裁们考虑到这部书囊括古今，数量必将繁多，便提出分色装潢经、史、子、集书衣的建议。

书成后它们各依春、夏、秋、冬四季，分四色装潢，即经部绿色，史部红色，子部月白色，集部灰黑色，以便检阅。

中国文、史、哲、理、工、医，几乎所有的学科都能够从《四库全书》中找到自己的源头和血脉，几乎所有关于中国的新兴学科都能从这里找到它生存发展的泥土和营养。

乾隆皇帝"御批监制"，从全国征集三千八百多名文人学士，集中在京城，用工整的正楷抄书七部，连同底本，共八部，建阁深藏。

虽然由数千人抄写，但字体风格端庄规范，笔笔不苟，如出一人。所以，无论从内容上还是从形式上看，都具有十分难得的研究、收藏和欣赏价值。

誊缮成的七部《四库全书》，分藏于紫禁城内的文渊阁、盛京（今沈阳）宫内的文溯阁、北京圆明园的文源阁、河北承德避暑山庄的文津阁，此为北四阁，又称为内廷四阁，仅供皇室阅览。

另三部藏于扬州的文汇阁、镇江的文宗阁、杭州的文澜阁，即浙江三阁，又称南三阁，南三阁允许文人入阁阅览。

这七部《四库全书》抄本及其底本，命运舛变，现仅存三部半。

其中藏于北京圆明园文源阁本，于1860年被英法联军焚毁；藏于镇江金山寺文宗阁本、藏于扬州大观堂文汇阁本，均毁于1853年第一次鸦片战争的战火中；藏于杭州圣因寺文澜阁本则于1861年战火中多有散失只剩下半部；最珍贵的底本，藏北京东长安街清代翰林院，亦毁于1900年的八国联军侵华战火中。

由于损毁大半，更使这套世界出版史上的巨制，成为举世罕见的无价之宝。

然而，《四库全书》名曰"全书"，其实并不"全"。

乾隆倾举国财力来编纂这部庞大的《四库全书》，按他的说法是为了整理文化古籍，实际上，其初衷根本就是"寓禁于征"，即把全国的书征来严加鉴别，将有违碍内容的禁毁。

一句话，乾隆编纂《四库全书》的目的不在文化而在政治。

哪些属于有违碍的内容呢？

大致有如下这几类：

一、凡不利于清朝形象和统治的，均视为"有悖谬之言"，禁毁。与辽、金、元等朝有关文字也列入禁毁之中，能篡改就篡改、不能篡改就直接销毁。

二、凡含有反礼教、反传统或宣传异端倾向者，均为"离经叛道"之作，禁毁。

三、凡含反抗民族压迫、反对封建专制的思想者，禁毁。而对于不能不收录的名家名作就大肆篡改。

因为毁书手段坚决彻底，像《扬州十日记》《嘉定屠城记略》等书就在中华本土销声匿迹长达二百多年，到清朝灭亡了，人们才从日本找到这些书。

另外，岳飞《满江红》名句"壮志饥餐胡虏肉，笑谈渴饮匈奴血"中的"胡虏""匈奴"在清代属于敏感字眼，但岳飞名气太大，难以禁毁，遂将之篡改为"壮志饥餐飞食肉，笑谈欲洒盈腔血"，算是和谐了事。

据统计，清朝销毁对其不利的书籍共有一万三千六百余卷，焚书总数十五万余册。版片总数一百七十余种、八万余块。其还对明代的档案进行系统销毁，保守估计，被销毁数量不会少于一千万份，而残留部分，也都进行了掩耳盗铃式的篡改。

总之，清朝共禁毁书籍"种数几与四库现收书相埒"。

难怪吴晗说："清人纂修《四库全书》而古书亡矣！"

鲁迅先生在《病后杂谈之余》一文中就沉痛万分地说："现在不说别的，单看雍正、乾隆两朝的对于中国人著作的手段，就足够令人惊心动魄。全毁、抽毁、剜去之类也且不说，最阴险的是删改了古书的内容。乾隆朝的纂修《四库全书》，是许多人颂为一代之盛业的，但他们却不但捣乱了古书的格式，还修改了古人的文章；不但藏之内廷，还颁之文风较盛之处，使天下士子阅读，永不会觉得我们中国的作者里面，也曾经有过很有些骨气的人。"

 ## 令人感慨无限的清朝奏疏和朱批

话说，故宫内有一个"内阁大库"，即明清的中央书籍档案库，所藏物品中书籍占了十分之三，档案则占十分之七。这批档案中，仅有几千件是明代的，其余都是清代历朝政府所奉行的朱谕，臣工缴进的敕谕、批折、黄本、题本、奏本，外藩属国的表章，历科殿的答卷，等等，史料价值极高。

清朝末年，清政权已日薄西山，无力管理，库房年久失修，曾经发生了两次库墙坍塌事件。

1909 年，为了整修大库，大部分档案被搬出了库外，有一二十万斤之多，堆积如山，无处安放。

怎么办？

有人觉得，这些陈年材料都已经过时，属于废纸一堆，不如一把火烧了干净。

这个提议，得到了许多人的同意。

眼看这些珍贵的档案就要付之一炬了。

幸好，时充体仁阁大学士兼管学部的张之洞正筹备成立京师图书馆，派学部参事罗振玉去大库捡取书籍。

张之洞和曾国藩、左宗棠、李鸿章并称为"晚清四大名臣"；而罗振玉也是一个很了不起的人，被冠以"国学大师"之称，如果细化一点来说，还可以在他的头顶上加上若干"家"的称号，比如说考古学家、金石学家、敦煌学家、目录学家、校勘学家、古文字学家，甚至中国近代农学家、教育家等。

罗振玉到了大库，在这些待焚的档案中简单地搜检了一会儿，猛吃一惊，天呐，这些可都是后世研究明清两代史学的宝贝啊！

他赶紧返回，向张之洞建议由学部管理这些档案。

1911 年辛亥革命后，北洋政府国务院接受了清军机处档案全宗，储藏于集灵囿。

1916 年北京政府教育部成立历史博物馆，这批档案移至午门、端门存放。

档案虽幸免于火被保存下来，但却长达数年无人问津。

1921 年，北洋政府财政窘迫，各政府部门均要自筹资金维持。

教育部认为这些就是废纸，于 1921 年分装八千麻袋（一说为九千麻袋），共十五万斤，以大洋四千元卖给北京西单同懋增纸店。

大内档案残留的只有六十二箱一千五百零六袋。

当时的罗振玉以清朝"亡国奴"的身份自居，准备携眷逃亡日本京都，听说十五万斤的史学资料被当作废纸论斤称两地卖给了同懋增纸店，不由得心如刀绞，火急火燎地往纸店赶。

毕竟那些资料的重量和数量庞大，罗振玉赶到纸店时，已经卖出了约一千麻袋。

这个时候，罗振玉所能做的，就是将剩下的七千麻袋档案以一万三千块大洋收购回来，雇用了十多人进行整理。

可是，罗振玉自己都准备逃亡日本了，又怎么存放这如山如海的东西呢？百般无奈之下，他只得将大部分以一万六千块大洋转卖给清朝遗臣李盛铎，其中的四十箱则卖给日本人松崎，另外将自己精心挑选出来，认为最珍贵的六万四千八百七十二件档案存好，后来献给了伪满洲皇帝溥仪。

再说回大内档案残留的那一千五百零六袋资料，这些资料的下场也很惨。1924年第二次直奉战争，直系冯玉祥于该年十月发动北京政变，推翻曹锟政府，将末代皇帝溥仪逐出了故宫。

溥仪一走，其留下的故宫财产便处于无主状态。金银细软之类，冯玉祥自然会安排人手进行接管，但那些史学资料就只能书魂四散飘零，自行湮灭于尘世了。

这真是一个令人无限感慨的话题。

然而，把时间往回挪一挪，挪回到所谓的"康乾盛世"，这些资料都是至高无上、不容窥看、不许更改一字的皇家物品，谁稍有触犯，必是死路一条。

曾经，有一个名叫黄检的朝廷大员就为此倒尽了血霉。

黄检是汉军镶红旗人，曾任山西按察使、布政使等职，乾隆四十年（1775年）更擢升为福建巡抚。

黄检为封疆大吏，权重一时，让人艳羡不已。然而，若跟他的祖父黄廷桂比较起来，黄检还差很远。

黄廷桂是雍正、乾隆两朝名臣，得皇帝恩宠，历任四川、两江、陕甘总督，晚年进京为内阁大学士，去世后入祀贤良祠，图形紫光阁，世袭伯爵。

黄廷桂咽气前，将自己写的并录有雍正和乾隆朱批的奏折底稿交给了孙子黄检。

这个黄检，在任山西按察使时，为了标榜爷爷的功德，显摆一下爷爷当年的荣宠，竟然把这些录有雍正和乾隆朱批的奏折底稿私自刊刻，印刷了二十部，当作礼物送给了巡抚巴延三等官员。

这下触犯"天条"了。

乾隆四十四年（1779年），神经过敏的乾隆帝借修《四库全书》为名，寓禁于征，大肆搜检天下书籍，凡有只言片语对大清不利的书籍，一律焚毁或篡改。不知怎么，黄检这限量版的《黄廷桂奏疏》竟然出现在了乾隆的龙案之上。

在乾隆看来，奏折上面所论皆为国家大事，本来就不该泄漏到民间，这该死的黄检不但将奏折刊行了，更将原奏折上皇帝的朱批印上，更是罪该万死！

不过，乾隆生气归生气，却不好发作。

因为他的父亲雍正帝曾大大方方地把数千份臣子上给自己、而他自己又作了朱批的奏疏刊刻颁行天下。

按照清朝制度，官员给皇帝上了奏折，提出问题或汇报工作，皇帝都会用红墨汁直接在奏折上做批示，是为朱批，发还给臣工执行。而臣工照批行事后，又要恭恭敬敬地把该奏折奏还。

雍正是个很热爱皇帝这个职业的实干家，工作勤奋，加班加点，任劳任怨。他在大臣奏折上的朱批也很见功夫，洋洋洒洒，动辄数百言、上千言的批条比比皆是。

就因为这样，某日，雍正心血来潮，觉得有必要让天下子民知道自己在治国理政上的英明远见和勤勉艰辛，便亲自在内外诸臣交回的数万份朱批奏折中精心挑选出了十之一二，吩咐刊刻颁行。

雍正这么做，其心态跟现在网友在"朋友圈"上面晒自拍照、工作照之类是一样的。

雍正还亲自提笔写了一篇序，声称上面的朱批"一字一句皆出朕之心思，无一件假手于人"，之所以刊刻发行，那是要"教人为善，戒人为非"，并让天下臣民"咸知朕图治之念，诲人之诚。或人人观此而感动奋发，各自砥砺，共为忠良"。

雍正当年的做法爽是爽了，但却把现在的乾隆帝给憋苦了——谁都知道那种有气没处出的难受是很让人抓狂的。

乾隆的眼睛瞪得像铜铃，气咻咻地前后翻看《黄廷桂奏疏》，终于，他发现了一个火山爆发口——这个《黄廷桂奏疏》上面所录的雍正的朱批和雍正钦定颁行的朱批有多处不符，文字有出入！

哈哈哈哈，黄检，看朕不捻死你！

乾隆连下数道长谕，严斥黄检之"乖谬"行径，骂黄检为博取虚名，私改先帝朱批，罪大恶极，令革去其巡抚之职，交部严加议处。

可怜的黄检闲来没事静坐家中，哪料大祸突然从天而降，一班如狼似虎的差役将他锁拿进京，福建巡抚大印被移交闽浙总督。

其实，就算给黄检一百个胆他也不敢私自篡改雍正的朱批内容。那么，问题来了：为什么《黄廷桂奏疏》上面所录的雍正的朱批和雍正钦定颁行的朱批会有多处不符？

答案很简单，不是黄检篡改了朱批内容，而是雍正亲自对朱批内容进行了修改！

想那雍正要将自己的理政风韵昭告天下，不但对将要刊行的奏折进行了精挑细选，选出来后，也要对朱批内容做周密严整的修改，好以一副"明君圣帝"的面目示人。

也就是说，黄检刊行的是原稿，雍正颁行的是修改稿，文字上当然有出入了。

但乾隆不管，被怒火烧昏了头的他根本不会考虑这些，把一切罪愆全归咎于黄检。

黄检被拿，朝廷内外顿时掀起了一场轩然大波。

山西巡抚巴延三不是接受过黄检相赠的一本《黄廷桂奏疏》吗？这

下麻烦了。乾隆骂他不但不制止黄检私刻奏疏的非法活动，还接受了这本反动书籍，实在是溺职！

巴延三吓得魂飞魄散，不但自投部议处，还卖力追缴散布于山西官员手中的《黄廷桂奏疏》，争取朝廷的宽大处理。

黄检的哥哥黄模任湖南某镇总兵，曾赞赏弟弟刻印祖父奏疏之举，也组织人员抄写了二十四本，虽未散布流入民间，黄检案发，他也坐立不安，赶紧自首，请交部议处。

已经退休在家的原大理寺卿尹嘉铨也接受过黄检的赠书，也是闻之色变，赶紧将烫手的山芋《黄廷桂奏疏》上交，请交部议处。

那个接受了黄检上交福建巡抚大印的闽浙总督杨景素也是惊惧不安，他虽然没得黄检赠书，但他的祖父曾经刊刻过他的曾祖父原昭武将军杨捷的《平闽记》一书，而书中就摘录有康熙十七年（1678年）的一道上谕，这一行为，显然和《黄廷桂奏疏》是相同的。为了减轻自己的罪愆，杨景素前思后想，最后还是自动自觉地将《平闽记》恭呈御览。

……

《黄廷桂奏疏》其实并不存在什么违碍文字，但因为乾隆脾气乖舛、喜怒无常，竟然造成朝野风声鹤唳、肃杀满天的局面，让人诧异。

而更让人慨叹的是，谁又会想得到，一百五十年后，那些被乾隆视为珍宝一样不许别人窥读一字的奏疏竟然会被视为垃圾一样丢弃屋外，一任风吹雨淋？

爱新觉罗氏是不是宋徽宗后裔

古代女真人并不怎么重视自己的姓氏，通常，就以部族名为姓。

比如说，平辽灭宋、建立大金帝国的完颜部就以完颜为姓，金太祖的名字就叫完颜阿骨打。

明朝末年在关东与建州女真争雄的海西女真叶赫部部族也大都姓叶赫。

但建州女真的爱新觉罗姓氏，既不见诸《金史》，也不见诸《八旗满洲氏族通谱》。

《八旗满洲氏族通谱》叙列满洲氏族，有金地名旧姓，有新兴大族，或以地为氏，或以部为氏，或以名为氏，偏偏没记载有爱新觉罗氏，倍令后人惊奇。

满族姓氏中无爱新觉罗氏，这就等于说爱新觉罗不是满族一样，清朝皇帝断然不能接受。

《清朝通志》称："我国家肇兴东土，受姓自天。"意思是说，爱新觉罗之姓为上天所授。

瞧，这话说的，真是何从说起呢?

原来，《清太祖高皇帝实录》记，天女佛库伦在长白山附近的湖里洗澡，误吞了神鸦所衔果子，有了身孕不能升天，只能留在地上。不久便生下一男孩，体貌奇伟，落地会说话。佛库伦对他说："汝以爱新觉罗为姓，名布库里雍顺。"这个孩子就是清王朝奠基人努尔哈赤的始祖。

蒋良骐的《东华录》也记，三个天女在布勒瑚里池洗澡，有鹊衔朱果飞来，把朱果放到了三女儿佛库伦的衣服上。佛库伦嘴馋，吞食朱果，怀孕生下一男。男孩长大，佛库伦正告他："天生你用来平定乱国，你以爱新觉罗为姓，布库里雍顺为名。"

不过，神话终归是神话。

现实无论如何还是要有一个靠谱的说法。

明清鼎革之际，明东林三君之一的邹元标曾说："奴酋（努尔哈赤)，阿骨达（金太祖）之苗裔也。"认为清太祖努尔哈赤是金太祖阿骨打的后裔，明朝因此派人掘断房山金代陵墓地脉，以断"王气"。

清高宗乾隆皇帝也说："金源就是满洲。""我朝得姓曰爱新觉罗氏，国语谓金曰爱新，可为金源同脉之证。盖我朝在大金时未尝非完颜氏之服属，犹之完颜氏在今日背我朝之臣仆。"但是，大金国完颜氏姓氏支派繁衍，历久不衰，爱新觉罗氏如果真是其后裔，何必弃兴盛之完颜氏而另立小姓呢? 不通，说不通。

清太祖努尔哈赤次子代善的七世孙、第九世礼王昭梿在《啸亭续录》中另辟新说，称：两汉以下，只有宋氏最为悠久，虽屡遭变迁，其业犹存。即使亡国后，其后裔也没有遭到酷毒。野史说元顺帝是天水苗裔，事虽暧昧不清，但必有来头。今日满洲正黄旗人两江总督董鄂氏铁保编《八旗通志》，考自己的宗谱，乃知其先人为宋英宗越王的后裔。后为金人所迁，处居董鄂，以地为氏。数百年之后，尚有巍然兴者，何盛德之至也。

按照赵翼在《廿二史札记》中《周、隋、唐皆出武川》的结论，爱新觉罗为赵宋后裔实在不足为奇。

著名满学专家金启孮先生就非常认同昭梿的说法。

金启孮先生说，如昭梿所记，董鄂部是满洲近邻，其主城董鄂城与清代都城赫图阿拉很近，如金人迁赵宋后裔于董鄂，必然波及后来的满洲部之地。而且，宋徽宗、钦宗被俘的地方即五国城，这是清代满洲部兴起之三姓地区，宋徽宗完全有可能是爱新觉罗氏的远祖。

金启孮还从满语的读音上分析：满洲人初读汉字，往往不能发正确之音，如称"道路"之"道"，读成"多罗"（切音）；称桃李的"桃"，读成"托罗"。若以此规律推之，则"赵姓"的"赵"，其实可发音为"觉罗"。"觉罗"就是满洲人读"赵"字之讹音。

金启孮先生的结论是："觉罗氏与赵宋之关系，由满人传说，汉人闻见，语言印证，调查考实，实有蛛丝马迹可寻，非同泛泛传说，更非出于民族偏见之诬蔑。"

由宋人确庵、耐庵编纂的《靖康稗史笺证》是记载宋徽宗被俘前后生子情况的第一手资料，该书记，宋徽宗被俘时，有封号的妃嫔和女官有一百四十三人，无名号的宫女多达五百零四人。这些妃嫔，分几个批次被押运到了金国，除去中途死亡和被金人霸占的之外，仍有相当一部分留在了宋徽宗的身边。在和这些妃嫔宫女生活期间，宋徽宗"又生六子八女"，"别有子女五人，具六年春生，非昏德胤"。即宋徽宗被俘后，和这些女人们共生了十九个孩子，其中"六子八女"是宋徽宗的骨血，而"别有子女五人（大都被殇）"则是金人的种。

所以，《黑龙江志稿·氏族》也断言："觉罗者，传为宋徽、钦之后。"

由此看来，爱新觉罗氏的远祖无论是金太祖还是宋徽宗，都属于龙枝凤脉，血统高贵。

大清龙旗悬挂英格兰之谜

学习过近代史的人都知道，辛亥革命推翻了腐败无能的清政府，结束了中国两千多年的封建君主专制制度，打击了帝国主义侵略者，推动了历史的前进。

可是，大清王朝灭亡二十多年后，有英国人在遥远的苏格兰的一个小岛上，升起了大清国龙旗。

这是咋回事儿？

原来，这个英国人是清朝最后一位皇帝溥仪的英文老师，英文名为Reginald Fleming Johnston，中文名叫庄士敦。

庄士敦于1874出生于苏格兰爱丁堡，先毕业于爱丁堡大学，后进入牛津大学攻读东方古典文学和历史，迷恋上中国的文化。

庄士敦于1904年来到中国，瞻仰名山古刹，拜访高僧宿儒，了解中国的民情和文化，广猎经史子集、诗词歌赋，为高深广博的中国儒家文化和佛教哲学所征服，放弃自己的天主教信仰，以"林绍阳"的笔名在伦敦出版《一个中国人关于基督教传教活动向基督教世界的呼吁》一书，指责基督教会的传教士试图以宗教改变中国的做法，被英国宗教界视为"一个愿意生活在野地里的怪人""英国的叛徒"。

庄士敦崇尚儒家思想，不仅为自己起了汉名庄士敦，还按照中国传统为自己起字"志道"，源于《论语》的"士志于道"。

1917年6月，军阀张勋搞了一场复辟闹剧，把早已退位的清朝小皇帝溥仪重新拥上帝位。但没几天，闹剧演出结束，张勋就逃往荷兰大使馆避难去了。遭到"戏耍"的清朝遗老遗少无比尴尬，虽说暂时没有受到大的惩戒，但为了日后多一条出路，在李鸿章第四子李经迈、溥仪的叔叔载涛等人的张罗下，小朝廷聘请到学贯中西的庄士敦担任溥仪的帝师，教授溥仪学英文和自然科学知识。

这年溥仪十四岁,庄士敦四十五岁。

溥仪的帝师主要有陆润庠、陈宝琛、徐坊、梁鼎芬。其中对溥仪影响最大的是陈宝琛。

陈宝琛是福建有名的才子,同治年中进士,二十岁点翰林,曾因直谏言事得罪了慈禧而辞官归隐,慈禧薨后,于辛亥革命前被重新起用,不久即任帝师。原先,溥仪每逢大事都要征询陈宝琛的意见,按陈宝琛的说法办理。然而,自从庄士敦来了,情况就发生了变化,庄士敦的影响力非常大。

溥仪在自传《我的前半生》中回忆说:"陈宝琛是我唯一的灵魂。不过,自从来了庄士敦,我又多了一个灵魂。""庄士敦是我的灵魂的重要部分。"

庄士敦对溥仪竭诚尽忠,倾其所知相授,他给溥仪讲解西方的历史、生活和风俗,并为他起了个英文名"亨利"。

自幼封闭宫中的溥仪在庄士敦的引导下,戴上了眼睛,剪掉了辫子,在宫里装上电话,骑起自行车,会见了一些外国使节,还和胡适通电话,改革宫内的财务制度。

庄士敦专门向溥仪介绍西方的君主立宪思想,提议溥仪到欧洲留学。他介绍溥仪结识了英国大使和英国驻中国舰队司令,希望溥仪能到英国并在英国的辅佐下建立流亡政府,回中国复辟帝制。

庄士敦由衷期盼溥仪复辟后能成为优秀的国家元首,并拥有英国绅士般的非凡气度。

不过,英国与中国相距万里,庄士敦的这种想法,注定只能是空想。

1924 年,溥仪被赶出了皇宫,在庄士敦的帮助下,逃到使馆区,进入一家德国医院,准备去英国大使馆。

但因一时联系不上英国大使,庄士敦只好亲自赶往英国使馆。

庄士敦刚刚离开,亲日派的郑孝胥后脚就来了。

在郑孝胥的连哄带骗下,溥仪住进了日本大使馆,从此落入日本人的魔掌,再也没能逃脱日本帝国主义的控制。

庄士敦和溥仪的再次见面,已是十年之后的 1934 年。

1934 年 9 月，庄士敦又一次来到中国。彼时溥仪暂住天津，庄士敦前往天津把他写的《紫禁城的黄昏》送给溥仪，请溥仪为其作序。

庄士敦离开不久，溥仪就以祭祖名义逃跑，在日本人的扶植下，成立了他的汉奸政权"大满洲国"。

1935 年，庄士敦到长春觐见溥仪。溥仪设下家宴招待庄士敦，希望他能留下辅佐自己。庄士敦婉然拒绝。

事实上，从 1931 年到 1935 年，庄士敦的主要工作是在伦敦大学教授汉学。

从长春返回英国，庄士敦继续从事他所热衷的事业——向世界传播中华文化。

庄士敦热爱中华文化、热爱关于中华文化的各类书籍。他的家里有数千卷中华典籍。庄士敦在家的多数时间就坐在一张大桌子旁读书。庄士敦曾说："我现在有了这些书籍，它们就是我的妻子，能和我作无声的谈话，我也不必伺候它。"

庄士敦终身未娶，1936 年，他用自己的稿费在苏格兰买了一个小岛（爱伦岛）定居，给岛上的居室分别起了松竹厅、皇帝厅等名字，并升起了大清国的龙旗。

1938 年 3 月 6 日，庄士敦去世，享年六十三岁。

第二章　后金的崛起

 ## 努尔哈赤的祖父和父亲无故冤死

努尔哈赤的祖父和父亲并非无故冤死，而是有不可告人的原因的。但这原因，只有他们俩知道，而随着他们俩升天，此事已经成为一个历史难解之谜了。

为什么会这么说呢？

我简单说一下来龙去脉，大家读完，估计就会说一句：哦，原来他们的"无故冤死"根本就是自找的嘛。

话说，明永乐年间，明成祖朱棣在绥芬河流域设置地方军事行政机构建州卫，后来析出建州左卫和建州右卫，统称建州三卫。其中任建州左卫都指挥使的人叫猛哥帖木儿，是努尔哈赤的先祖。

这个猛哥帖木儿遭受兀狄哈人和朝鲜人的攻击，流离失所，处境很惨，明朝于是给他提供了保护，提供了居所，并安排了工作……好吧，我承认，明朝这么做主要也是为了自己，即不愿意任何部落在东北地区坐大，以致威胁到自己，于是制订了"离其党而分之，护其群而存之"的"渔人策略"，即让东北各部落"各自雄长，不相归一"，自己稳"收渔人之功"。

努尔哈赤的先祖们也不傻，他们有时候对明朝表现得无比忠顺，有时候又会弄点背后捅刀子的小花样。

总之，彼此之间的关系是互相利用，却又心照不宣。

到了明万历年间，努尔哈赤的祖父、父亲也和他们的先祖一样，贪婪、狡诈，表面温顺乖巧，却心怀异志，气候稍有变化，就要兴风作浪。

不过，他们也只是池里的小泥鳅，掀不起什么大浪。

倒是努尔哈赤的外公、女真部的头人王杲实力强横一点，最先跳出头，在女真各部朝贡明廷的必经之路拦路杀人，劫皇纲，写信威胁明廷，强行索取了建州右卫都指挥使之职，这还不够，还自称都督，要控制建州三卫，甚至兵犯辽阳，劫孤山，略抚顺、汤站，向大明发起挑衅。

万历皇帝于是命令辽东名将李成梁发兵进剿。

李成梁马到成功，一下子就磔杀了王杲。

王杲的儿子阿台继承了父亲的造反事业，继续向明朝叫板。

不服就打，打到你服！

李成梁再次发兵进剿。

大军势如破竹，很快就打到阿台的老巢古勒寨。

努尔哈赤的祖父觉昌安、父亲塔克世原本是跟着王杲一块闹腾的，看见王杲玩不转了，就立马投到李成梁军中效力，这会儿正充当前军向导，即平日人们常说的"带路党"。

按照常理，战斗到这儿，端掉阿台的老巢古勒寨已经是分分钟的事儿了。

努尔哈赤的祖父觉昌安、父亲塔克世突然心有所动，跑去跟李成梁说，用不着再打了，由他们父子俩进入劝阿台缴械投降，一定成功。

李成梁有好生之德，一念之间，同意了他们的申请。

这样，努尔哈赤的祖父觉昌安、父亲塔克世一溜烟跑入古勒寨去了，且一去不复返。

你想想，李成梁带了数万大军，却围着一个唾手可得的原始小寨不打，这事儿就够滑稽了。

最主要的是，这数万大军又不是来旅游度假的，以一人一天消耗一斤米算，多停留一天，就要多消耗好几万斤米，这还不算马匹的草料供应呢。

努尔哈赤的祖父觉昌安、父亲塔克世入古勒寨，犹如泥牛沉海，杳无音信。一天、两天、三天……谁还受得了？

李成梁甚至有理由怀疑他们父子俩入寨后劝降不成，早被凶残成性的阿台杀死了。

所以，就没有必要再等下去了。

李成梁发起了总攻的命令。

果然，这是一个唾手可得的原始小寨，战斗没有任何悬念。

但刀枪无眼，战斗中还是死了很多人，有叛乱分子，也有努尔哈赤的祖父觉昌安、父亲塔克世。

努尔哈赤的祖父觉昌安、父亲塔克世已经死了。原本，他们对李成梁说是去劝降阿台，这是不是他们内心最真实的想法，已不得而知，但依据他们一向自私自利的表现来看，应该别有内情，但这内情已经随着他们升天而升天了。

努尔哈赤后来跟明朝作对时，时时把"七大恨"挂在嘴上，口口声声说要为祖父、父亲报仇。但他的祖父、父亲刚死那会儿，李成梁赐给了他"敕书三十道，马三十匹"，另外还有一份建州左卫都指挥使的委任状作为赔偿。得到这些东西时，努尔哈赤真没表现出多大的悲伤，史书上倒是记载有他多次带着这些敕书风光无限、屁颠儿屁颠儿地到北京捞金揽银的记录。

再顺便补充一下，努尔哈赤的母亲是王杲的长女喜塔喇氏，这个喜塔喇氏命不好，死得早，生下努尔哈赤和舒尔哈齐哥俩就死了。

努尔哈赤的祖父觉昌安原本是跟着王杲干的，看到王杲要走下坡路，就改投了与明朝关系最好的哈达部头领王台，并在儿媳妇喜塔喇氏死的当口，向王台求婚——为自己的儿子塔克世求婚，请求王台嫁一个女儿给塔克世。

王台的女儿嫁过来后，成了努尔哈赤和舒尔哈齐的继母。

继母虐儿，是一个千古话题。

王台和王杲又是生死对头，则王台的女儿能对王杲女儿生下的儿子好得了吗？

根据《清史稿》的记载，努尔哈赤哥俩受尽了继母的折磨，小小年纪，上山打猎，下河捉鳖，担柴挑水，爬崖挖参，什么活儿都得做，一天到晚累得半死，还缺衣少食，时不时被罚去蹲马棚……一句话，生不如死。

根据努尔哈赤悲惨的童年来看，他对祖父、父亲应该没有多少感情。

 努尔哈赤是被明朝逼反的吗？

努尔哈赤不是被明朝逼反的，他创建的后金也不属于少数民族起义。

努尔哈赤是一个天生不安分的野心家。他的事业，并非被迫后的崛起，而是主动进取的开创。

不难看出，清之先世从明初就开始接受明朝的统治和管辖了。

不过，努尔哈赤以后的各代清朝统治者为掩盖其"叛明"恶名，一直故意回避或恶意抹杀这一事实。

其中的清高宗乾隆帝竟然厚颜无耻地放话说："我大清兴于东海……虽曾受明之官号耶，究不过羁縻各系而已，非如亭长、寺僧之本其臣子也。"

话说回来，清之先世在接受明朝的统治和管辖的同时，也得到了明朝的极大关照。他们在遭到兀狄哈人和朝鲜人的进攻时，是明朝给他们提供保护，提供居所，提供生活土地，提供经济物资。

一句话，建州女真完全是在明朝的庇护下一点点成长、一点点发展、一点点壮大的。

很多人认为努尔哈赤是被明朝逼反的，这一假象的造成，跟努尔哈赤公开叛明时不厌其烦地唠叨"七大恨"有关。

但"七大恨"中，稍微能戳中人们泪点的就是他的祖父、父亲被明军杀了。

努尔哈赤知道这一消息，一把鼻涕一把泪，闯入明军大营，诘问明朝边吏道："祖、父无罪，何故杀之？"（《清太祖武皇帝实录》）

李成梁遣使谢过，解释说："汝祖父实是误杀。"（《清太祖武皇帝实录》）

作为赔偿，李成梁赐给努尔哈赤"敕书三十道，马三十匹"，另外还有一份建州左卫都指挥使的委任状。

敕书是个绝好的东西。

因为有了敕书，便有了到大明京城朝贡的资格。

说是朝贡，其实是到明廷来捞金揽银。

一句话，敕书不仅是地位和身份的象征，更是财富的体现。

当时，女真部落之间为了争夺一道敕书，往往会拼得尸横遍野，流血漂橹。

说起来，努尔哈赤的外公王杲能成为雄霸一方的霸主，就是靠从别人手里抢来的几道敕书而一步登天的。

努尔哈赤一下子得了三十道敕书，前途可想而知！

事实证明，有了这三十道敕书和这份建州左卫都指挥使的委任状，努尔哈赤很快崛起，他以十三副铠甲、部众三十人起兵，四下杀伐，逐渐吞并了其他建州部落。

还必须提一下，万历二十一年（1593 年）九月，努尔哈赤在古勒山一带大败由海西女真的叶赫、哈达、乌拉、辉发等九部联合起来的联军，明朝认为他稳定边疆有功，还加封他为"龙虎将军"。

这个"龙虎将军"在入京朝贡谢主隆恩时，朝鲜半岛爆发了抗倭援朝战争，"龙虎将军"即在明神宗皇帝面前大秀忠诚，主动申请入朝鲜驱杀倭寇，自称"情愿拣选精兵，待严冬冰合，即便渡江，征杀倭奴，报效皇朝"（语见《李朝实录》）。

此举，遭到了明神宗的断然拒绝。

回到辽东，努尔哈赤专心致志地吞并女真其他各部。

这一吞并，用了整整三十六年时间。

万历四十三年（1615年）六月，震慑辽东几十载的一代名将李成梁辞世，享年九十三岁。

万历四十四年（1616年）正月初一日，努尔哈赤以赫图阿拉为中心，参照蒙古政权、特别是中原汉族政权的范式，在赫图阿拉正式称汗。

称汗后的努尔哈赤又经过两年的精心筹备，才公开跟大明作对。

万历四十六年（1618年）正月十六日这一天，努尔哈赤自称天显异象，严肃地对众贝勒大臣说："我意已决，今岁必征明国！"（《清太祖武皇帝实录》卷五）

看看，努尔哈赤从二十几岁以十三副铠甲起兵，到了迈入花甲之年才公开叛明，可谓处心积虑。

这其中完全看不到明朝对他的"压迫"，只看到他的老谋深算、处心积虑。

所以，努尔哈赤的行动，并非什么起义，而是赤裸裸的叛乱。

再补一笔，努尔哈赤得到明朝的敕书是三十道，史书明确记载有其本人在万历十八年、二十年、二十一年、二十五年、二十六年、二十九年、三十六年、三十九年到北京捞金揽银的记录。此外，《东夷考略》还记录："清太祖朝贡之时，混入南关敕书三百六十三道。"即明朝颁发给别的女真部落的敕书，也被努尔哈赤恃强据为己有。这些敕书，虽不是努尔哈赤本人亲自进京使用，却全是他手下人代为进京使用了，则其在明朝捞取到的经济实惠，实在是个天文数字。

在努尔哈赤漫长的成长过程中，哪儿有明朝对他的"压迫"？

努尔哈赤到底有多强悍

清王朝的奠基者努尔哈赤以十三副铠甲起兵，南征北讨，百战黄沙，征战四十年，终于统一女真各部，平定中国关东部，于明神宗万历四十四年（1616年）建立后金，割据辽东，建元天命。萨尔浒之役后，迁都沈阳。尔后，席卷辽东，攻下明朝在辽七十余城，为清朝入关定鼎中原奠定了坚实的基础。清朝建立后，被尊为清太祖，谥"承天广运圣德神功肇纪立极仁孝睿武端毅钦安弘文定业高皇帝"。

对于努尔哈赤的谋略、用兵、征伐，世称其能，历史对他评价很高。

《清史稿》称他："天锡智勇，神武绝伦"。甚至说他所指挥的萨尔浒之役可比周武王战商纣于牧野。

《清太祖实录》则称："武艺超群，英勇盖世，深谋远略，用兵如神""兴国开疆，以创王基"。

后世文豪金庸因此心悦诚服地赞："自成吉思汗以来，四百多年中全世界从未出现过的军事天才努尔哈赤。这个用兵如神的统帅，传下了严密的军事制度和纪律，使得他手下那批战士，此后两百年间在全世界所向无敌。"

清史研究专家阎崇年更是说："在我国五十五个少数民族历史人物的星海中，有两颗最明亮的民族英雄之星——一颗是蒙古族的元太祖成吉思汗，另一颗是满洲族的清太祖努尔哈赤。爱新觉罗·努尔哈赤奠基的清帝国，绵祚二百六十八年，他是我国历史上杰出的政治家、军事家和民族英雄。他的姓名与业绩，不仅垂诸中国史籍，而且载记于世界史册。他活跃在中华统一多民族大家庭的历史舞台上，一生十功四过，瑕不掩瑜。爱新觉罗·努尔哈赤是中华民族发展史上杰出的政治家、军事家。"

不过，努尔哈赤的威名和事业毕竟是建立在血腥杀戮的基础上的，其所作所为，凶悍而残暴，也很让许多富于人文情怀的有识之士深恶痛绝。

著名历史学者李亚平就对阎崇年等人的评论颇不以为然。

李亚平在接受媒体采访时，就坦言，努尔哈赤只是一个"嗜血成性的军事杀人抢劫集团的屠夫首领""一个大型军事屠掠集团的强盗头目"，其最大的"功劳"就是把抢劫、杀人、叛乱更加"合法化"，但"至死也没有完成从一个部落酋长到一位政治家的转变。更遑论伟大的政治家了"。李亚平还说，把努尔哈赤这样的"杀人魔王"赞作伟大君主，违反了人类发展进步规律。"努尔哈赤是打仗很厉害，但是碰到的都是不太懂得对抗骑兵战术的明朝军队，如果他们碰到的是当时注重冷热兵器结合火枪方阵的西班牙军队，得死一百次了。"

大史学家顾诚也说："清廷统治者从努尔哈赤、皇太极到多尔衮，都以凶悍残忍著称于史册。"

一句话，努尔哈赤"用兵如神"是不假，但也强悍残忍，杀人不眨眼。

那么，努尔哈赤到底有多强悍、多残忍呢？让我们来看一则《清太祖高皇帝实录》上的记载吧。

万历十二年（1584年）九月，努尔哈赤率兵攻打翁科洛城。努尔哈赤亲临一线，站在城外村落庐舍的屋顶上，布置士兵纵火焚烧城楼。大火焚烧，屋庐崩塌。守城勇士鄂尔果尼登高向努尔哈赤施放冷箭，一箭射中了努尔哈赤的额头偏上的头盔，箭劲惊人，贯穿头盔，射入额头半指深。努尔哈赤大喝一声，将箭拔出，看见有敌人策马杀来，便以所拔的箭从烽烟中迎射来敌，敌人应弦而倒。努尔哈赤额头上的血汩汩直流，从头流到脚。努尔哈赤犹自奋战不已。又有一个叫罗科的守城战士，乘着烈焰腾烟，悄悄逼近努尔哈赤，突然射出一箭，正中努尔哈赤脖颈。努尔哈赤咬牙拔箭，箭镞带钩，箭拔出之后，带出一块肉，血涌如注，差点昏厥过去。部众看见情形危急，纷纷冒着敌人的箭雨向努尔哈赤靠拢，要爬上屋顶扶掖努尔哈赤撤退。努尔哈赤制止说："尔等勿来，恐为敌窥，我当徐下。"彼时，努尔哈赤浑身是血，征袍湿透，一手扪着颈脖伤处，一手拄着长弓，缓缓而下，在众将的掩护下，撤离了战场，弃垂下之城而还。努尔哈赤伤愈之后，率兵攻陷翁科洛城，生擒了射伤他的鄂尔果尼和罗科。众人要乱箭将二人处死，努尔哈赤钦佩二位勇士的英勇，有意收为部下，于是说："两敌交锋，志在取胜。彼为其主射我；今为我用，不又为我射敌乎？"说罢，亲为二人解绑，好言安慰。鄂尔果尼和罗科终于被这一举动感动得流下了热泪，当即表示愿意归顺。努尔哈赤授二人为牛录额真，各统辖三百名壮士。鄂尔果尼和罗科此后英勇作战，为努尔哈赤立下了汗马功劳。

对别人狠，对自己也狠，却又能化敌为友，收买人心，努尔哈赤不愧是能成就事业的一代狠人。

 ## 与绝世美女东哥有关的故事

明朝时，关外女真分为东海、海西、建州三大部分。

东海女真散居于黑龙江流域，部落繁多却呈分散状态，并没有相对稳定的政治势力。

海西女真有叶赫、哈达、乌拉、辉发四大部落，统称海西四部。

建州女真分为建州卫、建州左卫、建州右卫三部。

今天要讲的女主角是海西叶赫部首领布斋的女儿，名叫叶赫那拉·布喜娅玛拉，后人管她叫东哥。

东哥的先世姓土默特氏，本是蒙古族，因灭掉扈伦那拉部，改姓那拉氏。那拉是太阳的意思。

以太阳为姓的叶赫部依险筑城，称雄于海西女真，并渐有统一女真之想。

东哥的出生，让叶赫首领统一女真的想法变得更加强烈。

据说，东哥出生时，叶赫部的萨满（巫师）预言说：此女可兴天下，可亡天下。

而东哥在七八岁跟哥哥布扬古出去打猎时，就吸引了一大片人的目光，人们都说，这个小女孩，将来一定是世间罕有的美女！

在人们的赞美中，东哥的美名就像长了翅膀一样传遍了女真各个部落。

许多部落首领都想尽办法来见东哥一面，见过之后便终生难忘。

甚至有人发誓非娶此女不可，不惜代价。

东哥是万历十年（1582 年）出生的，万历十九年（1591 年）那年，她只有九岁，哈达部首领歹商就迫不及待地前来求婚了。

早就想吞并哈达部的叶赫首领布斋和他的弟弟纳林布禄同意了歹商的求婚，让歹商亲自迎娶。

歹商不知是计，准备了丰厚的聘礼，欢欢喜喜地来了。结果，在半路就被叶赫伏兵送上了西天。

轻而易举地收获了聘礼及大批哈达部土地、物资、奴隶的布斋高兴得忘乎所以，把东哥紧紧搂在怀里说：你就是上天赐予叶赫部落的一大宝贝！有了你，不愁叶赫不能统一女真！

可是，建州左卫的爱新觉罗族在统一女真这件事上，步伐走得更快。

说起来，叶赫那拉氏和爱新觉罗氏两个家族之间的矛盾由来已久。

元末明初时，两家互相攻伐，打得你死我活。

在一场大决战中，爱新觉罗家族的头领为了使叶赫那拉氏臣服，指着大地说："我们是大地上最尊贵的金子（爱新觉罗是金子的意思）！"

叶赫那拉的首领听了大笑，指着天上的太阳说："金子算什么，我们姓它。"

就在那一场大战中，叶赫那拉氏打败了爱新觉罗氏，成为当时女真族最大的部落。

现在，爱新觉罗氏的当家人是努尔哈赤，此人凶悍强横，用铁腕手段统一建州三卫，成了建州女真的首领。

按照这势头发展，统一女真的恐怕不是他们布斋和纳林布禄兄弟，而是努尔哈赤。

不行，必须扼杀住努尔哈赤的势头。

为此，布斋和纳林布禄兄弟召开有哈达、辉发、乌拉等部落首领参加的联席会议，准备搞一个大联盟，干掉努尔哈赤。

哈达、辉发部热烈响应，乌拉部却无动于衷。

为什么会这样呢？

布斋挠了挠后脑勺，乌拉是个实力强大的部落，要是他不参加，打努尔哈赤就没有胜算。

布斋问，你为什么不肯加入联盟呢？

乌拉部首领满泰说出了原因，他的弟弟布占泰要娶到东哥才肯出兵。

原来是这样，那没问题。

布斋满口答应这桩婚事，并接受了满泰的聘礼。

这样，布占泰以叶赫女婿的身份，率三千乌拉兵加入了联军。

明万历二十一年（1593 年）九月，叶赫部、哈达部、乌拉部、辉发部，再加上长白山朱舍里、讷殷二部，蒙古科尔沁、锡伯、卦尔察三部，共九部，结成了以叶赫部为首的九部联军，号称三万人，浩浩荡荡地直奔建州老营佛阿拉扑来。

联盟里的所有人，包括十一岁的东哥，都以为，努尔哈赤这回死定了。

可是，谁也没有想到，努尔哈赤却在古勒山的山上布下了绊马阵，将九部联军杀得溃不成军。

蒙古科尔沁首领明安的马匹陷入泥潭，为求脱身，不得不脱掉盔甲内衣，赤身裸体地跳上另一匹无鞍马仓皇逃窜。

东哥的未婚夫乌拉部首领满泰之弟布占泰被活捉。

东哥的父亲九部联盟首领布斋被建州兵士乱刀砍死。

东哥的叔叔叶赫部的另一首领纳林布禄目睹哥哥被杀，吓得直接摔下马来，被手下救了回去。改日，纳林布禄向努尔哈赤索要兄长的尸体。努尔哈赤亲自将布斋的尸体劈成两半，送还一半给纳林布禄。

纳林布禄受此惊吓，不久抑郁而死。

布斋的儿子布扬古、纳林布禄的弟弟金台石继为贝勒。

努尔哈赤的势力越来越强大，偌大的辽东半岛，似乎已没有人可以与之抗衡了。

明万历二十五年（1597 年），叶赫部的首领、布斋的儿子布扬古，主动向努尔哈赤赔礼道歉，许诺将妹妹东哥送给努尔哈赤，力求和好。

东哥已经十五岁了，青春无敌，艳名远播。努尔哈赤二话不说，当即备送聘礼、鞍马、盔甲等物，并杀牛设宴，与海西四部会盟。

会盟仪式上，叶赫等四部首领先后发誓说："从今以后，若不结亲和好，将像这杀牲的血而被践踏，将像这被剐的骨而死去。"

誓言说得如同铁钉钉板，铿锵有力。

但，布扬古很快就改变了主意：悔婚。

据说，东哥本人也发话了：她宁死也不嫁给努尔哈赤，谁杀死了努尔哈赤，她就嫁给谁。

明万历二十七年（1599 年），叶赫部为了扩大势力，发兵劫掠哈达部。哈达贝勒孟格布禄咽不下这口气，以三个儿子为人质，向努尔哈赤求援。

东哥没嫁过来，努尔哈赤正憋闷着呢，听说是要跟叶赫干仗，一口答应。

布扬古害怕了，给哈达孟格布禄贝勒写信，说愿意以东哥相许，两家重修和好，共同对付建州。

不得不说，东哥的诱惑力是惊人的。

孟格布禄立刻与布扬古握手言欢。

孟格布禄的背信弃义激怒了努尔哈赤。努尔哈赤大举发兵讨伐哈达部，以伤亡惨重的代价攻下了哈达城，灭亡了哈达部。

哈达部灭亡，辉发部就成了叶赫与建州争夺的对象。

原先，辉发部贝勒王机褚死，部内发生了内乱。王机褚的孙子拜音达礼在努尔哈赤的帮助下平复了内乱，并收复了辉发村寨。

努尔哈赤对拜音达礼很好，还嫁了一个女儿给他。

叶赫部不愿意辉发部和努尔哈赤走得太近，仍以东哥为诱饵，向拜音达礼承诺，只要他和努尔哈赤断交，就把东哥嫁给他。

东哥可要比努尔哈赤的女儿漂亮多了。

拜音达礼毫不犹豫地与努尔哈赤断交。

万历三十五年（1607 年），努尔哈赤以东哥是自己的女人为由，率军攻占辉发，杀死了拜音达礼，平灭了辉发部。

海西四部已灭其二。另一个乌拉部的首领满泰的弟弟布占泰因垂涎于东哥的美色，曾参加了九部联军合击建州的战役，结果在古勒寨之战中被努尔哈赤抓获。努尔哈赤并没有杀布占泰，而是将自己弟弟舒尔哈赤的女儿嫁给了他。不久，乌拉首领满泰死了，布占泰回乌拉继哥哥为贝勒，投桃报李，将妹妹送给了舒尔哈赤为妻。随后，布占泰又请努尔哈赤嫁一个亲生女儿给自己，亲上加亲。

叶赫当然不能容忍乌拉与建州亲上加亲，用旧船票重登客船，再一次承诺许配东哥给布占泰。

色令智昏的布占泰答应了这桩婚事，从而冷落了努尔哈赤的女儿和侄女。

努尔哈赤勃然大怒，于万历四十一年（1613年）亲率三万大军攻打乌拉。

乌拉部很快被击溃。

布占泰奔往叶赫，不久后就死在了叶赫。

四部已去其三，叶赫只好将东哥改嫁给蒙古喀尔喀部，以换取蒙古

喀尔喀部的支持。

东哥这一年已经三十三岁了，成了著名的"叶赫老女"。

努尔哈赤却对这个"叶赫老女"念念不忘，听说"叶赫老女"远嫁蒙古，就想出兵攻打叶赫，或在半路抢新娘。但明朝为了扼制努尔哈赤，与叶赫结盟，并派兵保护东哥。努尔哈赤有所顾忌，没有出兵，只在家里狠狠地诅咒说："无论此女聘与何人，寿命不会长久，毁国已尽，构衅已尽，死期将至矣。"

也许是努尔哈赤的诅咒起了作用，东哥嫁到蒙古后仅仅一年就死掉了。

东哥虽然死了，但以她的名义而发起的战争并没有结束。

万历四十四年（1616年），努尔哈赤建立后金国，定赫图阿拉为首都，称"覆育列国英名汗"。

万历四十六年（1618年），努尔哈赤颁布了"七大恨"，以东哥改嫁蒙古为借口，与明朝彻底决裂。

努尔哈赤的狂妄行为招来了大明政府的讨伐。

万历四十七年（1619年），大明辽东经略杨镐率四路大军前来征剿努尔哈赤。

不过，在这场著名的"萨尔浒大战"中，明军三路败亡，一路溃逃。

战争结束，努尔哈赤调兵遣将，大肆攻击联合明军作战的叶赫，于该年八月平灭了叶赫部。

东哥，这位绝世美女，不幸成了一个死亡魔咒，无论许配给谁，都会出现大面积死亡。

围绕着东哥的归属，努尔哈赤终于完成了他统一女真的大业。

 ## 皇太极名字的由来

接替努尔哈赤汗位的是他的第八子皇太极。

皇太极是个比努尔哈赤更为厉害的角色。

他长得比努尔哈赤更高大、更魁梧，能披重甲、开硬弓，臂力过人，武勇出众，行军打仗，纵马驰射，从不疲倦。据清代雍正年间进士阮葵生所著《茶余客话》卷一《清帝甲弓》所记，沈阳实胜寺收藏有一副努尔哈赤生前所穿用的甲胄，几个人都举不起来。该处也同样收藏着一张皇太极用过的弓，矢长四尺余，大块头壮汉尚难以开弓，而皇太极当年却运用自如。凭着这张弓，皇太极曾在一次围猎中，连续发矢，多有矢箭洞贯两只黄羊，足见臂力惊人。

当然，武勇只是一方面，其性格沉稳，除了继承了努尔哈赤爱打仗、善打仗的基因外，还懂政治，做事讲究策略，注重收拢人心。

据说，他在三四岁的时候就很懂事了，接触过的事物，"一听不忘，一见即识"。到了七岁，努尔哈赤便"委以家政，不烦指示，即能赞理"（《清太宗实录》卷一），显示出强大的独立处事能力，努尔哈赤也因此对他"爱如心肝"。（《满文老档·太祖卷三》）

随着年纪长大，跟着父汗屡战沙场，开疆拓土，见识更高，视野更广。他对于努尔哈赤那"抗拒者被戮，俘取者为奴"的奴隶制政策很是看不惯，轮到他上台了，便提出"治国之要，莫先安民"的方针，强调满洲、蒙古、汉人之间的关系"譬诸五味，调剂贵得其宜"。他的做法是：汉人壮丁，分屯别居；汉族降人，编为民户；善待逃人，放宽惩治，让大量汉族奴隶得到"民户"地位，成为后金政权下的个体农民。

为了使百姓能"专勤南亩，以重本务"，他宣布，凡有妨农务的工程，一律不复兴筑，一切都要以保护人民生产为出发点。后金改大清，也始自于他。从严格意义来说，皇太极应该是大清王朝的开国君主。

下面，说说皇太极这个名字的来由。

皇太极——这个名字显得大气、恢宏，有帝王气象。

而实际上，这并不是一个名字，而是一个称号。

关于皇太极本人的名字，有几种说法，一说是叫阿巴海（又作阿渤海），一说是叫黑还勃烈。

"阿巴海"（Abakhai）之说，源于俄罗斯汉学家 G. V. 戈尔斯基，其可能是将皇太极的年号 Abkai sure 误解为名字了，不怎么靠谱。

黑还勃烈一名则比较接近历史原貌，因为"黑还"就是"黄"字汉语音的切读，而"勃烈"则是蒙语中"苍狼"的意思。

根据女真学、满学、蒙古学专家金启孮先生笺示，努尔哈赤的满文原义为"野猪皮"，舒尔哈齐为"小野猪皮"，雅尔哈齐为"豹皮"，而多尔衮为"獾"，所以皇太极为"苍狼"最为合理。

"皇太极"中的"太极"，原为蒙语中的"台吉"，即"王子"的意思，所以在清初汉语典籍中，皇太极的名字也被记载为"黄台吉"。即"黑还"（汉语读音"黄"）小王子。

很有性格的阿巴泰拒婚之谜

说起清朝的王爷，最有性格的莫过于阿巴泰。

阿巴泰是清太祖努尔哈赤第七子，比清太宗皇太极年长了三岁，皇太极得管他叫七兄。

阿巴泰长得相貌凶恶，膀大腰圆，打仗异常悍勇。

明万历三十九年（1611 年），阿巴泰第一次上战场。当时，他率千余骑兵讨伐东海窝集部乌尔固辰、穆棱二路，长驱千里，仍能以雷霆万钧之势击溃敌人，俘敌千余人，全身而退。

历此一战，阿巴泰扬名军中。此后，身经百战，功勋卓著。

有意思的是，阿巴泰长得凶神恶煞，相貌和张飞差不多，但生的子女颜值却都很高。

天命三年（1618年），努尔哈赤公开叛明，为了收降及笼络抚顺城的明游击李永芳，就把阿巴泰的美貌女儿嫁给了李永芳。李永芳也因此对内对外称"抚西（即抚顺）额驸"，竭尽忠诚报效后金。

在努尔哈赤时代，尽管阿巴泰是侧妃所生，在兄弟中地位比较卑微，但他较早参与征战，较早建功立业，颇得努尔哈赤器重。

到皇太极继位后，阿巴泰的地位渐渐下降。

为此，阿巴泰愤愤不平。

某次，皇太极赐宴诸贝勒，阿巴泰位居诸和硕贝勒之下，大为恼怒，就像《红楼梦》里的焦大一样，借酒装疯，骂道："战则我披甲胄而行，猎则我佩弓矢而往，赴宴而坐于子弟之列，我觉可耻。"

皇太极冷视七兄喝骂，怒而不言。

阿巴泰越骂越解气，起身离座，醉醺醺地扬言："今后我再不赴宴！"

诚然，想当年，努尔哈赤在世时，每有蒙古亲戚来访，阿巴泰都与四大贝勒一起出见，如今却位居诸弟侄之下，焉能不怒？！

这之后不久，蒙古察哈尔部首领昂坤杜棱归附，皇太极在盛京皇宫八角殿设大宴，召诸贝勒作陪。

阿巴泰果然拒不参加，先是说"没有像样的皮裘可穿，皇上原先赐的皮裘已改制成两件，给儿子们穿了"。得到皇太极送来的新衣后，又说"出席宴席，若坐于小贝勒之列，深感羞愧"。

皇太极无可奈何，只是象征性地罚了阿巴泰雕鞍马、素鞍马各八匹，甲胄四副，就此拉倒。

阿巴泰地位不高，根源在于他不通行政事务。皇太极仿照明朝制度设立六部，曾让阿巴泰执掌工部。但在短短两年时间里，阿巴泰的工作漏洞百出。皇太极失望之余，批评说：自设六部以来，礼、刑、工三部办事多有缺失，至于工部更不及他部。这都是贝勒才短及怠惰所致。

皇太极之所以没有对阿巴泰动粗，是由于阿巴泰为世上罕有的将才。

比如说，在皇太极对明朝的所有征战中，如征锦州之役、征北京之役、征大凌河之役、征山海关之役、征宣府之役、征昌平定兴之役、征直隶之役、征朝鲜之役，等等，阿巴泰无役不与，无役不利。

其中，天聪十年（1636 年），阿巴泰同其弟阿济格率兵征明，深入内地，连破昌平、定兴等十二城，大小战斗五十八次，掠获人畜十八万，大获全胜。

崇德七年（1642 年）十月，阿巴泰任大将军，统军自长城黄崖口南下，纵贯直隶、山东，并蹂躏江苏一部，共攻克城镇九十四座，俘虏三十六万人，掠获黄金十二万两，银二百二十万两，震惊天下。

皇太极对阿巴泰最严重的一次处罚，是因为阿巴泰小女儿的婚姻问题。

阿巴泰的小女儿长得国色天香，是满蒙贵族追求的对象。为了笼络外藩蒙古，皇太极安排将她嫁给蒙古。

可是阿巴泰坚决不从。

皇太极不好太勉强，改令把她嫁给本国大臣。

阿巴泰有意作对一样，仍是坚决不从。

清朝奉行的是"指婚"政策，即宗室王公子女的婚配，不得由父母自作主张，必须由皇帝或皇太后指定。但阿巴泰就是不把皇太极放在眼里，抗旨不遵。

皇太极恨得牙根痒痒的，决定好好整治阿巴泰一番。

但又没有"拒绝嫁女"的罪名对阿巴泰治罪，怎么办呢？

皇太极耍起了阴招。

皇太极知道阿巴泰在妻子跟前是一个模范丈夫、在子女跟前是一个慈爱父亲，就决定从破坏他的家庭入手。

皇太极曾经谕令全国臣民，不许向巫婆问卜求医，他派人追踪阿巴泰的福晋（贝勒的妻子称福晋），指称阿巴泰的福晋违反规定，私下找巫婆替女儿占卦择嫁，交付刑部审核。

在皇太极的指使下，刑部拟定：福晋擅自择嫁，遣官问卜，不守妇道，与其女俱应论死；阿巴泰屡违帝命，私庇福晋，全无家法，应革爵，罚银一千两；巫婆及不吐实情的使女、太监，俱应处死。

阿巴泰哑巴吃黄连，有苦说不出。

不过，皇太极还是网开一面，宽大处理：阿巴泰免革爵，罚银一千两；其福晋免死，由其子博洛赡养；其女亦免死，择婿嫁之；不吐露实情的使女、太监，仍处死。

阿巴泰长年沐风栉雨、叱咤风云，出生入死、纵横沙场，到头来，却被弟弟皇太极以"受制于妻"的罪名罚银一千，与她离异，实在是颜面扫地。

 ## 皇太极可爱，但不质朴

金庸是写武侠小说出身的，"飞雪连天射白鹿，笑书神侠倚碧鸳"等十五部武侠小说奠定了其在武侠小说作家里的大师地位，被世人尊称为"金盟主"。

凭借这一巨大声誉，金庸先生曾被浙大聘为人文学院院长。

彼时，议论声一片。

有人表示不认同，说，一个写武侠小说的，做人文学院院长，合适吗？

不过，金庸也并非单单写武侠小说。武侠小说以外，他还有一些散文和社论等作品传世。其中，影响最大的就是附于其武侠作品《碧血剑》之后的《袁崇焕评传》。

赞成金庸先生做人文学院院长的人就以此来驳斥质疑金庸先生做人文学院院长的人：《袁崇焕评传》是纯学术性的东西，非史学、文学大师不能撰就。

由此可见，《袁崇焕评传》也是金庸生命中一部很重要的作品。

金庸在《袁崇焕评传》中写袁崇焕任宁前道金事时和皇太极议和，分析说："宁远没有了外卫，也没有了粮源。靠朝廷接济是很靠不住的，朝廷对于拖欠粮饷向来兴趣浓厚。袁崇焕做辽东巡抚，首要目标是修复锦州、大凌河等城堡的守备，然后屯田耕种。但筑城工程费时甚久，又不能受到敌人干扰，在和清朝处于战争状态之时无法进行。所以明清双方，都期望有一段休战的时期，以便进行自己的计划。明方是练兵、筑城、屯田，清方是进攻朝鲜，巩固统治。在这样的局势下，具备了议和的条件。"

已经具备了议和的条件和议和的氛围，那么，议和的可能性有没有呢？

金庸认为，"清方从来没有期望真能征服明朝。努尔哈赤和皇太极的祖宗，长期来做明朝所封的边疆小官。努尔哈赤幼时住在明朝大将李成梁家里，类似童仆奴隶。所以他们对于明朝有先天性的敬畏，自卑感很深。宁远之战，使他们下意识中隐伏着的自卑感又开始抬头"，也就是说，这个时候，只要明朝有议和的诚意，双方缔结和约，和平相处，是完全有可能的。

金庸说，当时，袁崇焕就力排众议，将自身安危全然置之度外，以大局为重，担当起议和的主角，首先奏响了和平之音。他模仿诸葛亮柴桑口吊丧的情节，派使者给努尔哈赤吊丧，积极和皇太极议和，讨价还价。然而，因为天启帝和魏忠贤等人的阻挠，议和没有达成，袁崇焕还丢官罢职。

最有趣的是，金庸先生接着来了这么一句："当袁崇焕罢官家居之时，皇太极见劲敌既去，立刻肆无忌惮，不再称汗而改称皇帝。"

原来，皇太极称帝与否，是以袁崇焕是否在职为风向标的。

金庸先生写：崇祯元年，袁崇焕回任之后，与皇太极又开始了和谈。皇太极对和谈向来极有兴趣，立即做出有利的反应。袁崇焕提出的先决条件，是要他先除去帝号，恢复称"汗"。皇太极居然答允，但要求明朝皇帝赐一颗印给他，表示正式承认他"汗"的地位。这是自居为明朝藩邦，原是对明朝极有利的。但明朝朝廷不估计形势，不研究双方力量的对比，坚持非消灭清朝不可，当即拒绝了这个要求。皇太极一直到死，始终千方百计地在求和，不但自己不停地写信给明朝边界上的官员，又托朝鲜居间斡旋，要蒙古王公上书明朝提出劝告。每一个战役的基本目标，都是"以战求和"。他清楚地认识到，清朝决计不是明朝的敌手，明朝的政治只要稍上轨道，清朝就非亡国灭种不可。满族的经济力量很是薄弱，不会纺织，主要的收入是靠抢劫。皇太极写给崇祯的信，可说谦卑到了极点。

在这儿，金庸先生引用了《天聪实录稿》所载皇太极致崇祯皇帝的一封信，信中写："满洲国汗谨奏大明国皇帝：小国起兵，原非自不知足，希图大位，而起此念也。……夫小国之人，和好告成时，得些财物，打猎放鹰，便是快乐处。谨奏。"

对这封信，金庸先生总结道："最后这句话甚是质朴动人。"

也就是说，在金庸先生的眼里，皇太极是非常质朴可爱的。

可是，皇太极真的"质朴可爱"吗？

首先，金庸说"清方从来没有期望真能征服明朝"，这句是不成立的。

清方公开与明朝叫板，并不是逼上梁山。一直以来，努尔哈赤都得到明朝的厚待，他也因此从一个小酋长蜕变为一大地方势力。努尔哈赤野心勃勃，发布"七大恨"，悍然伐明。这所谓的"七大恨"也只有其祖、其父被明军误杀勉强说得过去，其他的纯属胡搅蛮缠。而其祖、其父被明军误杀，明朝也做出了巨大的赔偿，而且时间都过去了四十多年。说"清方从来没有期望真能征服明朝"是不对的。

天启六年（1626 年），皇太极同意和袁崇焕议和，背后有一个世人皆知的原因：借议和为名，稳住宁远一线的明军，放手征讨朝鲜，彻底剿灭心腹之患毛文龙。

袁崇焕不明就里，傻乎乎地和皇太极谈判，结果被皇太极玩于股掌之中。

天启七年（1627 年），皇太极的军队打趴朝鲜，重创毛文龙，史称"丁卯之战"，凯旋而还。皇太极立刻翻脸，写信谴责袁崇焕，说："你一面派人来跟我议和，一面又急修城垣，到底是何居心？！"大举发兵攻打宁远。

袁崇焕顿足捶胸，仰声长叹："奴子妄心骄气，何所不逞，我准备联合蒙古人，给蒙古人送钱送物，他即攻蒙古人而伐我之交。我准备借朝鲜人替我在后方作为牵制，他攻朝鲜而让我的凭借落空。我准备借和议之机修筑大凌河、锦州以扼其咽喉，其则分入侵朝鲜之兵来阻挠我筑城。着着皆狠，而着着不后！"

《清朝外史》有一段皇太极征服朝鲜后关于说梦的记载，说，皇太极既打服了朝鲜，某夕，忽梦随父亲努尔哈赤入大明宫殿，见明天启帝从包袱中拿出一个系着丝缕的玉珊瑚相授。皇太极心想，大明皇帝要赠珍宝，什么样没有？偏偏赠这个，有什么用？这么想着，抬头看时，那人并不是明天启帝，而金代皇帝神像。其出示一册书，称："这是你先代金国的史书。"皇太极恭恭敬敬接受，展卷细看，文字却不能尽辨，待要向他人请教，已从梦中惊醒。次日清晨，皇太极让臣属解梦。臣属答："先前皇上曾梦入朝鲜王宫内，将朝鲜王举起，没多久，果然征服了朝鲜。如今又梦见明帝及金人，授以金史，是上天要将大明的江山版图相授给皇上啊。"皇太极听了，眉开眼笑。

这则记载把皇太极要征服明朝的野心表达得淋漓尽致。

崇祯元年（1628 年），袁崇焕回任之后，皇太极之所以再次同意和谈，那是以和谈为诱饵，诱骗袁崇焕替自己除掉劲敌毛文龙。

希冀以和谈来了结"五年平辽"任务的袁崇焕晕晕乎乎地掉入了皇太极的套中，亲赴皮岛斩了毛文龙。

毛文龙一死，皇太极再无后顾之忧，随即振旅西征，借道蒙古，千里奔袭大明帝都北京，开启风云激荡的"己巳之变"。

说一句，皇太极千里绕道，并不是要避开袁崇焕的宁远，而是要避开一夫当关、万夫莫开的天下第一雄关山海关。

在皇太极的眼里，袁崇焕并不是什么了不起的角色，皇太极本人也始终把征服明朝作为清朝头等大事。

袁崇焕死后，皇太极写信劝降守宁远城的吴三桂，信中明确提到"明祚衰微"，要"将军相时度势，早为之计也"。

皇太极在临终前，仍不忘叮嘱摄政王多尔衮，说："若得北京，当即徙都，以图进取。"

皇太极，可爱或有之，但一点儿也不质朴。

 皇太极喜爱的宝物，乾隆却嗤之以鼻

话说，明崇祯八年（后金天聪九年，公元 1635 年），多尔衮等四贝勒统帅一万精骑远征察哈尔，捷报频传。

察哈尔林丹汗已在前一年病死，后金此次出兵，主要是彻底平定这个曾经强悍的死敌。

远征的结果不但达到了预期的效果，还意外得到了一件宝物——传说中秦始皇传国玉玺！

多尔衮用快马发回奏章称："天锡至宝，此一统万年之瑞也！"

奏章传开，后金汗廷一片欢腾。

文馆汉官鲍承先上奏，"大宝呈祥，天赐玉玺，乃非常之吉兆也"，建议由工部特制宝函，皇太极择吉郊迎，然后以此玺钤行敕谕，"颁行满汉蒙古，俾远近闻知，咸识天命之攸归"。

皇太极惊喜若狂，连连点头，一一允准。

这尊传国玉玺得以重见天日，实在是上天垂爱！

《清实录·太宗文皇帝实录》卷二四载：相传这尊传国玉玺藏于元朝大内宫廷之中，当元顺帝为明洪武帝所败，仓皇丢弃都城，携玺逃至沙漠。元顺帝崩于应昌府后，玉玺遗失。过了两百多年，有牧羊人在山冈下放牧时，发现有一头山羊连续三日不肯吃脚下的草，只是不断地用蹄刨地，牧羊人大惑不解，用铲深挖，竟然挖出了这尊历代传国玉玺。

多尔衮奉还玉玺之日，皇太极渡过辽河，隆重远迎到一百多里之外的阳石木，传谕左右说："此玉玺乃历代帝王所用之宝，天以畀朕，信非偶然也！"

后金大小臣工、特别是明朝降臣降将，谀声四起，大拍马屁。

都元帅孔有德说："自古受命之主必有受命之符，昔文王时凤凰鸣于岐山，今皇上得传国宝玺，二兆略同。"

总兵官耿仲明上疏："天赐宝玺，可见天心之默佑矣。惟愿早正大统，以慰臣民之望。"

……

既然这尊玉玺是"历代传国玉玺"、"历代帝王之宝"、"镇国传世之宝"和传承两千余年的汉代宝玺，皇太极如果不去汗称帝，那就是逆天而行、辜负天意了。

于是，皇太极钤用此宝，去汗称帝，改国号"后金"为"清"，定年号为"崇德"，以天子自居，大清事业从此掀开了崭新的一页。

但是，这尊玉玺传了一代又一代，传到清高宗乾隆手中，乾隆只保留了皇太极私刻的四宝，即"大清受命之宝"、"皇帝奉天之宝"、"大清嗣天子宝"（以上汉文篆书满文本字）及满文篆书"皇帝之宝"，而对被皇太极等人称为"历代传国玉玺"的宝贝嗤之以鼻，束之高阁。

为什么会这样呢？

乾隆皇帝是清朝诸帝中最通晓儒家典制的人，他一望皇太极传下的"历代传国玉玺"就知道是赝品，为了不让天下人耻笑，他坚定地弃用。

那么，乾隆皇帝是根据什么断定这货是假的呢？

最简单的，有三点。

一、据《后汉书·徐璆传》引卫宏注记载，秦始皇统一六国后，令良工用蓝田山美玉制成玉玺，玺钮雕如龙鱼凤鸟，正面所刻为丞相李斯以大篆书写的"受命于天，既寿永昌"八个字。而皇太极这枚假货正面所刻只有四个字，为"制诰之宝"。所以说，皇太极朝的君臣没文化就是没文化，竟然傻乎乎地拿着假货当宝贝。

二、秦末天下大乱，汉高祖刘邦领兵率先攻入关中，秦亡国之君子婴将此玺献给了刘邦。刘邦即帝位后，"传国玉玺"一直存放在长乐宫内，成为皇权的象征。西汉末年，大司马王莽独揽朝政，有心篡夺皇位，逼迫太后王氏交出"传国玉玺"。王太后气愤之下，将玉玺掷于地，玉玺上雕刻的螭虎被崩落一角。王莽得到后，命人以黄金镶补。皇太极这枚假货并无黄金镶补的痕迹，进一步证明是十足假货。

三、传国玉玺曾经经过曹丕、石勒之手，曹丕命人在玉玺左肩部刻下隶字"大魏受汉传国玺"，石勒则命人在玉玺右肩部加刻了"天命石氏"字样。皇太极这枚假货根本没有这些字！

话说回来，"传国玉玺"虽然是世间至尊之宝，也不过是一死物，即使没有它，只要以德抚有天下，也是海内咸服、实至名归的皇帝、天子。元顺帝败亡时，携带玉玺远遁塞外，玉玺不知所踪。即大明王朝立国近三百年，并无此宝，但明朝诸帝并未觉得是什么大不了的事儿。清朝入关，定鼎中原，最担心的就是天下民众非议其得国不正。为此，乾隆帝惴惴不安，而自乾隆帝以下诸帝，一直都在秘密寻访那枚被赋予"皇权神授、正统合法"的信物——传国玉玺。

那么，后来的清朝皇帝有没有找到那枚真正的"传国玉玺"呢？

1924年11月，冯玉祥等人驱逐末代皇帝溥仪出紫禁城时，警察总监张璧和鹿钟麟等人曾在宫中进行过地毯式搜索，并无所获。看来，数代清朝皇帝都没有找到。

 ## 皇太极与海兰珠的故事

导演于正继《美人心计》《唐宫美人天下》后，于2012年推出了第三部美人系列剧《山河恋·美人无泪》，该剧主要讲述的是孝庄文皇后一生的情海波澜，但观众主要是被皇太极与海兰珠之间那一段荡气回肠的倾世绝恋所打动。

该剧主题曲的歌词也悱恻感人："愿，此生能平天下，恩泽四海，然，心中一灯孤寂，谁来点亮？以为，这一生就这么走过，浮沉间才发现，心底总是牵挂不下……"

歌词最后一句："我愿意用江山换她，我愿意此生就罢！"煽情煽到了最高潮，无数观众听到这儿，无不倾服在皇太极那不爱江山爱美女的唯情唯美的情爱观之下。

有网友甚至感慨："爱新觉罗家族出情种，从努尔哈赤始到光绪终，几百年爱恨纠缠生生不息，这是我喜欢清朝的原因，几千年宫闱争斗史，血雨腥风一片，只有清朝露出了点温暖的底子，他们让我相信，原来，帝王也是有爱的。"

众多才情满满的网络作家更是把皇太极与海兰珠的爱情简称为"兰极"，"兰极"系列网络小说铺天盖地，倍受追捧的有很多。

可是，这些影视作品和小说里所塑造的情圣形象，真是皇太极本来面目？

这里，讲述一个皇太极和另一个女人的真实故事。

皇太极后宫女人众多，这些女人之间的关系很乱。

比如说上面提到的海兰珠和孝庄文皇后，这两人是蒙古科尔沁部博尔济吉特氏人，是亲生姐妹，海兰珠是姐，孝庄是妹。嫁给皇太极的还有她们共同的姑姑孝端文皇后哲哲。

皇太极娶蒙古女人是"抚绥蒙古，进攻明朝"国策的政治需要，这三个蒙古博尔济吉特氏女人中，最先嫁给皇太极的是姑姑哲哲。因为没产下皇子，满蒙关系就不够牢固，于是又娶了孝庄。但孝庄刚嫁过来那几年，光产皇女没产皇子，同样没达到巩固满蒙关系的目的，就再加娶了海兰珠。

海兰珠是在天聪六年（1632 年）嫁给皇太极的，彼时已经二十六岁，比妹妹孝庄文皇后晚嫁皇太极 9 年。皇太极循古制举行了隆重的册封后妃典礼，封海兰珠为"东宫大福晋"。

而在天聪六年，皇太极册立了中宫福晋、西宫福晋，觉得还要册立一个东宫福晋，就选择了蒙古扎鲁特博尔济吉特氏为东宫福晋。

《满文老档》第四十九册记：天聪六年二月十二日，汗集诸贝勒大臣于内廷筵宴，以戴青贝勒之女册为"东宫福晋"。

而从《满文老档》第五十册记皇太极聘扎鲁特博尔济吉特氏所下丰厚的聘礼来看，他是非常喜欢这个女孩的。

皇太极在聘娶扎鲁特博尔济吉特氏前，一再向未来的岳父扎鲁特部巴雅尔戴青贝勒强调："迎入内廷，非好多娶，按例需备三福晋。"但事实明摆着，皇太极就是倾慕扎鲁特博尔济吉特氏的美色才赶到蒙古迎娶的。

扎鲁特博尔济吉特氏初入宫那段时间，大获皇太极宠爱，次年生下了皇太极的第六女。

可是，好景不长。

天聪九年（1635 年），扎鲁特为皇太极生下第二个女儿，还在坐月子，皇太极以"感受扎鲁特贤达淑德"为由，把她恩赏给了皇太极母亲的亲戚叶赫部德勒格尔台吉之子南褚为妻。

天呐，这到底是怎么回事？

《满文老档》里没有太多的解释，只用"不遂汗意"短短四字一笔带过，但这已经充分揭露了皇太极的冷酷无情。

想想看，这个东宫福晋都已经给您生过两个女儿了，小的还没满月，您就把她赶走，另嫁他人，这是正常人干得出来的事儿吗？

补充一下，南褚是护军统领，正二品武官，作战很勇猛，在招降蒙古林丹汗察哈尔部时立有些功劳，皇太极就把自己曾经最宠爱的妃子赏给了他。

林丹汗是成吉思汗的嫡系后裔、达延汗的七世孙，有八大福晋。林丹汗败亡，这八大福晋和林丹汗的儿子额哲率领各支余部相继投降了皇太极。

皇太极是这样处置八大福晋的：和自己的兄弟、儿子一起，按需分配。

八大福晋之首，林丹汗的正室，多罗大福晋囊囊（史称囊囊太后），也姓博尔济吉特，名娜木钟（又一名为德勒格德勒），皇太极当仁不让地笑纳，封为麟趾宫（西宫）贵妃。

八大福晋中的芭德玛瑙伯奇福晋也姓博尔济吉特氏，名芭德玛瑙，非常漂亮，皇太极也定为衍庆宫（次东宫）淑妃。

其余的被皇太极分别许配给了堂弟济尔哈朗、兄长阿巴泰以及自己的儿子豪格。

由来只有新人笑，有谁听到旧人哭？

娶了新人的皇太极就是在这种情况下逼令扎鲁特博尔济吉特氏另嫁功臣的。

另外一个侧妃叶赫那拉氏是在天聪二年（1628 年）嫁给皇太极的，给皇太极生下皇五子硕塞。但皇太极不喜欢她了，也大大方方地把她打赏给了曾任内大臣的土谢图。土谢图是个不幸的人，在打猎中被老虎咬伤身亡。当然，皇太极是不可能把叶赫那拉氏迎回皇宫的，再次将她嫁于任镶黄旗轻车都尉的达尔琥。

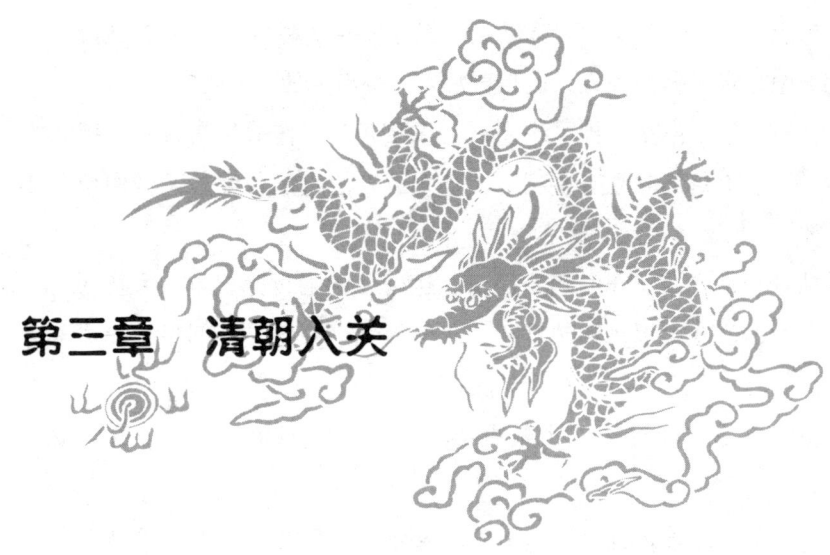

第三章　清朝入关

 清朝捡漏入关之说

多尔衮说："清之天下，取之于闯贼，而非取之于明朝。"这句话是非常狡猾，非常无耻的。

话说，明清双方在辽东争锋，反复展开生死搏杀，而李自成等人却在内部可劲折腾，最终攻陷了大明帝都，逼死了崇祯帝。

清朝在这节骨眼儿上大举入关，又运气超好，遇上了吴三桂和李自成在山海关火并。

吴三桂献关投敌，与清朝合击李自成。

这样，清朝捡了一个大漏，不但占据了北京，还收取了河北、河南、江淮广大地盘。

由于李自成尚盘踞在陕西，多尔衮对于长江以南的广大地区，尚显力不从心，为了收取民心，就假仁假义地发布文告，哄骗大明遗民说：

"实在痛惜你们明朝皇帝崇祯的子嗣已死、帝脉已绝，势孤难存，我大清只好勉为其难，暂时接管北京土地，厉兵秣马，替你们歼灭跳梁小丑李自成，以还天下太平。再一次强调，我大清并没有占据天下的野心，所做的一切，全是为了拯救中国。你们河北、河南、江淮各勋旧大臣、节钺将吏以及众怀忠慕义的布衣豪杰，或者是世受国恩，或者新近得到君主眷爱，或者自誓忠心，等等，都心怀亡国之悲，不可能没有报仇雪恨的愿望。我大清一律不吝封爵、特别给予表彰奖励。如果有人不忘明室，想辅佐及拥立贤明的藩王，戮力同心，共同保全江东，这种想法合情合理，我大清绝不会干涉、更不会禁止。不但不会禁止，还会和新拥立的藩王通和讲好，使你们不辜负本朝，把断绝的帝脉接续上，把倾倒的王室扶起来，这就是你们友好睦邻大清朝的仁义之举。"（原文告为古文言，为了方便阅读，笔者将之整理为现代文。）

　　而当多尔衮知道明朝江南士绅已在南京拥立弘光继位，其慈悲的假面目立刻撕破，露出狰狞面目，写信给南明核心人物史可法，恶狠狠地警告说：闯贼李自成，称兵犯阙，迫死了君父亲人；中国臣民，居然不发一矢一箭。平西王吴三桂效仿楚臣申包胥痛哭秦廷，向我大清痛哭请兵。我大清朝廷感其忠义，念及两国世代的友谊，摒弃了近来的小嫌隙，整顿好狼虎之师，一举驱除走了狗鼠之辈。原本我准备等秋高气爽便遣将西征，传檄江南，联兵河朔，戮力同心，共报你们君死国灭之大仇，以彰我大清朝廷的威德。哪里料到，你们这些南州君子，竟然将国恨家仇抛之脑后，拥号称尊。我大清国人主北京，是从闯贼之手得来，并非取之于明朝，你们这么做，便是天有二日，向我大清国叫板。本王减少西面征剿闯贼的兵力，调转枪口向东，并释放关在北京城内的重刑犯人，以之为前锋。就不信我大清朝会以中华全力而受制于江东一隅之地，胜败的结果，闭着眼睛都可以看得到。你史老先生和其他江南君子如果知天命、识形势，又感恩故主，厚爱贤王，就应该劝你主上尽快削号归藩。则我大清朝廷也会待如贵宾，封位在王侯之上。至于你等诸君子，也会列爵分土，以平西王吴三桂为典例。到底是听从还是违抗我的建议，请尽早决定。大清天兵已经整装待发，下陕西还是下江南，全在你老先生的表现。（这一大段话整理自著名的《多尔衮致史可法书》，其中"国家之抚定燕都，乃得之于闯贼，非取之于明朝也"便是"清之天下，取之于闯贼，而非取之于明朝"的源头。）

当时的形势，史可法等人的主要想法是剿灭李自成，为崇祯报仇，实不愿两线开战，有意和清朝结盟，所以没有深入对多尔衮的狡猾措辞展开辩驳，只是绵里藏针式地指出：当年回纥出兵帮助唐朝平乱，非为获得土地。阁下如若要乘我国运中微，将我皇朝视同割据，那是要获利而又盗用了大义之名。

实际上，多尔衮的"得之于闯贼，非取之于明朝"只是一句托词，自努尔哈赤发布"十三恨"起兵以来，其"伐明"之声不绝于耳，所屠戮辽东汉民不计其数，皇太极多次发兵深入畿辅、山东等地，犯下血案累累。

皇太极还把自己这一做法称为"砍大树法"，即今年砍一枝，明年砍一枝，天长日久，必能将明廷置于死地。

清兵入关之后，由多尔衮主导的"扬州十日""嘉定屠城"等惨案，更让人谈之色变。

历史地理学专家葛剑雄所著的《中国人口史》估算：明末中国人口接近两亿，而经过清军烧杀了三十九年，人口锐减了五千万。

清兵后来长驱入缅，捕获和绞杀永历皇帝，已是用行动向天下宣告自己亲手埋葬了大明王朝的最后一缕余脉，这"清之天下，取之于闯贼，而非取之于明朝"更何从说起？

特别要说明一下的是，清朝入关后的第三任皇帝雍正曾编发过一本名叫《大义觉迷录》的小册子，里面还在不厌其烦地重申"清之天下，取之于闯贼，而非取之于明朝"的论点。

书中，雍正有发上谕强调："清朝入主中原君临天下，是完全符合正统之道，不可再以华夷中外而分论。"而在问讯曾静的口供中又提到："大清朝的建立正是天命民心之所归，乃道义之当然。"

曾静被捕前，写有《知新录》，称"夷狄盗窃天位，染污华夏，如强盗劫去家财，复将我主人赶出在外，占踞我家。今家人在外者，探得消息，可以追逐得他"。

雍正大为恼怒，反驳说："明朝天下灭亡于流贼李自成之手，是强盗劫夺去家财，赶出明室主人的是李自成。我大清天朝顺应天地人心而得天下，便是捕捉惩治强盗、申明刑罚、整敕法纪的天使差役。你们这些做家人的，既然不能追逐李自成索回家财，而当强盗们花费尽家财之后，却转身向捕捉惩治强盗、申明刑罚、整敕法纪的天使差役，指令他们赔偿可以吗？"

雍正甚至还振振有词地说：况我太祖创业以来，并无取明之天下之心。太宗皇帝曾勒兵入关徇地，直到山东临清，周视京城，纵猎南苑，数日乃归。明朝并不能一矢加遗。彼时若欲取明之天下，岂不易如反掌？设若取明之天下，已早取矣，何待流贼之摧残乎？惟以仁义为心，不肯代有其国。本朝之光明正大若此，今你怀叛逆之心，若在明朝，即是流寇李自成。而乃以明亡致恨为词，曾不反心自问乎？你还有何说？

 ## 多尔衮怒斥朝鲜进贡美女真丑

很多书都说，朝鲜半岛是多民族杂居之地，有来自东北的典型蒙古人种，有来自南方的三韩人，还有不断迁徙到朝鲜的中国人……各民族之间互相婚配，出现了民族间的"混血"，盛产出大批量美女，肌肤雪白，隽秀婀娜，让人见了流鼻血。

数百年前，来自朝鲜的美女也许远没有我们想象中的美丽。

有史料可查，清顺治七年（1650年），大清朝皇父摄政王多尔衮严令朝鲜国王为自己选朝鲜美女侍候，对送来的朝鲜美女大为不满。

朝鲜是中国的藩属国，无论是明朝还是清朝，都是朝鲜眼里的天朝，朝鲜王室都得源源不断地向天朝统治者进贡处女，史称"贡女"。

多尔衮向朝鲜王室索要美女，朝鲜国王不敢怠慢，在王室中千挑万拣，挑选出了最富姿色的一位，敲着锣、打着鼓，欢欢喜喜地送了过来。

多尔衮上了书本的当，以为朝鲜的"混血"美女都是能让男人见了流鼻血的，兴奋极了，一迭声下令"速行进送"。

实在等不及了，干脆以打猎为名，屁颠儿屁颠儿地出山海关迎接。

出了山海关，又跋涉了差不多二百里路，在宁远以东的山坳里，终于接到了新娘子。

猴急难耐的多尔衮，火急火燎地掀开车帘。这不掀还好，一掀，多尔衮如遭雷震电击，失望并恼怒之情油然而生，扭过头，甩起马鞭子，对朝鲜送亲使者痛斥说："公主丑，侍女陋，汝国并无半分诚意！"勒令使者马上、立刻、迅速把这个贡女遣送回去。

使者吓得屁滚尿流，不敢说半个不字，拉转马头，调转车辆，狼狈不堪地返去。

冲着使者的背影，多尔衮恶狠狠地说："假如改送来漂亮的，此前的嫌疑可以一笔勾销。否则，你们等着吧。"

这一句"等着吧"，吓得朝鲜举国震惊。

国王只好下令在全国范围内征选美女。

好不容易选出来了，说是美女，但合不合多尔衮的意，实是半点把握都没有。

所幸，这年十二月初九日，多尔衮突然暴毙。

贡女还在路上，接到了多尔衮的死讯，使者长舒了口气。

朝鲜国内，更是人人加额称庆，庆祝瘟神、魔君多尔衮升天，朝鲜躲过兵刀之劫——朝鲜人对自己国家的"美女"就是这么不自信。

事实上，骂朝鲜贡女长得丑的，多尔衮并不是第一人。

大明永乐年间，明成祖就嫌弃过朝鲜进贡的贡女。

不过，和多尔衮相比，明成祖算得上谦谦君子，没有亲口骂朝鲜人，还给送来的贡女赐了名位。

但是，他派使者到朝鲜转达了自己的感受。

《李朝实录》记载：永乐七年（1409 年）五月初三，太监黄俨、监丞海寿、奉御尹凤至三人，到汉阳（今首尔）给朝鲜国王回赐礼物。黄俨口宣圣旨说："去年你这里进将来的女子们，胖的胖，麻的麻，矮的矮，都不甚好。只看你国王敬心重的，上头封妃的封妃，封美人的封美人，封昭容的封昭容，都封了也。王如今有寻下的女子，多便两个，小只一个，更将来。"

所以，在没有整容技术的年代，朝鲜的"美女"还真拿不出手呢。

 ## 吴三桂在明清交替之际的历史作用

中国历史的发展影响着世界历史的发展。

所以，外国学者从来都没放弃过对中国历史的研究。

美国人费正清和英国人崔瑞德共任全书主编的《剑桥中国史》是外国人研究中国历史得出的最为全面、最为系统的述著。

《剑桥中国史》第9卷《剑桥中国清代前中期史（上）》在论述明朝灭亡的原因时，说了这么一句话："明亡是历史的偶然，清朝只不过刚好抓住了这一次机会。"

这个机会是什么呢？

书中提到了吴三桂。说吴三桂引清兵入关并与清兵合作，这才使清兵击败李自成，从而定都北京，统治了全中国。

明史研究权威专家顾诚先生在其代表作《南明史》中论述山海关战役胜败原因时，也说："介于顺、清之间的吴三桂部具有举足轻重之势：降顺则李自成的兵力约为来犯之清兵一倍，而且山海关要隘不致拱手让敌，即便在同清军作战中局部失利，大顺政权可征调的增援兵力较清方要大得多；吴三桂叛投清方，双方兵力对比和态势就颠倒过来，清、吴联军在数量上也占了优势。"

事实果真如此吗？

我们不必着急下结论，先看看自努尔哈赤起兵叛明以来，明清双方之间都经历过些什么。

1616年，努尔哈赤自上尊号，正式建立后金。1618年四月，以"七大恨"誓师伐明，率两万步骑出征抚顺，不到一个时辰便结束战斗，攻陷抚顺，迫降明游击李永芳，掠人畜三十万。同年七月，发动清河之战，屠杀明守军万余。

作为反击，1619年三月，明集结起十二万明军，号称四十万，揭开萨尔浒大战的序幕。

此战，明军分兵四路，其中三路全军覆没，唯剩一路逃遁，文武将吏死三百余人，军士死四万五千八百余人。

1619年六月，努尔哈赤挟萨尔浒大胜之威，率四万兵马进击东北重镇开原，明总兵马林及守城将士全部战死。

七月，努尔哈赤进击铁岭卫，尽屠城中军民，劫掠到的人畜财物运了三日犹未尽。

1621年三月，努尔哈赤取沈阳，明总兵贺世贤、尤世功战死，明军丧生七万人。随后，由川中秦良玉训成的石柱白杆兵和江浙戚家军组成的援辽大军与后金军在浑河南岸展开激战，万余将士全部被歼。

沈阳一失，辽阳便暴露在后金的兵锋之下。

五天后，后金一鼓作气，将之攻克，尽歼明兵数万，明经略袁应泰自焚而死。

辽河以东大小七十余城随即闻风降服。

明清交战的战场也由此转移到辽西。

1622年正月，努尔哈赤领兵五万直取雄跨辽河西岸的广宁城（辽宁北镇）。沿途血洗哨所西平堡，三千明军全部阵亡。又在沙岭歼灭了赶来救援的明军三万余人。

明朝守军主要集中在广宁，广宁溃散，宁远、锦州等地无兵可守，整个辽西尽落后金手中。

侥幸的是，王化贞培养出一名悍将——毛文龙。

毛文龙领一百九十七名勇士，横跨海峡，深入敌后，夜袭镇江（即今辽宁省丹东市）成功，而后退兵皮岛，开设东江镇，从敌后牵制后金。

努尔哈赤一则粮饷难继，二则担心老巢有失，鉴于后金的八旗兵力不足（也就五六万人），也不敢分兵驻守广宁，匆匆东归。

也就是说，努尔哈赤兴兵辽西，虽然劫掠了大量牛马人口及财物，却未能消化和经营这广袤的辽西大地。

接任辽东经略一职的孙承宗得以与辽东巡抚袁崇焕一唱一和，几乎倾尽大明国力来打造了一条把宁远、锦州与山海关联结成一体的关宁防线。

1626年正月，努尔哈赤统兵五六万进攻宁远，终因天气太过寒冷，坚冰将城墙死死冻住，后金兵无法破坏城体，且毛文龙在后方屡屡骚乱出击，努尔哈赤只好收兵。

此前，努尔哈赤于明军是予取予求，攻无不克、战无不胜，唯在宁远这一次没有得手。故此，明廷把此战定性为宁远大捷，以振作士气。

事实上，明军方面的捷报仅仅是："宁远捷功奴夷首级二百六十九颗，活夷一名，降夷十七名。"

清方也承认此战明军"伤我游击二人、备御官二人，兵五百人"。

即这场"大捷"是被夸大了的"大捷"。

努尔哈赤在撤离宁远后，尽掳右屯储粮三十万石，戮尽觉华岛上三万余军民，再将河东堡、笔架山、龙宫寺、觉华岛的粮食付之一炬。

八个月后，努尔哈赤病逝。继位的皇太极发起"丁卯之战"，打服朝鲜，重创毛文龙，随后挥师西进。

皇太极兵尚未至广宁，大凌河和小凌河的明军军心大溃，弃城遁走。

皇太极追杀至锦州城下，四面合围，实施"围城打援"，尽克来援明军。

其中，尤世禄、祖大寿率领的四千援军全军覆没。

不过，毛文龙虽在"丁卯之战"中遭受重创，余勇犹在，尽出精锐袭击昌城、辽阳，锦州之围遂解。

这是后金方面第二次没有达到预期目的的战斗，明方再将这次战斗定性为"宁锦大捷"。

从此不难看出，毛文龙实是后金的腹背之患。

不过，1629年六月初五日，袁崇焕蹈海岛斩杀了毛文龙，致使皇太极再无后顾之忧，振旅西征。

皇太极取道内蒙古，绕开大明朝砸锅卖铁打造出来的关宁防线，自北向南，直奔北京，纵略良乡、固安等，连下迁安、滦州、永平及遵化四城，大败明军，抢掠人畜财物无数。

熟门熟路的后金骑兵其后又发动了多次大规模的奔袭战，分别是：

1634 年的人口之战。皇太极亲率九万余众，绕道内蒙古，从长城北部诸口入边，突袭宣府、大同地区，蹂躏逾五旬，"杀掠无算"。

1636 年的京畿袭扰战。阿济格率师八万余，从独石口入边，袭击延庆、昌平、良乡、安州、雄县、密云、平谷等地，"遍蹂畿内"，掠人畜十八万，从建昌冷口出边。

1638 年的冀鲁袭扰战。多尔衮、豪格分两路进关，自北而南，深入河北南部，转入山东，转掠二千里，攻下七十余州县，掠人畜四十六万余，金银百余万两。

1642 年的山东骚扰战。阿巴泰率师十万余入关，经北京地区，直入山东，连克三府、十八州、六十七县。掠人口三十六万余、牲畜五十五万头。

其间，皇太极兵围大凌河，明将祖大寿率军民三万余人坚守三月后被迫投降。

1640 年，皇太极又围锦州，再次祭起"围城打援"战术，要在野战中把来援明军消灭殆尽。

这次，皇太极成功了，他尽歼来援十三万明军，俘获明统帅洪承畴，破松山城，克锦州城。

1643 年十月，清军攻下宁远，挡在前面的障碍仅余一座山海关。

1644 年三月十九日，李自成攻陷北京城，崇祯帝殉国。

也就在这个时候，拥重兵坐守山海关的吴三桂成为了历史的焦点。

很多人都认为，这时的吴三桂就跟楚汉相争时的韩信差不多。刘邦和项羽争斗趋白热化之际，韩信帮刘邦，则刘邦胜；韩信帮项羽，则项羽赢。

事实是不是这样呢？

貌似是。

吴三桂"冲冠一怒为红颜"，投入了清朝的怀抱，与清军联手，大败李自成的大顺军，"凡杀数万人，暴骨盈野"。

1645 年，清军西击西安。李自成仓皇奔走于湖北通山县九宫山，亡命于牛迹岭。曾经煊赫不可一世的大顺政权由此烟消云散。

清军兵锋南指，过泗州（今江苏泗洪县），克扬州，明内阁大学士、兵部尚书督师史可法殉难。

扬州既得，清军越长江天险，占领南京，南明弘光朝覆亡。

其后，清军攻江阴，杀明军民十六万余人；屠嘉定，下杭州，取绍兴及温州、台州等地。

1646 年，清军取延平、福州，南明隆武帝汀州死难。

该年十二月，清军入广州，收肇庆、梧州。

不过，必须要说明的是，清军自灭了李自成大顺政权、攻下南京后，八旗精锐主要经营北方，负责在南方追剿南明残余力量的，主要是由明、顺降兵降将构成的"新清军"。

这些"新清军"，以金声恒、李成栋为例，他们在为清廷效劳时，追杀南明军异常厉害，怎么打怎么有，可是，一旦反正归明，就变成了豆腐军，被清军蹂躏得没半点脾气。

真正能跟清军干上几仗的是李定国。

李定国两蹶名王，复全州，拔桂林，迫死清靖南王孔有德；又在衡州击杀清敬谨亲王尼堪。

但不管怎么样，女真人满打满算还是不足一百万人，他们定鼎北京后，主要还是依靠投降过来的明朝降兵来完成统一中国的大任。

有人做过统计，整个明清战争中，真满人口在战场中损失的，不超过十万，而汉人却以千百万计。

一个很残酷的真相凸现出来：满洲八旗的战斗力实在太恐怖了。

东北地区"林木障天，明昼如晦"，女真人以渔猎为生，个个体魄强健，弓马娴熟，机警勇猛，坚忍顽强。

相较之下，以农业为生的汉民族，他们面朝黄土背朝天地重复着枯燥乏味的劳作，安天乐命，对于任何迁移和变动都会发出本能的怀疑与恐惧。

不难想象，这两大民族发生冲突时，哪一方的斗争气势更盛。

另外，史书记载："奴酋练兵，始则试人于跳涧，号曰水练，继则习之以越坑，号曰火练。能者受上赏，不用命者辄杀之。故人莫敢退缩。"

努尔哈赤还结合了渔猎生涯中的特点，贯彻了打虎亲兄弟、上阵父子兵的原则，以血缘亲族为纽带发展成各种基层战术单位，构建起八旗军事组织，让士兵在战斗中相互支援，同生共死。

由此，我们完全可以怀疑，站在命运十字路口的吴三桂，即使选择了跟李自成站在一起，能否抵挡得住清八旗军的进攻。

让我们把视线移到那个特殊的历史关口：

崇祯帝缢死煤山的消息传到沈阳，多尔衮便召开了王公大臣会议，商议出兵与李自成争夺天下。

多尔衮从未与李自成交过手，不知李自成底细，向明朝降将洪承畴咨询。

洪承畴曾长期与李自成、张献忠等起义军作战，对起义军的特点再熟悉不过，他曾有好几次将李自成等人斩尽杀绝的机会，但都因皇太极入关捣乱而功败垂成。在他看来，李自成军其实不过是一群得势辄聚、失势辄散的乌合之众。遥想当日，他和曹文诏、卢象升等人打起起义军时是何等的得心应手、何等的威风八面，但一旦与清军对阵，就只有受辗压的份。曹文诏、卢象升在剿杀流民军时，甚至带领十几名骑兵就把成千上万的流民军追砍得屁滚尿流，但他们遇上了清军，瞬间阵亡。

现实就是：清八旗军战斗力至刚至强，明政府正规军中规中矩，李自成的起义军其实不堪一击。

李自成从西安杀向北京，一路咋咋呼呼，号称百万，声势很大，弄得沿途明朝州县官员纷纷开城投降。

李自成上京之路遭遇到的唯一抵抗者就是宁武关总兵周遇吉。

周遇吉领四千宁武军与李自成展开激战，李自成的"百万大军"损失惨重。

不过，仗着人多势众，李自成终于还是把周遇吉耗死了。

不管怎么样，李自成军的战斗力和清军比，差得很远。

听了洪承畴的分析，多尔衮再无顾忌，率满洲、蒙古八旗大部和汉军八旗的全部，及明降将孔有德、尚可喜、耿仲明三王的兵马鸣炮出征。

最初选择的进关路线是绕开山海关，西经蓟州、密云等地直扑北京。

不过，阴差阳错，途中遇上了吴三桂派来的乞降使者，多尔衮改变了主意，改道向山海关进发，随后在山海关发生了数百年来人们谈论不休的山海关大战。

这场大战，李自成是吃了败仗，但他且走且战，尚可从容返还北京，并在北京称帝，过了一把皇帝瘾。

其实，假设一下，吴三桂真的选择和李自成合作，老老实实镇守在山海关，那么清军按原计划从山海关西面破长城而入，出李自成不意，且截断李自成返还陕西的归路，则李自成只能被活活困死在北京，死亡更快，大顺军的伤亡更大。

说吴三桂是决定历史走向的人，严重夸大其词。

大清肇兴，此人功不可没

大清王朝得以肇兴、定鼎中原，一代汉人名臣范文程功不可没！

《清史稿》对范文程的部评是："文程定大计，左台赞襄，佐命勋最高。"

说起范文程，颇有些来头。

万历四十六年（1618 年），已于两年前建国称汗的努尔哈赤猛攻抚顺，城下，挥军在城里烧杀抢掠，无恶不作。

时年二十一岁的范文程与兄范文案"仗剑谒军门"，主动求见努尔哈赤，卖身投靠，希望能得一官半职。

范文程不过沈阳县学一介秀才，为了引起努尔哈赤的重视，他自称是宋朝大学士范仲淹的第十七世孙；六世祖范岳曾任湖北云梦县县丞；曾祖范锪为嘉靖朝兵部尚书；祖父范沉为天启朝沈阳卫指挥同知……

努尔哈赤听了，喜不自胜，对左右说："此名臣后也，善遇之！"郑重收归帐下。

努尔哈赤公开与明廷作对，万历皇帝勃然大怒，起用杨镐为辽东经略，兴兵讨伐。

杨镐来势汹汹，号称四十万大军，分兵四路，直扑努尔哈赤的老巢赫图阿拉。

努尔哈赤手下不过六七万人，全被明军的气势吓傻了。

来自明朝的范文程可谓知己知彼，其根据明朝九边兵力的配置，分析出明军不会超过十二万人，迅速地稳定住了后金军心，使得努尔哈赤做出了"凭尔几路来，我只一路去"的决策，从而奠定了萨尔浒战役的胜败走向。

范文程还不是一般的文臣、谋士，其虎背熊腰，体格魁伟，乐于提枪策马，冲锋陷阵。

天聪三年（1629年）十月，清太宗皇太极统率满、蒙大军五万余人从喜峰口突入塞内，入蓟门，克遵化，荼毒明境。范文程本在皇太极的文馆任职，不甘寂寞，要求随军出征，在攻打潘家口、马栏峪、山屯营、马栏关、大安口等城时，披坚执锐，冲锋在前，表现得非常抢眼，斩杀明兵明将，不可胜数。

当然，范文程的最大功绩不在阵前砍杀，而在于幕后谋划。

清廷犯明的策略、策反汉族官员、进攻朝鲜、抚定蒙古、国家制度的建设等，无不闪现着范文程的身影。

皇太极对范文程深相依赖，人前人后，以"范章京"相称。诸臣议事，皇太极的口头禅就是："范章京知否？"

崇德二年，即公元1637年，皇太极赐予范文程一等大臣的品级，范文程成了清政权汉族文臣第一人。

崇德八年（1643年）八月初九日，皇太极去世，范文程感觉犹如天塌地陷，不胜悲伤。

皇太极生前没有明确指定皇位继承人，其子豪格与其弟多尔衮两大势力为争帝位，几乎兵戎相见。

最后，作为平衡，在诸王贝勒大臣的商议下，豪格、多尔衮双双罢手，立皇太极第九子福临为帝，是为顺治帝。

八旗中红旗旗主硕托认为多尔衮势大，当为真龙天子，仍在暗中谋立多尔衮为君，事泄，被处死，籍没其家。

原属红旗旗人的范文程被拨入镶黄旗，归多尔衮的同母弟豫郡王多铎管辖。

多铎为人处事乖张不羁，知道范文程家有美妻，公然掠夺。

按清朝制度，旗主是可以对旗下所有人和财物予取予求的，即夺取范文程的妻子合法、合情、合理。

问题是，范文程是一个汉人，汉人最不能忍受的是"杀父之仇""夺妻之恨"，而且，以范文程在当时朝中的地位论，多铎即使再喜欢范文程的妻子，也应该给范文程一个面子，能不动就不动。但多铎偏不，似乎就是要凌辱范文程，执意要抢其妻。

这种情况下，如果范文程真有血性，也用不着使出阵前斩将的手段来与多铎决斗，单以其谋略来与多铎玩，也能把多铎玩死。

再不济，离开清朝阵营，不与共事，也算得上条汉子。

但是，范文程经过前思后想，苦苦挣扎，最后选择了一种洒脱的方式：妻子如衣服，旧的不去，新的不来，换一件就是。倒掉苦水，换上笑脸，继续乐呵呵地为清廷效劳。

彼时，李自成东征大明帝都北京，大明江山遭受惊天巨变。

范文程上书多尔衮，奏请立即出兵伐明，夺取天下。

应该说，范文程的及时反应，在清朝入主中原这一紧急关头立下了殊勋。

半路上，多尔衮突然收到山海关吴三桂的乞降书，一时进退难以定夺。

又是范文程跳了出来，陈明了形势，坚定了多尔衮进军的信心和决心。

清军打败了李自成后，范文程扶病随征，亲署自己的官阶姓氏，草檄宣谕："义兵之来，为尔等复君父仇，非杀百姓也，今所诛者惟闯贼。官来归者复其官，民来归者复其业。师律素严，必不汝害。"使民心早安，清军得以迅速前进。

多尔衮初据北京，百务废弛，焦头烂额，无从处置。

范文程于是"每日坐午门右决事""昼夜在阙下，事无巨细应机立办"，佐理国政。

范文程还现身说法，为清廷争取到了人心，恬不知耻地称"我大明骨，大清肉耳"。

又大言欺世，说大清江山"乃得之于闯贼，非取之于明国也"。

范文程就这样呕心沥血，为清朝开创江山立下了不朽之功，顺治加其为"少保兼太子太保"。

范文程死后，康熙为其题词"元辅高风"。

表面上，范文程做的是张良、刘伯温一类的谋士事业，但在历史上得到的评价并不高。他的很多孙子在清朝办事，最后得善终者少。

 ## 如何给洪承畴准确定位

前几年，著名相声演员郭德纲和徒弟互撕，说了一个颇为有趣、颇堪玩味的段子：

明朝有官员找人算命，算命的告诉他，你应该命丧于甲申年三月十九日。官员听了非常难过，开始着手准备后事。哪料，到了那个不祥日子，官员并没有死。大清入关，官员做了清朝大官。若干年后，偶遇算命的，官员不由破口大骂，骂其害自己虚惊一场。算命的笑了，说："甲申年三月十九日，崇祯皇帝自缢，为臣子的理应尽忠死去，但是，你就是不死，我有什么办法？"

古代封建社会讲究忠君爱国，忠君就是爱国，爱国就必须忠君。

大明已亡、崇祯已死，作为大明的臣子，如果无力改变现状，又不能随君殉国，那就逃窜山野、退隐江湖，安静地做一个遗民吧。

可是，俯身屈膝，改做大清朝的臣子，就是变节，理应遭到后人的鄙视。

老郭的段子，极容易让人联想起明清年间的贰臣代表人物洪承畴。

先按下品行和道德不说，单以能力论，洪承畴绝对算得上明清年间的一大猛人。

洪承畴，字彦演，号亨九，福建南安（今福建泉州府南安县）人。明万历四十四年进士。初授刑部江西清吏司主事，历员外郎、郎中等职，在刑部任事六年。天启二年（公元1622年）擢升浙江提学佥事，后升迁两浙承宣布政左参议，升陕西督道参议。

开始的十几年宦海生涯中，洪承畴显得波澜不惊，平淡无奇。

直到那一年——崇祯二年（1629年），流民军王左桂、苗美率兵进攻韩城，身为文官的洪承畴领兵出战。当日，洪承畴斩杀敌兵三百人，解了韩城之围，他的名字才广为世人所知。

崇祯二年这一年，是农民起义风云初起之期，高迎祥、张献忠、李自成等先后起义，单单陕西境内就有近百支流民军部。相当数量的官军边兵，因缺饷哗变，也加入了流民军的洪流。

明廷令三边总督杨鹤"剿抚兼施、以抚为主"。

事实证明，杨鹤的政策是行不通的。

以民军首领王左桂为例，其接受了杨鹤的招抚不足一个月，等手上的招抚金花光，立刻翻脸不认人，拎起刀子反朝廷，大举攻打韩城，把杨鹤吓得魂飞魄散。

所谓沧海横流，方显英雄本色。

洪承畴一介文士，在危难之时拔剑而起，解困扶危。

也就是从这时开始，洪承畴走进了崇祯的视线。

崇祯三年（1630年）六月，洪承畴被任为延绥巡抚。其一改杨鹤的招抚政策，大力剿匪，不但大力剿匪，且并"杀降"！短短一年的时间里，杀掉的"降军"多达数万，令人瞠目结舌。

不过，似乎也不能全怪洪承畴，这都是给那些降而复叛，叛而又降，在降与叛之间反反复复地循环永远不知疲倦的流民军逼的。在明末，诈降似乎是所有流民军的"光荣传统"，不但小股流民军如此，就连李自成、张献忠这些大名鼎鼎的人物，对诈降的流程也是驾轻就熟，明军历经多次都对他们剿而不死，主要原因就在于此。

崇祯四年（1631年），主抚的三边总督杨鹤被罢官入狱，洪承畴继任陕西三边总督，从此站上了时代的风口浪尖。

洪承畴高举"全力清剿"大旗，集中兵力进攻陕西农民军。

崇祯五年（1632年）春天，洪承畴在庆阳的西澳对陕西境内的数支流民军进行围剿，双方激战数十次，斩杀流民军首领杜三、杨老柴，一扫官军多年颓气，朝廷称此战为"西澳大捷"。

陕西待不下去了，各部流民军先后东进，涌入山西，其中有高迎祥、张献忠、李自成、罗汝才等，共二十余万人，号称三十六营，一度攻破大宁、隰州、泽州、寿阳等城，气势大盛。

崇祯六年（1633 年）九月，洪承畴会同曹文诏、左良玉等人将这些流民军驱逐至河南武安，层层包围，应该说，这次是对流民军实施"一锅端"的大好时机。可惜，皇太极绕道蒙古，兵进大同，曹文诏在关键时刻改调，高迎祥、张献忠、罗汝才、李自成等人再次祭出诈降一招，骗过了王朴，从容突破明军的包围圈，经渑池县突破黄河防线，转进至明军力量薄弱的豫西楚北。他们以郧阳为中心，改变了以往战术，分部来往穿插于豫楚川陕之间，利用官军分兵守境，互不协同的弱点，"以无厚入有间"，进行游击性质的流动作战。

明军不得不分兵把守要隘，疲于奔命，陷入战线过长，兵力分散的困境。

洪承畴于是做出了调整，他梳理出主次，以重兵攻打重点地区，将高迎祥部先后击败于确山、朱仙镇（今河南开封市西南）等地，逐入西部山区。

崇祯七年（1634 年），五省总督陈奇瑜在车厢峡又中张献忠等人的诈降计，错失将流民军一网打尽的良机，落了个丢官弃职的下场。此时的洪承畴仍任陕西三边总督，但以功加太子太保、兵部尚书衔，总督河南、山西、陕西、湖广、四川五省军务，成为明廷的主要军事统帅。

这一年，洪承畴调动官军入陕，命总兵贺人龙、左光先对高迎祥部进行夹击，大获全胜，一直追杀到灵宝、汜水（均在河南）。

崇祯八年（1635 年）初，流民军一分为三，分袭陕西、山西及东入凤阳，焚毁皇陵。

八月，崇祯以卢象升为五省总督，专治中原；洪承畴专治西北，分区作战，相互协同。

这年年底，高迎祥、张献忠在河南连续失败，兵力损失过半，残部再返陕西。而李自成在兴平等地亦多次失利。

崇祯九年（1636年）七月，洪承畴率军在临潼大败高迎祥部，将之围困了三个多月，追至整屋（今陕西周至）成功俘获了高迎祥，将之解京磔死。

形势一片大好。

然而，清军入边，连陷昌平等十六城，卢象升被调，驰援京师。

流民军压力减轻，张献忠乘机复起，联合罗汝才等部二十余万人，沿江东进，分散活动于蕲州、霍山一带；而李自成也招揽了高迎祥的大部分溃兵，从"闯将"进化为"闯王"。

崇祯十年（1637年），闯王李自成的表现相当活跃，其进军四川，沿路破城十余座，攻克了甘肃的宁州、羌州，入七盘关，但在崇祯十一年（1638年）返陕时，在洮河一带遭洪承畴及孙传庭军袭击，败走岷州。

崇祯十二年（1639年）十月，洪承畴令总兵马科、左光先领兵截击李自成，李自成军溃不可支，回师转东，洪承畴又令曹变蛟潼关设伏邀击，李自成大败，仅余十八骑走入陕南商洛山中，"关中贼略尽"。

然而，随着卢象升阵亡巨鹿，京师危机未解，崇祯不得不把洪承畴从西线调入，与孙传庭一起率军拱卫。

洪承畴率总兵官左光先、贺人龙等十五万人马，出潼关，赶赴京师。

崇祯帝下旨郊劳，隆重地接见。

崇祯十二年（1639年）正月，崇祯帝授洪承畴兵部尚书兼右副都御史总督蓟辽军务。但洪承畴被任命总督蓟辽军务不久，清军饱掠了河北、山东之后，已回到沈阳。

洪承畴接手对辽战事后，提出了"守而兼战"的策略，主张稳扎稳打，步步推进。

崇祯十三年（1640年）五月，清军进围锦州。

洪承畴审时度势，在明军野战难以与清军争锋的前提下，仍是贯彻"守而兼战"的策略，扎营固守，先将自己立于不败之地，而守中又不时主动出兵与清军交战，以积小胜为大胜。

由于策略得当，战局在一步步地向他所希望的方向发展。

彼时，洪承畴立营于松山西北，清军济尔哈朗发其右翼兵出攻，双方数度交手，互有杀伤，但明军略占优势，斩敌首一千五百余级。

随后，杨国柱、王朴等部先后来聚，兵力更增至十三万，由八镇总兵分领，依松山结阵，大张兵势，掘壕筑城而居。

多尔衮不服，率铁骑直冲洪承畴大阵，被打得头破血流而回，"清人兵马死伤甚多"。

远在沈阳的皇太极得知，急得"忧愤呕血"，急命阿济格率军支援前线。

阿济格连打几仗，亦均以失利告终。

阿济格心灰意冷之余，对部下说："与其劳苦如此，不若遁走。"清军已有撤围之意。

只要坚持原有策略，洪承畴的胜利只是时间问题。

但是，明兵部尚书陈新甲认为时间拖得太久了，就会糜费粮饷，力主速战速决，一面派兵部职方郎中张若麒赶往前线催促洪承畴尽早解决锦州问题，一面请崇祯下令洪承畴兵分四路进击清军大营。

明廷国库亏空，财政赤字，崇祯也觉得拖不起，发密旨给洪承畴，令其刻期进兵。

洪承畴只好放弃前议，尽统八镇大军倾注于松山"孤危之地"，最终收到了影响明清战局走势的松锦惨败。

对于这场惨败，朝鲜人叹息说，是"中朝（指明朝）之运，亦已衰矣"。

《国榷》也说，此战"九塞之精锐，中国之粮刍，尽付一掷，竟莫能续御，而庙社以墟矣！"

明朝从此元气大伤，积重难返，迅速走向没落。

洪承畴及手下一大批干将被俘，清军要求他们按照清人的习俗剃头以表示投降。曹变蛟、丘民仰和王廷臣等人表示："宁可杀了我们，决不肯剃头！"洪承畴最初也拒不剃头，"只求速死"。

皇太极下令杀死丘民仰、曹变蛟、王廷臣等人，却独独留下了名气最大、才能最显的明军统帅洪承畴。

洪承畴被押送到了沈阳，殉国的意念一点点退散，最终牙口松动，做了个可耻的叛徒、走狗。

可叹古往今来多少人，平日慷慨成义易，事到临头一死难！

可怜崇祯并不知道洪承畴已经降清，以为洪承畴会在这种大忠大义、大是大非的问题上为全天下人做出表率，会以身殉国，因此辍朝三日，以王侯规格"予祭十六坛"，七日一坛，亲自"痛哭遥祭"，还御制"悼洪经略文"明昭天下。

清朝入关，洪承畴效劳于多尔衮的鞍前马后，明朝臣民才知此老已经变节偷生，苟活于人世，不由得痛呼："苍素变于意外，人不可料如此！"

清朝入关前，多尔衮从未与李自成的起义军交过手，不知李自成的底细，为慎重起见，专门召开了王公大臣会议，就要不要出兵与李自成争夺天下进行商议。

洪承畴是李自成、张献忠等起义军的克星，谙熟起义军的作战特点，鼓励多尔衮说："李自成流寇不过乌合之众，岂能与我大清八旗劲旅相提并论?！"

由此，多尔衮再无顾忌，率满洲、蒙古八旗大部和汉军八旗的全部，及明降将孔有德、尚可喜、耿仲明三王的兵马鸣炮出征。

特别值得一提的是，清朝入关时的宣传口号是：替崇祯帝报仇。

这是一个极其阴险也极其高明的口号。

而制订这个口号的人，就是洪承畴。

洪承畴向多尔衮献策，说："我兵之强，流寇可一战而除。如今宜先派遣官员宣布王令，谕示大明百姓我军此行目的在于平灭李自成流寇，有抗拒者，必加诛戮。我军不屠人民，不焚庐舍，不掠财物。各府各县，开门归降，官则加升，军民秋毫无犯。若抗拒不服，大军破城之日，百姓之外，官吏悉诛。而城内有主动作为我军内应的，破格封赏。这是首要之务。"

南明弘光政权覆灭之初，清廷准备派一个有影响、有才干的汉人官员前往南京招抚江南。多尔衮把洪承畴当成了不二人选。

多尔衮说："我见他做得来，诸王亦荐他好，故令他南去。"

于是，洪承畴以原官总督军务招抚江南。

在江南，洪承畴使用了剿抚并用的手段，做尽了许多伤天害理的事。

金声、夏完淳、黄道周等明朝忠臣义士都死于他的屠刀之下。

而郑芝龙等一干鲜耻寡义之徒也全被他以卑鄙下流的手段招揽到清方队伍。

顺治四年（1647 年）十二月，洪承畴因父丧和眼疾，且江南局势基本平定，暂时解任守制，回家休养。

然而，顺治五年（1648 年）随着金声桓、李成栋等人的相继易帜，清朝文武惊恐不安、惶惑无策，洪承畴又担任了平定湖广、广东、广西的重任。

金声桓、李成栋等人已被镇压，洪承畴返都兼管都察院左都御史事。

顺治九年（1652 年）五月，洪承畴母丧，奉旨私居持服，渐被边缘化。

顺治十年（1653 年），孙可望、李定国所率领的几十万大军在云、贵归附南明永历帝，抗清出现新高潮。洪承畴的行情见涨，被特任为太保兼太子太师，经略湖广、广东（后改以江西代）、广西、云南、贵州五省，总督军务，兼理粮饷。"抚镇以下，听其节制。兵马粮饷，听其调度。一应抚剿事宜，不从中制，事后报闻。"

洪承畴此年已"年逾六十，理宜退休"，蓦然得此重用，激动得夜不成眠，在灯下挥笔写决心信，表示"尽心竭力，以期剿抚中机"，不负朝廷重任。

在湖南，洪承畴制订出了"安襄樊而奠中州，固全楚以巩江南"的战略防御方针，在军事上"以守为战"，采取守势，政治上"广示招徕"采取攻势，与当年主持松锦大战时所主张的"步步为营、且战且守"有着异曲同工之妙，即以缓见功效。

顺治十四年（1657 年），有称帝野心的孙可望被李定国打败，走投无路，向洪承畴请降。

清廷遂严令洪承畴率所部相机进取，另外命平西大将军吴三桂自四川、征南将军卓布泰自广西分道进兵贵州。

顺治十六年（1659年）正月，清军攻陷昆明，云南平定。

八月，洪承畴因年老体衰、眼疾加剧，请求回京；翌年正月，奉旨解任回京调理。回京后却遭到冷遇，仕途生涯基本结束。

顺治十八年（1661年）正月，顺治驾崩，康熙登位。

年已六十九岁的洪承畴在朝廷倍感孤寂，于五月疏乞休致。清廷几经争论，终授以"三等阿达哈哈番"之爵位。

三等阿达哈哈番的汉名即三等轻车都尉，是位列公、侯、伯、子、男之下的一个等级，叙三品，分一、二、三等，洪承畴为三等，很低。

四年后，即康熙四年（1665年），洪承畴死，享年七十三岁，清廷"赐祭莽如制，谥文襄公"。

表面上看，洪承畴得谥号文襄，那还是不错的。

但，乾隆四十一年，乾隆帝别出心裁，下令国史馆编纂《明季贰臣传》，把洪承畴和其他降清的叛臣一并打入"贰臣"行列，唾弃这些"贰臣""不能为其主临危授命，辄复畏死刑生，腼颜降附"。

由此可见，虽然洪承畴为清廷定鼎中原立下了汗马功劳，但清廷对他的所作所为还是很反感、很不齿的。

毕竟，无论站在哪个角度看，洪承畴都是一个大节有亏、背叛旧主的人，他的行为不应该得到表扬和赞颂。

然而，奇怪的是，近二百多年过后，洪承畴的历史地位却被逐渐抬起来了。

平心而论，洪承畴仕清期间，为了大清统一事业，虽然多有屠戮，但主要还是采取以抚为主、以剿为辅的策略，避免了过多的武装冲突和流血，在国家统一和安定社会秩序等方面起了积极作用。另外，他还招抚、举荐大批明朝降官，并实施了一系列减轻百姓负担、刺激经济发展的措施，缓和满汉之间的民族矛盾和阶级矛盾。而在清廷朝政建设上，洪承畴又大力建议清朝统治者沿用明朝的典章制度，完善清王朝的国家机器，并倡清朝统治集团"习汉文，晓汉语"，了解汉人礼俗，倡导儒家学说，以淡化满汉之间的隔阂。

所以，洪承畴客观上还是做出了一些有益于社会和人民的事。但是，不应该把这些东西无限夸大、放大，更不应该把洪承畴定位为"中华民族杰出人物"。

洪承畴本质上就是一个贪生怕死的小人，他在投降的时候，他在翻蹄亮掌地为大清王朝奔走操劳的时候，主观上并没有要促进国家的统一、民族的团结想法，他更多想到的恐怕只是自己的个人生死、家族的荣华。

现代有很多历史学家喜欢用所谓的历史进化观来分析明亡清兴的原因，他们最喜欢说的一句话就是："明朝政府是一个陈旧、腐朽、没落的政权，其生产关系不能适应生产力的发展，已经是日薄西山，奄奄一息。新兴的清朝政府来自关外，生机勃勃、富于朝气，其代替明朝政府是历史向前发展的必然结果。"

其实，此言大谬！

对清朝政府而言，它是建立在原始社会基础上的奴隶社会国家，虽说有其富于朝气的一面，但和明朝相比，根本看不出其有何先进性可言，文化方面就不用说了，满洲文字的创建，也是清朝建国以后的事。生产关系嘛，也是奴隶和奴隶主关系，生产方式，主要是渔猎、放牧。努尔哈赤侵占辽东后，奴役原属于明朝的广大辽东百姓耕种，但抢掠仍是其创收必不可少的手段，因为，即使诸如锅碗瓢盆一类生活用品也是需要成熟的手工业来完成的，这，可是女真人无法胜任的。

虽然，在清朝的统治下，后来也出现了所谓的"康乾盛世"，但其代替明朝，仍然属于落后文明代替了先进文明，这个过程是历史的一次大倒退。

也由此可见，尽管历史总是要向前发展，但发展过程不可能都一帆风顺，其间也会出现逆转和曲折。

蒙元、清朝的胜利，靠的不是先进的文化，而是野蛮的杀戮和残酷的征服，他们的统治，都是建立在大幅度破坏全国生产力的基础上的。

清朝军队在征服、侵吞中国的过程中，进行过多次大规模的屠杀活动，比较典型的有扬州十日、嘉定三屠、广州大屠杀、江阴八十一日、四川大屠杀等。

这种大规模的屠杀持续了半个世纪左右，直到康熙二十一年（1682年）才逐渐平息。

清世祖顺治八年（1651年），清朝官方最初统计的全国人口为10633326人（《清世祖实录》卷六十一），也即约1063万人。这个数字与明光宗泰昌元年（1620年）全国官方统计中国人口51655459人（《明熹宗实录》卷四），也即约5165万人相比，少了4100多万人。

也就是说，在明亡清兴的短短几十年内，全中国人口迅速锐减了几千万人。

当然，人口的锐减除了跟上述的大屠杀有关外，也和明末各种天灾人祸，如旱灾、蝗灾、战乱、流民军肆意杀戮等有关，但，不可否认，屠杀绝对是导致人口减少的罪魁祸首。

清初学者唐甄在康熙四十年（1701年）就悲怆无限地写下："清兴五十余年矣。四海之内，日益贫困，农空、工空、市空、仕空。谷贱而艰于食，布帛贱而艰于衣，舟转市集而货折赀，居官者去官而无以为家，是四空也。金钱，所以通有无也。中产之家，尝旬月不观一金，不见缗钱，无以通之。故农民冻馁，百货皆死，丰年如凶，良贾无筹。行于都市，列肆琨耀，冠服华脽，入其家室，朝则熄无烟，寒则蜷体不申。吴中之民，多鬻男女于远方，男之美为优，恶者为奴；女之美为妾，恶者为婢，遍满海内矣。"

这真是巨大的灾难！

话说回来，如果我们以既定结果去评定事物的发展，用大历史观的眼光来看待问题，我们也不得不承认，中国社会政治体系在明末遭遇重组的过程中，西方殖民主义者正向东方逼近，沙俄殖民主义者甚至已经将入侵的魔爪伸到了我国的黑龙江沿岸。这种情况下，中国必须迅速由乱入治，进入统一，不然，中华民族就会遭受更大的危险。

从当时的情况来看，南明和其他势力都没能担负起统一的重任，那么，由清朝来担任也不是完全的坏事。

事实上，也正是因为清朝迅速统一了全国，在后来的日子里，其才能以强大的军事实力与沙俄展开坚决斗争，最终保住了疆土。

此后，准噶尔的大乱及西藏的屡屡生乱，如果国家还处于明清间的混战状态，这些动乱实难平定，则这些地区就会有自立于中华之外的危险。

所以说，历史的发展，虽有其必然性，也有其偶然性，即使在偶然性事件中，也包含有必然的成分在里面。

如果以此为切入点，洪承畴在历史上是有贡献的。

但是，我们终究不能以既成事实来评定之前历史发展中的历史事件和历史人物。否则，就会出现李永芳、范文程、孔有德、吴三桂、洪承畴等民族败类属于顺应历史发展的大英雄，而志在保疆卫国的袁崇焕、卢象升、史可法、郑成功等大英雄则被斥为反对国家统一的反动分子的荒诞结果。

把既成事实全都一股脑儿地定义为历史发展的必然，则研究历史就会变得毫无意义了。历史的科学，在于从历史的必然性中找出偶然性事件，并通过做偶然事件的分析，总结成败得失，为今后的发展提供借鉴。

顺治与董鄂妃凄美爱情的前后

说起帝王中的情圣，唐明皇李隆基绝对算得上一个。

拜白居易长篇叙事诗《长恨歌》所赐，唐明皇与杨贵妃的爱情故事被千载传颂。

元代剧作家白朴的名作《唐明皇秋夜梧桐雨》更将这个爱情故事铺陈得华丽、凄美。清初剧作家洪昇的《长生殿》更在原来题材上充分发挥，淋漓尽致地改造和充实了爱情故事，让人睹之潸然泪下。

但严格意义上来说，唐明皇是个伪情圣。他对杨贵妃的爱，只停留在口头上。安史之乱爆发，长安失陷，马嵬坡前，他为"夫妻本是同林鸟，大难临头各自飞"做出了生动的诠释，赐三尺白绫，冷眼看杨贵妃魂归天国，香消玉殒。

和唐明皇比较起来，清顺治帝才是不折不扣的痴心绝对、一往情深的情帝。

在清朝中央服官的西方传教士汤若望记述，少年顺治帝"和一切满洲人一个样，而肉感、肉欲的性癖尤其特别发达"，结婚之后，"人们仍听得到他的在道德方面的过失"。

然而，自从董鄂妃出现，少年天子就无比专一起来了。

顺治爱董鄂妃，两人情投意合，心心相印，生死不渝。

原本，在摄政王多尔衮的安排下，顺治已迎娶了母亲孝庄皇太后的侄女、蒙古亲王吴克善的女儿博尔济吉特氏为皇后。这位皇后貌美却生性爱妒忌。多尔衮一死，顺治便将她废掉了。但顺治的母亲孝庄皇太后却又从大清门抬入了吴克善的孙女，指定为顺治帝的第二位皇后，即孝惠章皇后。

顺治并不喜欢孝惠章皇后。

迎娶孝惠章皇后的时间是顺治十一年（1654 年）五月。改年，顺治结识了董鄂氏，情难自制，于顺治十三年（1656 年）入宫，同年八月二十五日，封为贤妃。仅一月有余，又晋封她为皇贵妃。

皇贵妃，只比皇后低一级，高于诸妃之上，有副后之称。

可以说，董鄂氏升迁速度之快，中国历史少见。

顺治帝还为董鄂妃举行了极其隆重的册妃典礼，并颁诏大赦天下。

在大清近三百年的历史上，因为册立皇后妃嫔而大赦天下的，这是绝无仅有的一次。

中国第一历史档案库至今还保存着册立董鄂妃为皇贵妃的《诏书》。

按常规，皇帝只有在册立皇后的大礼上，才会颁布诏书公告天下。董鄂妃享受到这种特殊荣耀，表明她得到了顺治不同寻常的宠爱。

顺治十三年（1657 年），董鄂妃产下皇四子。

顺治高兴得不得了，明明是第四子，却颁诏天下，偏执地称"此乃朕第一子"，举行颁布皇第一子诞生诏书的隆重庆典，之后更是大赦天下。

有清一代因为皇子出生而大赦天下的就只有海兰珠为皇太极产下皇八子和董鄂妃为顺治产下皇四子。

皇太极当时这么做，就是想册封皇八子为太子；顺治现在这么做，也是想册封这个孩子为太子。

然而，历史总是惊人地相似。

和皇太极的皇八子不幸夭折一样，顺治的这个孩子也在生下数月之后就夭折了。

顺治不顾一切，超越祖制，下令追封这个孩子为和硕荣亲王，丧葬规格逾制，修建了高规模园寝，并亲笔写下《皇清和硕荣亲王圹志》，抒发丧子之痛。

皇太极的宠妃海兰珠心伤爱子早逝，一病不起，很快逝去。

董鄂妃也一样，于顺治十七年（1660年）八月十九日病逝于东六宫之一的承乾宫，年仅二十二岁。

顺治几至崩溃，万念俱灰，看破红尘，弃江山社稷如敝屣，让高僧溪森为自己剃了发，准备遁入山林。

此举，遭到了孝庄皇太后的极力反对。

不得已，顺治打消了出家的念头，举办了一场超常的丧礼来礼葬董鄂妃，追谥董鄂妃为"孝献庄和至德宣仁温惠端敬皇后"。

在董鄂妃生前，顺治就有意废黜孝惠章皇后而改立董鄂妃为皇后，此事遭到大臣反对，以致使顺治无比内疚，欲处死太监、宫女三十名为董鄂妃殉葬，同样被劝阻了。

董鄂妃去世，顺治辍朝四个月。

按照礼制，皇后去世辍朝时间为五天。顺治这么做，在整个清朝历史上无人能及。

顺治十七年八月二十七日，董鄂妃的梓宫从皇宫奉移到景山观德殿暂安，抬梓宫的都是满洲八旗二、三品大臣。这种排场，就连皇帝、太后丧事中也不曾出现过。

董鄂妃的梓宫移到景山以后，顺治又为她举办了大规模的水陆道场，五次亲临寿椿殿，为她断七。

庞大的葬礼压垮了顺治的身心，半年之后，顺治就患上了天花，尾随董鄂妃而去。

让人惊奇的是，董鄂妃作为清朝历史上的重大人物，史书对她的身世交代非常简略，以致有人错认为她就是秦淮名妓董小宛。

但董鄂妃和董小宛终究是风马牛不相及的两个人。

把董鄂妃误认为董小宛，无非是两人的姓中都有一个"董"字。董鄂妃的"董"其实是满语译音，"董鄂"也有译为"栋鄂""东古""冬古""东果"的。

所以董鄂妃并非董小宛。

另外，汤若望对董鄂妃的来历提供了这样的线索：顺治皇帝对于一位满籍军人（有学者认为是某个一品或一品以下武职官员）之夫人，起了一种火热爱恋。当这一位军人因此申斥他的夫人时，他竟被对于他这申斥有所闻知的天子亲手打了一个极怪异的耳掴。这位军人于是乃怨愤致死，或许竟是自杀而死。皇帝遂即将这位军人的未亡人收入宫中，封为贵妃。这位贵妃于 1657 年产一子，皇帝是要规定他为将来的皇太子的。但是数星期后，这位皇子竟而去世，而其母于其后不久亦薨逝。皇帝陡为哀痛，竟致寻死觅活，不顾一切。

按照汤若望的说法，那军人和他老婆能在宫中自由走动必不是一般人，可能就是近臣。

经过著名史学家陈垣深入浅出的考证，结果让人惊异。这个满籍的军人竟然就是顺治之弟太宗第十一子博穆博果尔，董鄂妃是博果尔的老婆。

博穆博果尔被顺治打了这一巴掌后，悲愤交加，不久死去，年仅十六岁。顺治帝在其二十七日服满后，就将董鄂氏娶进承乾宫。

横刀夺爱，搞婚外恋，折磨死了亲弟弟，把弟媳占为己有，这个故事，和唐明皇强夺媳妇杨贵妃有得一拼。

但这种说法，仍非确证。所以直到今天，董鄂妃的身世依然是个待解之谜。

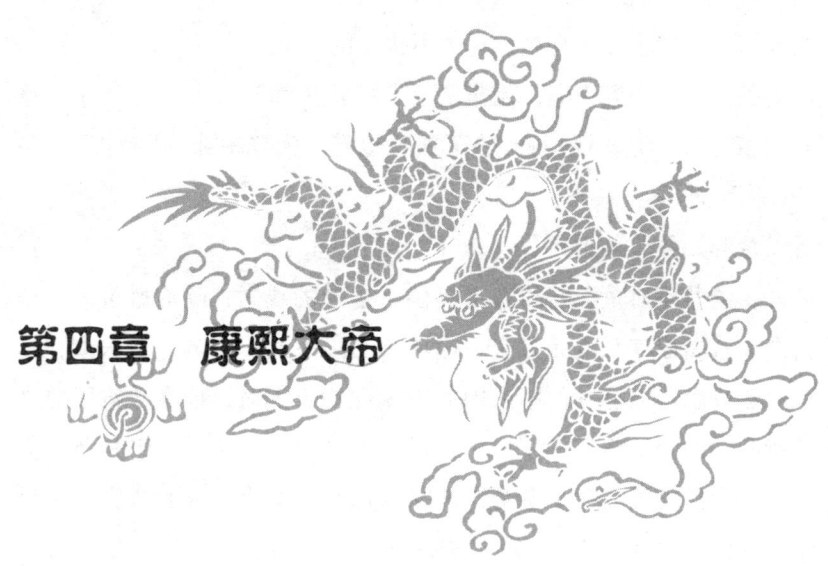

第四章　康熙大帝

 鳌拜其实只是康熙的假想敌

康熙是清朝入关后的第二任皇帝，著名史学家阎崇年将之定位为千古一帝。

阎崇年说："无论就中国历史作纵向比较，或就世界历史作横向比较，康熙大帝都可谓是中国皇朝史上的千年一帝，也是世界文明史上的千年名君。他同当时俄国沙皇彼得大帝、法国君主路易十四，同列世界伟大的君主。"

阎崇年还特别强调："我自己觉得没有美化，而是如实地讲康熙，根据史实，有什么说什么。好的说，坏的也说。当然我觉得重要的，就会多说几句。我对他的总结是'千年一帝'，我仔细算了，这最近一千年，还没有一个人超过他。谁能举出一个例子说，最近一千年有哪个皇帝超过他？那我就认输。"

提起这位千古一帝的光辉事迹，人们总是先想到鳌拜。

阎崇年在其代表作《康熙大帝》中对康熙的毕生功绩进行过汇总，其中就把智擒鳌拜放在首位，然后才是削平三藩、统一台湾、六下江南、驱逐沙俄、大破准噶尔……

足见鳌拜是个颇富影响力的狠角色。

金庸的《鹿鼎记》把这个狠角色形象而具体化，把鳌拜的特点集中在一个"勇"字上。小说一开始，市井英雄茅十八口口声声说要上北京。众人问他，为什么要上北京？茅十八说，我老是听人说，那鳌拜是满洲第一勇士，还有人说他是天下第一勇士，我可不服气，要上北京跟他比画比画。接下来，由此发生的一系列精彩故事里，凡是与鳌拜有关者，都会透露鳌拜之勇，直到康熙指挥韦小宝等人擒鳌拜，更是浓墨重彩地渲染和描绘鳌拜之威、之猛、之狠、之勇。

不过，说到底，人们读过此书，也只知道鳌拜是一个武功盖世而又勇猛无比的高手，而对鳌拜做过的事、建过的功绩，一无所知。

那么，鳌拜到底是个什么样的人呢？有过哪些神勇表现呢？又是凭什么坐上权臣的位置，对康熙皇帝形成巨大威胁的呢？本文着重谈一下这个。

首先，鳌拜出身好，根正苗红，满洲镶黄旗人，叔父费英东是最早追随努尔哈赤起兵的开国元勋，二哥卓布泰也是清初军功卓著的战将。

凭借这个，鳌拜在人生起跑线上就抢先了别人好几个身位。

至于鳌拜的军旅生涯，虽说曾赢得了《鹿鼎记》里说的"满洲第一勇士"的光辉称号，但你很难在具体的战斗过程中看得到鳌拜异常出彩的表现。但鳌拜又确确实实是战功赫赫，积军功成了一名朝廷要员，这其中的原因，就是鳌拜拥有老黄牛的精神，无役不与，无役不奋勇争先。翻阅史书查一下鳌拜的工作履历，你就不难发现，他在皇太极时代就跟随皇太极征讨察哈尔部、征朝鲜、攻皮岛、参与举世瞩目的松锦会战。在这些战役中，鳌拜只是一个军中偏裨之将，无法左右、决定战局的走向，他所能做的，只能是不怕死、流血流汗往前冲锋，拎着刀子砍敌人的脑袋。所以，这个时期的鳌拜，归根结底，只是个小人物，史书不可能留下什么记载。也许，他砍杀过的敌人数量是很多的，但那些敌人都是些默默无闻的小兵，终究乏善可陈。

多尔衮时代，鳌拜沿袭了过去"无役不与"的参与精神，参与了摄政王多尔衮在山海关对阵李自成的大战，参与英亲王阿济格追击李自成至潼关、至西安、至湖北九宫山。也参与了肃亲王豪格南下进攻张献忠大西军的战斗。

这个时期，清军连灭李自成、张献忠两大势力，功震一时。但是，鳌拜仍只是军中偏裨之将，无论杀敌再多，这些功劳都不能记在鳌拜名下——鳌拜只是其中的一个参与者。

所以，把鳌拜定位为清初开国大功臣，言过其实。

搞笑的是，有些专家，在讲康熙时，为了突出康熙的伟大，就不得不夸夸康熙的对手的强大，可是，康熙的对手之一鳌拜的强大在哪儿，又说不上来，那就只有生搬硬套了。

历史怎么可以改来改去的？

其实，鳌拜后来能够坐上高位，主要是站队站对了位置。

第一次站位，是皇太极死后，皇太极长子肃亲王豪格与皇太极之弟多尔衮争立时，时为"天子自将之师"镶黄旗的重要将领、镶黄旗护军统领的鳌拜坚守自己的做人原则，与两黄旗大臣盟誓于大清门，非先帝（皇太极）之子不立。于是有了拥戴豪格，继而拥戴福临的经过。后来发生的事，大家都知道了，继位的就是皇太极的儿子福临，即顺治帝。

这次站位，虽然鳌拜一开始吃过些苦头，却笑到了最后。

摄政的多尔衮擅权自重、党同伐异，自然会打击曾经的争位对手豪格及豪格的拥护者。鳌拜作为豪格的拥护者之一，分别于顺治二年八月、顺治五年二月、顺治七年七月三次遭受到多尔衮要将之斩杀的处罚。其中顺治五年二月那次，鳌拜被多尔衮定的罪名为"以欲立豪格、与诸人盟誓"。

鳌拜吃的这些苦头，后来都成了巨大的政治资本，连本带利全部收回。

比较一下当年曾和鳌拜一起盟誓的黄旗大臣，他们在多尔衮的残酷打击下，早已分化瓦解，转而投靠了多尔衮。而鳌拜却能保持一个赳赳武夫极其忠诚的基本做人原则，对故主皇太极忠心耿耿，不屈不挠，斗志昂扬，确实称得上忠义之臣。

多尔衮死后，顺治得知鳌拜、索尼等人曾经盟誓"一心为主，生死与共"，忠心耿耿，遂将鳌拜视为心腹重臣。

顺治当政时期，鳌拜就随侍顺治身边，直接参与管理国家各类事务，如商讨本章批复程序、联络蒙古科尔沁部等。

顺治十八年（1661 年）正月初八，顺治病危，立下遗诏，指定由皇三子玄烨嗣位（即康熙）。

鉴于多尔衮专权的不良教训，顺治不再选宗室亲王担当辅政大任，而是选择了异姓大臣，即索尼、苏克萨哈、遏必隆、鳌拜四人为辅政大臣。

顺治死后，四位辅政大臣在顺治灵前盟誓，表示同心同德辅佐小皇帝玄烨。但是，位居四辅臣之首的索尼年老多病，对很多事情都是有心无力，最终是素餐尸位，成了个摆设。四辅臣中名列第二的苏克萨哈原是多尔衮的人，只不过在多尔衮死后靠告发多尔衮生前种种不法行为而得顺治重用，人望很低，顺治一死，其在朝廷很难说得上什么话。名列第三的遏必隆为人庸懦，遇事无主见，又属镶黄旗，附和鳌拜。所以，居四辅臣之末位的鳌拜反而成了最有话语权的人。

但是，并没有很明显的迹象表明鳌拜对新皇帝康熙的帝位构成什么威胁。

以鳌拜对故主皇太极的赤诚论，他是一个崇尚忠义的武夫，并没有想过要篡位自立。

但长大成人的康熙却把鳌拜当成了最大的假想敌。

包括《鹿鼎记》在内的所有记载康熙擒鳌拜的过程都写得惊心动魄、险象环生。遗憾的是，真实的经过却波澜不惊、平淡无奇：毫无防备的鳌拜接诏入宫觐见，早已埋伏的少年侍卫一拥而上，把鳌拜擒了个结结实实。

鳌拜历事三朝，此时已年近古稀，垂垂老矣，哪有半点反抗之力？

康熙随后得意扬扬地宣布了鳌拜三十条罪状，拟处以革职、立斩。

不过，鳌拜实无篡弒之迹，康熙终免其死罪，宣布禁锢终生。

年迈体弱的鳌拜随后死于禁所。

康熙五十二年（1713年），康熙追思旧事，觉得鳌拜并无谋反之迹，自己却因之成就一世英名，心生隐恻，追赐其一等阿思哈尼哈番，以其从孙苏赫袭。苏赫卒，仍以鳌拜孙达福袭。

 ## 康熙时期的两部伟大文学作品

在中国古代文化发展史上，每一个时期都会有一种特别杰出的艺术表现形式出现，比如说古诗经、楚辞、先秦散文、汉赋、唐诗、宋词、元曲、明清小说等。

通常，人们认为，戏曲发展高峰是在元代。但在清朝，却出现了两大戏曲家。这两大戏曲家创作出来的两部大作品，恍如双子星座，照亮了整个夜空。

这两大戏曲家分别是洪昇和孔尚任。

这两部大作品分别是《长生殿》和《桃花扇》。

《长生殿》和《桃花扇》有一个共同的特征，即把政治的变乱和国家的灾难寓于爱情的丧失之中。

因为这两部大作品，洪昇和孔尚任获得了"南洪北孔"的赞誉。

人们盛称："纵使元人多院本，勾栏争唱孔洪词。"

20世纪中国戏曲史学科的开创者王国维曾对《长生殿》和《桃花扇》推崇备至。

特别是《桃花扇》，王国维在《文学小言》中说："元人杂剧，辞则美矣，然不知描写人物为何事。至国朝之《桃花扇》，则矣！"

《长生殿》和《桃花扇》的诞生，是那个时代的大幸；而洪昇和孔尚任生活在那样一个时代，却是他们的不幸。

为什么这样说呢？

让我们来看看《长生殿》和《桃花扇》的巨大成功以及洪昇与孔尚

任因为《长生殿》和《桃花扇》所遭遇的不幸吧。

洪昇原为浙江杭州人，出身于世宦之家，在京师做了二十来年的太学生，始终混不到一官半职，空负一身才华，无处施展，风尘困顿，生活潦倒。无奈只得寄情于戏曲创作，以唐明皇和杨贵妃事作《长生殿》，将一生精力耗在《长生殿》的创作上。

十年磨一剑。

从康熙一十七年（1678 年）动笔，到康熙二十七年（1688 年）杀青，经整整十年时间的打磨，《长生殿》横空出世！

康熙二十七年，《长生殿》火遍了北京城。

在那一段时间，朱门绮席、酒社歌楼、非此曲不奏。

甚至康熙皇帝也被惊动了。

史载：圣祖（即清圣祖，康熙皇帝）览之称善。赐戏班子白金二十两，并且向诸亲王推荐观看此剧。于是，诸亲王及阁部大臣，凡有宴会，必演此剧。而打赏的银子，都与御赐相等。

洪昇的名字，红透了半边天。

演《长生殿》的戏班赚了个盆满钵满。

康熙二十八年（1689 年）秋，为了感谢洪昇，戏班子在洪昇的寿诞之日为他来了个专场演出。

洪昇欢欣鼓舞，群发请柬，遍邀亲友。

那天，京师各界名士熙熙攘攘，纷至沓来，捧场观看。

怪就怪洪昇的寿诞太不合时宜——他的寿诞出现在皇太后的丧期之内。

这么一来，这一场欢乐的宴会激怒了康熙。

康熙将洪昇抓进监狱，除去学籍。

观剧者也大多遭到了轻重不一的处罚。

"可怜一曲《长生殿》，断送功名到白头。"

出狱后的洪昇心力交瘁，万念俱灰，收拾行囊，像一片落叶一样，飘回故乡钱塘去了。

洪昇虽然因戏倒霉，但戏依然卖座。

不但京师戏班轰轰烈烈地演《长生殿》，苏州、杭州、松江（今上海）等地的昆剧班也纷纷上演《长生殿》。

康熙四十三年（1704年），名士曹寅在南京江宁织造府重排全本《长生殿》，特请该剧作者洪昇前来观看。

可怜的洪昇，酒后乘舟，在返家途中，失足落水身亡。

洪昇死了，《长生殿》却以它的独特魅力一直活跃在戏曲舞台上。

清人梁廷柟在《曲话》中说："《长生殿》至今，百余年来，歌场舞榭，流播如新。"

《桃花扇》及《桃花扇》的作者孔尚任遭遇的情形也差不多。

孔尚任是山东曲阜人，孔子后裔。康熙二十四年（1685年），康熙南巡北归，为加强文化统治，特至曲阜祭孔。三十七岁的孔尚任在御前讲经，由国子监生的身份破格升任为博士。孔尚任因此受宠若惊，准备用自己的后半生来报答康熙的知遇之恩。

到京后，孔尚任曾任户部员外郎，参与疏浚黄河工程，在江苏淮安扬州一带工作了三年，结识了一大批有民族气节的明代遗民。

受这些遗民爱国思想的影响，孔尚任产生了创作《桃花扇》的强烈欲望。

经过数年努力，五十二岁的孔尚任终于康熙三十八年（1699年）完成了《桃花扇》。

《桃花扇》"借离合之情，写兴亡之感"，其以复社文人侯方域和秦淮名妓李香君的离合为线索，展示了弘光小王朝兴亡的全过程。

《桃花扇》甫一问世，各王公大臣，莫不传抄，时有洛阳纸贵之誉。

康熙专门派内侍向孔尚任索要剧本，孔尚任也喜不自胜，午夜进直邸相献。

据说，康熙看到剧中描述南明弘光帝醉生梦死的情节，忍不住眉飞色舞地说："弘光弘光，虽欲不亡，其可得乎！"

应该说，康熙对《桃花扇》的第一印象不错。

但，《桃花扇》一方面对史可法、左良玉、黄得功等忠于明室的人物极力赞颂，一方面又讽刺降清的刘良佐、刘泽清等汉奸，这让康熙非常不爽。

而《入道》一出中，出自张瑶星道士嘴里的话——"呵呸！两个痴虫，你看国在哪里？家在哪里？君在哪里？父在哪里？偏是这点花月清根，割它不断么！"——更让康熙大为不满。

当然，最触发康熙敏感神经的是《余韵》一出中以"开国元勋留狗尾，换朝元老缩龟头"来形容改换清朝装束的徐青君——在康熙的眼中，大清朝的发型无疑是最美观最神圣的，岂容你孔尚任亵渎？！

很快，孔尚任被免职。

最终，孔尚任在《放歌赠刘雨峰》一诗中叹息了一句"命薄忍遭文字憎，缄口金人受诽谤"，灰溜溜地返回了自己的故乡山东曲阜。

 ## 康熙身高一米五几？这里有最富说服力的证据

名人的身高，一直是人们感兴趣的话题。

但对于大多数名人来说，对于自己的身高，一般不会存在什么忌讳。

明星却例外。

明星，尤其是偶像派明星，主要是靠"吸粉"（指吸引粉丝）吃饭，除了要长一张光鲜靓丽的面孔，身高因素也非常重要。

这些年，偶像派明星的实际身高和谎报给媒体的身高多存在较大出入。

看看，即使是现代人的身高，我们也弄不大清楚，对于古人的身高，就更难说得准了。

近年来，盛行清宫戏，大清王朝的康熙、雍正、乾隆几位出镜率为古代帝王最高。

不过，有人"粉"清帝，就会有人"黑"清帝。

网上流传康熙大帝身高不足 160cm，有说是 155cm，有说是 156cm，也有说是 158cm。

其实，康熙的是非功过摆在那儿，已有公论，粉饰其身高多几厘米也不能增其功绩一分；诬蔑其身高矮几厘米也不能减其罪过一分。

但是，由于康熙的身高是有史料可考、有材料可对比的，这个问题，不妨来简单揭秘一下。

法国传教士白晋于清康熙二十六年（1687 年）来中国，担任了康熙的侍讲，向康熙讲授天文历法、医学、化学、药学等西洋科学知识，对康熙非常熟悉，于康熙三十六年（1697 年）作了《康熙帝传》（*Portrait historique de l'Empereur de la Chine*）一书，书中对康熙的描述是这样的："康熙帝今年四十四岁，在位已有三十六年。他没有半点和皇位不相称的资质和品德。他威武雄壮，仪表堂堂，身材高大，举止不凡。他的五官端正，双目炯炯有神，鼻尖略圆而稍显鹰钩状。虽然脸上有一点天花留下的痘痕，但是丝毫不影响他的美好形象。"

看，被外国人称为"身材高大"的，应该不会是一米五几的身高吧？

比利时传教士南怀仁也是康熙的"宠臣"之一，其于康熙二十一年（1682 年）写有《鞑靼履行记》，书中对康熙的描述是："他是一个魁梧的中等身材的、慈祥、稳重、举止端庄和威严的人，他热衷学习，努力钻研科学文化知识，他稍胖，脸上有天花后的痘痕，鼻子和黑眼睛比普通人要小点，嘴美，动作温柔，下巴没有胡须但是有两鬓络腮胡须。"

"脸上有天花后的痘痕"，是康熙面部最大特征。正因为有了这一笔，那么"魁梧的中等身材"就显得特别真实了。

还有，法文版《中国近事报道》中，法国传教士李明（Louis Le Comte）也说"皇帝身材比普通人稍高"。

从这些可考的外国资料来看，康熙绝对不会是一米五几的身高！

另外，现在故宫还收藏有康熙帝的衣物，通过对这些衣物实际的测量，我们也可以大致推算得出康熙的身高。

先来看这件深蓝色云龙妆花纱裌朝袍。

该袍身长 153cm，两袖通长 189cm，袖口宽 16cm，下摆宽 138cm，左开裾长 52cm。

另一件黄色金龙妆花纱男朝袍，身长 151cm，两袖通长 163cm，袖口 15cm，下摆 142cm，开裾长 50cm。

再来看这件石青色缎绣彩云蓝龙绵甲。

这是一件战甲，分上衣、下裳。上衣长 78cm，肩宽 43cm，下摆宽 77cm，下裳腰围 100cm，高 92cm。

另一件战甲，明黄缎绣平金龙云纹大阅甲，上衣长 75.5cm，下摆宽 75.5cm，两袖通长 158cm，下裳长 71cm，上宽 48cm，下宽 57.5cm。

从这些朝袍和战甲来看，康熙的身高，再怎么着，也至少应该在 175cm 左右吧？

此清朝名将想把日本变为中国一省

现在网络流行一种说法，说清朝是中国古代历史上唯一"无明君、无名士、无名将"的"三无"朝代。

这种说法未免太偏激了点。

先来说"明君"，尽管清朝的"明君"是难找一些，但也并不是零，比如说光绪帝，就很不错，是个很明事理的人。

很多人认为光绪帝支持改革、力挺维新派是希望借助于维新派的力量与慈禧争权，但当时有人建议光绪帝杀谭嗣同等维新派，说维新是在亵渎皇权，光绪就说，若能救我大中华与水深火热，朕有没有权利又能如何？单凭这一句，光绪身上就闪现有"明君"的影子，很不错。

再来说说"名士"，清朝是没有出现像孔子、朱熹、王阳明一类的大圣人、大思想家，但把戴震、段玉裁、王念孙、龚自珍等人列为名士，应该是没有争议的。

最后说"名将"，这名将可不是光会打仗、能砍人就行，像清初多尔衮、多铎、阿济格、豪格、鳌拜这些人，也的确能冲能杀，但没有军事理论，没有军事思想和军事素养，和名将不沾边。那清朝的名将都有谁呢？清初有施琅，清中叶有岳钟琪，清末有左宗棠、冯子才，等等，都是实打实的名将。

这里着重说一说施琅。

施琅很早就在郑成功的父亲郑芝龙手下混了，称得上郑氏集团里的老人。

1646年，郑芝龙降清，施琅就在降清的队伍里，成了清朝的臣子。

父亲降清了，做儿子的郑成功却非常有骨气，以一己之力向清朝叫板，不屈不挠抗衡到底。

降将施琅在清军阵营里得不到重用，看郑成功的抗清事业做得有声有色，就投回了郑成功的队伍。

郑成功是名将，施琅也是名将，两人都有自己的战略见解，一旦发生分歧，又互不肯相让，矛盾就会产生。

1651年，施琅就要不要在厦门岛设兵和郑成功发生了激烈争执，致使兵权被郑成功解除。施琅年轻气盛，欲以出家做和尚相要挟。部下曾德不明就里，脱离施琅加入郑成功的亲兵营。施琅怒不可遏，命人把曾德捉回斩首。郑成功"驰令勿杀"，施琅置若罔闻，"促令杀之"。郑成功认为施琅违令杀将，必是反形已露，于是密令捕杀施琅一家。施琅在亲信部将和当地居民的掩护下逃出，但父亲和弟弟却被郑成功杀死。于是再次投靠清廷，同郑氏为敌。

这也是郑成功撤往台湾后，施琅多次建议清军攻打台湾的原因。虽然他口口声声说是要"四海归一，边民无患"，但人们认定他是要报私仇的。

从1664年开始，施琅一直大力鼓吹"进攻澎湖，直捣台湾"。

鉴于台湾孤悬海外，风高浪急，清廷侧重于招抚为主，施琅之议未被采纳。

但1667年，孔元章赴台招抚彻底失败，施琅迅速上《边患宜靖疏》，次年又写《尽陈所见疏》，强调"从来顺抚逆剿，大关国体"，要速讨平台湾，以裁防兵，益广地方，增加赋税，俾"民生得宁，边疆永安"。

当权者鳌拜还是以"海洋险远，风涛莫测，驰驱制胜，计难万全"为由，把施琅的建议压下来。施琅本人甚至被裁掉水师之职，留京宿卫。

在京期间，施琅日日注视福建沿海动向，悉心研究风潮信候，"日夜磨心熟筹"，不忘收复台湾。

就这样，过了十五年，康熙二十一年（1682年），清政府平定了

"三藩"之乱，施琅在李光地等大臣的力荐下，复任了福建水师提督之职。

回到厦门，施琅一头扑到工作上，"日以继夜，废寐忘食，一面整船，一面练兵，兼工制造器械，躬亲挑选整搦"，一心一意只为收复台湾。

1683 年 6 月 14 日，施琅奉旨专征台湾，很快攻克了郑氏集团在澎湖的守军刘国轩部。此后，利用有利的态势，主动、积极地招抚台湾郑氏集团，促使郑氏集团放弃抵抗而就抚。

同年 8 月 13 日，施琅率领舟师登上台湾，其本人亲自往祭郑成功之庙，称"自同安侯入台，台地始有居民。逮赐姓启土，世为岩疆，莫可谁何"，对郑氏父子开辟台湾的功绩作了高度的评价。说此次统兵克台之举是为国为民尽职，说自己"于赐姓（郑成功被隆武帝赐姓朱，故人称赐姓，或国姓爷）有鱼水之欢，中间微嫌，酿成大戾。琅与赐姓，剪为仇敌，情犹臣主。芦中穷士，义所不为。公义私恩，如是则已"。

施琅的表现（或者说表演），使郑氏官兵和台湾百姓深受感动，一致称赞他胸襟宽广，能以大局为重，冷静处理公义私怨的关系。

施琅顺利收台，康熙喜不自胜，解所御龙袍驰赐，亲制褒章嘉许，封施琅为靖海侯，世袭罔替，令其永镇福建水师，"锁钥天南"。

不过，当时的清廷政府对台湾地位的重要性认识不足，对是否留台存在争议。

施琅站在维护国家的一统和安全，巩固沿海地区的社会秩序和保护中国的海洋权益的高度，上疏力主留台卫台，打动了康熙帝和朝中大臣，遂在台湾设府县管理，屯兵戍守。

最难得的是，在大一统思想、海防和海权思想的主导下，施琅还给康熙上了一道奏折，称：倭贼盘踞海外为祸，自前明起已有百余年，今锐气正盛，可效元祖之事，提中国之兵伐之，永绝倭患，安定东南。

不能不说，施琅具备万里远见，知道日本的存在会给我国酿造深患，主张趁收复台湾后军队士气正旺，一鼓作气，征讨日本，一了百了，以绝后患。

康熙一看之下，热血沸腾，《清史稿》上载："上阅密折良久，大喜，御批千言。"

如果康熙批准了施琅的提议，以鼎盛时期的清朝水师攻打正在闭关锁国的落后日本，很可能日本会成为中国的一个省，也就没有以后那么多事了。

可惜的是，一方面清廷被当时日本德川幕府的友好态度所迷惑，另一方面西北的噶尔丹开始作乱，征伐日本之议被搁置了。

施琅一生饱受争议，很难以忠臣或奸臣给他定位，甚至不能说他是好人还是坏人。站在明朝的立场来说，他无疑是个奸臣、叛贼，但要从维护祖国统一的角度来看，又可以称得上大英雄。事实上，清朝在大陆完成了统一大业，原本已有弃台之议，如果不是施琅一而再、再而三地建议并主动请战，大明衣冠是可以在台湾保留下去的。

不管怎么样，施琅征伐日本这一颇具战略眼光的提议，还是获得了后世众人的一致点赞。

大清名臣李光地的另一面

大型电视连续剧《康熙王朝》非常成功地塑造了一大批荧幕形象，其中有李光地、周培公、姚启圣、张廷玉等。

这些人，历史上是真实存在过的，只不过没有电视剧中的光鲜亮丽罢了。

就拿李光地来说，在电视剧中，李光地算得上是个情圣，其以独特的睿智和个人魅力赢得了康熙皇帝的女儿蓝齐儿的芳心，从而演绎出一段哀伤、凄美的爱情故事。

实际上，李光地出生于明崇祯十五年（1642 年），比康熙年长了十二岁，说他和康熙的女儿玩忘年恋，情节明显跑偏了。

对于李光地，文史学家全祖望是这样评价的："其初年则卖友，中年则夺情，暮年则居然以外妇之子来归。"

也就是说，李光地一生中有三大污点，其中，又以"卖友"最让人不齿。

被李光地出卖的朋友名叫陈梦雷。

陈梦雷，福建闽县人，和生于福建安溪的李光地算得上是同乡，两人同在康熙九年（1670 年）中进士，同时选庶吉士，散馆后同授编修。

康熙十二年（1673 年）十二月，陈梦雷回乡省亲。恰巧也在这一年，康熙决定撤除镇守云南、贵州的平西王吴三桂，镇守福建的靖南王耿继茂之子耿精忠和镇守广东的平南王尚可喜之子尚之信的"三藩"封地。次年，"三藩"之乱起。耿精忠在福州举兵反清，逼令福建各地知名人物出任伪职。

陈梦雷虽然受到胁迫，但托病拒受印札。

作为福建知名人士，同样请假回乡探亲的李光地也收到了耿精忠的逼降、诱降之信。

身陷险地的陈梦雷得知李光地即将进入福州，赶紧派人前去截阻李光地，要他马上掉头，千万不要自投网罗。

可是，李光地已经方巾大袖，飘然而至，到福州投见了耿精忠。

陈梦雷对李光地的草率行为大为遗憾，连连跺脚。

李光地从耿精忠处出来，又到陈梦雷府上造访。

陈梦雷当面向李光分析了耿精忠狂悖、庸暗不能成事的种种表现，草拟了请兵疏稿，建议康熙皇帝选精兵万人，打着进兵广东的旗号由赣州抄小路进入汀洲，然后出其不意地攻打福州。陈梦雷让李光地走山路将请兵疏稿上交朝廷，自己则留在福州充当朝廷内应。

陈梦雷明确表示，自己一定会在耿精忠面前想尽一切办法保护好李光地全家安全。

李光地大为感动，拍着胸脯说："若果真能保全我一家老少，你在叛军作为内应的事情交给我向朝廷辩明。"

李光地还说："日后我能侥幸成功，也就能充分彰显你的气节；你的气节越彰显，也就越能证明我的功劳。"

随后，李光地迅速离开福州潜回安溪。

回到安溪，李光地把陈梦雷拟好的奏疏抄在一张薄薄的纸上，其中删去了陈梦雷的名字，封在一个白蜡做成的小丸子里，在家仆夏泽的大腿上割开一个小口子，把蜡丸塞入皮肉之内，外面再敷以膏药，要他从安溪入江西，辗转上京，把"蜡丸疏"呈献给康熙皇帝。

康熙按照"蜡丸疏"的计策行事，由衢州深入，一举收复建宁、延平、福州。

康熙因此对李光地的忠贞赞赏不已，下旨称李光地"忠贞茂著，深为可嘉"，升其为侍读学士。

李光地得此美官，施施然进京赴任。

北上经过福州时，李光地再次造访陈梦雷，信誓旦旦地对陈梦雷说："你忠贞报国的事迹不是一两句话可以说得清楚的，我自当详详细细地全部汇报给圣上。"

临别时，李光地还写长诗相赠，里面有"李陵不负汉，梁公亦反周"的句子，着力赞美陈梦雷忠于朝廷的壮举。

可是，李光地已全据献"蜡丸疏"之功，上京后闭口不谈陈梦雷一词。

此后，李光地青云直上，官至文渊阁大学士。

陈梦雷却落得个"从贼"之名，"负谤难明"，以"附逆"罪，入狱论斩。

陈梦雷悲愤莫名，多次要求李光地为自己辩诬。

李光地铁了心不置一语。

刑部尚书徐乾学看不过眼，以李光地的名义起草一份疏稿，详细反映了陈梦雷在耿精忠叛乱期间为朝廷所立的功绩，胁逼李光地上奏。

李光地招架不住，只好具名上奏康熙帝，请求宽免陈梦雷。

陈梦雷因此得免一死，改为贬戍奉天。

饶是如此，陈梦雷还是无法原谅李光地的背信弃义，先是写下了一份《告都城隍文》斥责其"欺君负友"，接着又写了一近五千言的《与李光地绝交书》，骂他"缩颈屏息，噤不出一语"。

这两篇奇文传入京城，人们争相传阅，李光地成为了士人眼中的一个败类。

第五章　雍正大帝

 何以雍正夺嫡篡位之说仍不停息

在中国古代历史上，皇帝是最为瞩目的人物，则皇帝的家事，便是全民津津乐道的话题。

鲁迅先生一针见血地说，中国二十四史，根本就是二十四家帝王的家谱。

话虽偏激，却也不无道理。

不过，宫闱秘事讳莫如深，百姓所议，大都与真相有一定距离。

尤其是大清王朝，因为其自身的特殊性，人为造成的疑案、悬案数量最多，也最扑朔迷离。

其中，太后下嫁、顺治出家、雍正夺嫡、乾隆身世等事件疑点多多，复杂曲折，影响巨大，多年来，争论不息，难有定论。

不过，在20世纪，有清史专家以权威者的身份发布了清朝悬案"正解"，将这一系列悬案干脆利落、快刀斩乱麻地进行解决，给出了明确的答案。比如，太后下嫁？绝无可能；顺治出家？无稽之谈；雍正夺嫡？无中生有！……

的确，答案是很简捷、很明确，但说服力却远远不够。

就以其否定雍正夺嫡一事来说，其依据不过是一道所谓的"康熙遗诏"。

专家洋洋自得，说康熙的传位诏书现在就珍藏在台北"故宫博物院"内，铁证如山，已充分证明雍正是合法继位，可以击败历史上所有关于雍正篡改康熙遗诏的猜测！

专家还用揶揄的口吻说，民间传言雍正把"传位十四子"改成"传位于四子"，造这传言的人太蠢，愚不可及，"于"的繁体字可不是这样写，而且，改得了汉文版本，改得了满文版本吗？

诚然，民间传言的"传位十四子"只是平头小百姓故作玄虚的编造，但绝不能因为这则传言有漏洞就简单否定雍正篡位之事，更不能因为台北"故宫博物院"内有这样一份"康熙遗诏"就完全肯定雍正得位的合法性。

因为，这份"康熙遗诏"并非雍正在即位之前公开公布的，而是在他清除了异己，坐稳了龙庭之后，在雍正三年才出示的。

想想看，彼时的雍正，已经坐拥天下，掌握了绝对的话语权，要炮制区区一份"康熙遗诏"，有何难事？

这，就是当初其他皇子不服的原因。

下面，就简单举几件雍正帝胤禛继位过程中出现的反常事件。

首先，在康熙众多儿子中，作为皇四子的胤禛并不突出，没有什么过硬的证据表明康熙生前有过传帝位给他的意向。

康熙六十一年（1722年），康熙偶染小恙，突然暴毙。

根据《清圣祖实录》记载，该年十月二十一日（1722年11月29日），康熙赴南苑行围；十一月初七日（1722年12月14日），康熙偶感不适，自南苑回驻畅春园。十三日戌刻，驾崩于寝宫。

十月二十一日，康熙还兴致勃勃地出行打猎，而一个月不到，就突然死亡，过程实在诡谲。

当时生活在宫中的意大利籍传教士马国贤直言不讳地在《回忆录》中记："（康熙帝）驾崩之夕，号呼之声，不安之状，即无鸩毒之事，亦必突然大变。"

民间传言的"传位十四子"最先见于《清朝野史大观》，上面说，康熙死后，隆科多从寝宫出，出示掌中所书"传位于四皇子"字样，声称是康熙亲笔所书，于是皇四子胤禛得立。

《清朝野史大观》的书名已经承认，这是一部野史，书中所说，只是姑妄说之，读者姑妄读之，不必深信。

但雍正的亲舅舅隆科多从康熙二十七年（1688年）起，就担任康熙身边的一等侍卫，授"步军统领"，即是京城卫戍司令官。康熙暴毙之日，畅春园内的全部卫兵都是隆科多的属下，隆科多可以在园中为所欲为却是不争之实。

雍正即位后，迅速把隆科多加太保。改年，又赐双眼花翎、四团龙补服、黄带、紫辔。

隆科多为何暴得此恩宠？个中原因，值得深思。

与此同时，雍正手脚麻利地捕杀了康熙帝晚年的贴身近侍太监魏珠、梁九公、赵昌等人。紧接着，又赐死隆科多。

隆科多死前曾悲叹说："白帝城受命之日，即是死期已至之时。"

还有，雍正坐上了龙椅，他的生母乌雅氏并没有表现出应有的喜悦。

《清世宗实录》中记，乌雅氏听说雍正即位，表现得很不屑，异常冷淡地说了一句："钦命吾子继承大统，实非梦想所期。"《永宪录》也记，乌雅氏曾下懿旨说："我自幼入宫为妃，在先帝前毫无尽力之处。将我子为皇帝，不但我不敢望，梦中亦不思到。"

表现得不屑、冷淡就算了，这位母亲还刻意要和儿子作对，处处唱反调。

新皇帝在举行登基大典之前，按照老规矩，得先给皇太后行礼，然后再升御太和殿，接受群臣的朝拜。

乌雅氏无心配合，故意拆台，拒不接受新皇帝的行礼。

《清世宗实录》记载有乌雅氏的推托之辞，她说："皇帝继承大统，当然要接受群臣的朝拜和祝福。但来向我行礼，实在没有必要，也跟我毫无关系。况且先帝刚刚驾崩，我不穿丧服而穿朝服来接受新皇帝行礼，实在心中不安，所以，向我行礼的事儿，拉倒吧。"（"皇帝诞膺大位，理应受贺。至于我行礼，有何关系？况先帝丧服中，即衣朝服，受皇帝行礼，我心实为不安。著免行礼。"）

雍正要给母亲上徽号"仁寿"，乌雅氏冷冰冰地拒绝，说："安葬先帝的大事正在举行，我心情沉痛，没时间考虑别的东西，只希望我的儿子可以体会先帝治国的心思，江山永保；众王公大臣可以体会先帝治国的心思，忠心爱国，那么苍生有赖，四海升平，我也大有光荣，远胜于接受什么尊号啊。"（"梓宫大事正在举行，凄切哀衷，何暇他及。但愿予子体先帝之心，永保令名。诸王大臣永体先帝之心，各抒忠悃，则兆民胥赖，海宇蒙休。予躬大有光荣，胜于受尊号远矣。"）

其实，清朝并没有先帝梓宫未葬入山陵皇太后不得上徽号的规定，乌雅氏这么闹，明显是不承认自己是皇太后，也即是不承认雍正是皇帝。

当然，不管乌雅氏要不要皇太后的徽号，她的实际身份就是皇太后。既是皇太后，就应该按照规定搬到慈宁宫或宁寿宫居住。乌雅氏为了向外人表达自己不愿意做皇太后，坚决不搬，一直住在当妃子时所住的东六宫之一的永和宫，直到病死。

乌雅氏的死也属于暴死。

《清世宗实录》记，乌雅氏在雍正元年（1723 年）五月二十三日末刻（下午一点到三点的时候）感到不适，第二天丑刻（凌晨一点到三点的样子）便挂了。

父亲、母亲都在相隔一年不到的时间内相继暴毙，这就无怪人们怀疑雍正有"弑杀君父"和"逼死母后"的嫌疑了。

还有，在曾静案中，雍正颁行《大义觉迷录》，专门为"夺嫡"之说辩解，说："若非亲承皇考付朕鸿基之遗诏，（其他人）安肯帖无一语，俯首臣伏？"其实，真实的情形正好相反，其他皇子根本不肯"帖无一语，俯首臣伏"，是他用非常手段进行摧残、打压、禁锢，才钳制住了群口。而且，他口口声声称有皇考遗诏，但始终没有示人，只是红口白牙、信口开河，根本没达到申"大义"以"觉迷"的目的，反而授人口实。所以，乾隆即位后，马上把《大义觉迷录》列为禁书，不许流传。

最让人容易产生联想的是，康熙死于畅春园，而雍正继位后，基本绝迹畅春园。且清朝实行的是子随父葬，雍正却拒绝跟康熙葬在一处，不顾祖制，另选陵址，在北京西郊的易州独自建起了陵寝。

话说回来，雍正身上虽然出现了一系列反常表现，但也不能因此断定他是夺嫡甚至篡位，但专家没能拿出令人信服的理由来解除这些疑点，就不应该单凭一份不知是出自康熙之手还是出自雍正之手的"康熙遗诏"草率下结论。

雍正到底有没有篡夺皇位

这个问题，目前只能寻找一个较为合理的答案，而不能保证这就是真实的答案。毕竟，历史的真相已经永沉史海，史学家和考古学家迄今都没能找出篡位有否的铁证。

对封建帝国而言，皇位的继承乃是帝国的根本大事，康熙号称"千古一帝""世之明君"，自然认识到此事的重要性。所以，嫡长子胤礽刚满周岁，康熙就参照汉族封建王朝的"嫡长制"，将之册立为皇太子。

不过，康熙儿子很多（共有三十五个），而他自己在位时间又很长（六十一年），在漫长的岁月里，皇太子胤礽就遭到了其他意欲染指储君大位的皇子的围攻。在寡不敌众的情况下，他只好铤而走险，准备快刀斩乱麻，通过搞宫廷政变来抢班夺权，把生米做成熟饭，让其他皇子死心。结果，惨遭废黜（两次），彻底与皇位无缘。

皇太子被废，储位虚悬，众皇子的明争暗斗更为残酷、激烈。

其中，锋芒已露的有皇长子胤褆、皇三子胤祉、皇四子胤禛、皇八子胤禩和皇十四子胤禵五人。

其余皇子如皇九子胤禟、皇十三子胤祥、皇十五子胤禑、皇十七子胤礼等等则以前面五人为老大，各自站队，分开阵营厮杀。

皇长子胤禔看到唯一的嫡子已被废，认为储位必属长子，得意忘形，向康熙提出诛杀胤礽，以绝后患。

康熙气恼胤禔没有骨肉手足情，痛斥其"不谙君臣大义，不念父子至情"，是"乱臣贼子"。

皇三子胤祉于是在此关键时刻，对胤禔发起致命一击，揭发他曾用巫术镇魇皇太子胤礽。

胤禔因此被革去郡王，幽禁。

嫡长子胤礽、皇长子胤禔被除，皇三子胤祉以为论序当是自己得立，哪料势力最大、对储位欲望最强烈的皇八子胤禩急吼吼地冒出头，将他压了下去。

皇八子胤禩气势太盛，咄咄逼人，康熙不喜欢。

康熙四十七年（1708年）十一月，康熙在京师畅春园搞了一次选举皇太子的"官意测验"，要满汉文武官员在诸皇子中举奏一人为皇太子。皇八子党群庞大，很多官员都书"八阿哥"三字于纸。

康熙大出意料，大骂这些官员，说他们"殊属可恨"。

皇八子胤禩看见皇父出尔反尔，不遵照"官意测验"结果立储，还斥骂自己的死党，杀气大盛。

康熙五十三年（1714年）十一月，康熙病重，皇八子胤禩挑衅似的给父亲进献了一只将毙之鹰，意存嘲弄。

康熙气得几乎说不出话，愤恨怒骂："自此，朕与胤禩，父子之恩绝矣！"

为了化解来自皇八子胤禩的危险气息，康熙五十七年（1718年），康熙任皇十四子胤禵为抚远大将军，授命西征。

康熙这么做，是鉴于胤禵和皇八子胤禩走得太近，因此调虎离山，削弱皇八子胤禩的实力，减轻京师的威胁，暂时消弭"兴兵逼位"的危险。

嫡长子胤礽之外，对储位虎视眈眈的五人已排除其四（皇长子胤禔、皇三子胤祉、皇八子胤禩、皇十四子胤禵），就只剩下皇四子胤禛了。

康熙虽然没有公开指定皇四子胤禛为储，但从种种迹象看来，皇四子雍亲王胤禛就是康熙心中的最佳继位人选。

康熙四十七年（1708 年），康熙第一次废黜皇太子胤礽，以皇长子胤禔为代表的好几个皇子都喜形于色，向康熙提议要斩除掉胤礽。胤禛以骨肉手足之情出面为胤礽保奏。康熙圣心大慰，连连称赞胤禛，说他"性量过人，深明大义""似此居心行事，洵是伟人"。

康熙重立胤礽，对几个成年的儿子一一作了点评，对胤禛评价极高。他说："四阿哥（胤禛）是朕亲自抚育长大的，他在幼年时心性不定，但极能体察朕的意思，爱朕之心殷勤恳切，可谓至纯至孝。"

康熙忌恨诸皇子拉帮结党，先后清除了皇太子党、皇长子党，但面对势力庞大、朝内外盘根错节的皇八子党，只能哀号说："此人党羽甚恶，阴险已极，即朕亦畏之。"当他得知胤禛的皇四子党有朝臣中大学士马齐等，还有封疆大吏中的川陕总督年羹尧等，非但没有气怒，反而多了几分欣喜，在第二次废储之后，将"眷注"集中于胤禛，多次予胤禛以重任：

一、康熙六十年（1721 年）正月康熙"御极"六十周年的纪念日，安排胤禛率皇十二子胤祹等人前往奉天祭永陵、福陵、昭陵。

二、同年三月，安排胤禛率大学士等磨勘会试中式卷，进行检查。

三、康熙六十一年（1722 年）十月，安排胤禛率诸大臣查勘仓库。

四、同年十一月初七，康熙患病，指定胤禛代行十五日冬至郊祀的祭天大礼。

……

康熙没有等到十一月十五日冬至到来，崩于十三日晚。

当日清晨，康熙自知大限已到，急召皇三子胤祉、皇七子胤祐、皇八子胤禩、皇九子胤禟、皇十子胤䄉、皇十二子胤祹、皇十三子胤祥共七个皇子和步军统领隆科多，宣布继位人选和继位事宜。

宣布完继位大事，康熙又命人到天坛斋所召回皇四子胤禛，改派镇国公吴尔占祭天。

胤禛从天坛赶到畅春园，短短一天里，被康熙帝召见了三次。

这个时候，皇长子胤禔被监守，次子即废太子胤礽被禁锢，五子胤祺因为冬至将临而被派往孝陵行祭礼，十四子胤禵正在西部领兵作战，而几位年幼的皇子十五子胤禑、十七胤礼、二十子胤祎跪在康熙帝寝宫外，没有聆听皇父谕旨。

当天晚上八点左右，康熙撒手尘寰。

即从康熙传位的过程来看，胤禛应该是属于正常继位。

但是，世人却对其继位产生种种猜疑。这，到底是什么原因呢？

俗话说，无风不起浪。

主要是胤禛自己有许多表现让人浮想联翩。

雍正登帝位后，反常且令人生疑的行为有很多。尽管，每一项反常且令人生疑的行为，他或爱护他的人，都有一套事出偶然而貌似合理的解释，但若把所有反常且令人生疑的行为堆砌在一起，则所有的偶然将不复存在，貌似合理的解释也变得异常苍白。

这，就是雍正篡位与否的争论至今仍喧腾不息的原因吧。

雍正为什么杀了他曾经的知己年羹尧

曾经，雍正对年羹尧的宠爱，远胜过热恋中的男女。

雍正在年羹尧所上的奏折上是如此肉麻地写朱批说："从来君臣之遇合私意相得者有之，但未必得如我二人之人耳，总之，我二人做个千古君臣知遇榜样，令天下后世钦慕流诞就是矣。"

雍正在登帝位后的前两年，对年羹尧恩宠有加。

且看，雍正元年（1723年）五月，雍正就让年羹尧总揽西部一切事务，严令云、贵、川的地方官员"俱照年羹尧办理"。

清朝边陲重臣是不能直接参与朝政的，雍正却很傲娇地给予了年羹尧直接参与朝政的权力，有事没事地向年羹尧征求意见。

山西巡抚诺岷向雍正奏请实行耗羡归公政策，雍正不顾山长水远，发谕年羹尧，发娇发嗲地问："此事朕不洞彻，难定是非，和你商量。你意如何？"

其他诸如官员的任免和人事安排等等，雍正一概亲亲热热地向年羹尧征询意见。

某次，雍正想将陕西官员调往他省升用，因为陕西是"小情郎"年羹尧的地盘，雍正问年羹尧"你舍得舍不得"，全然一种情人间撒娇的语气。

可以说，在那段时间里，雍正对年羹尧几乎达到了情炽若火、你侬我侬、密不可分的地步。

雍正元年，年羹尧接任抚远大将军，奉命平青海罗卜藏丹津叛乱。雍正写朱批给年羹尧，其中竟然有这样让人耳热心跳的字眼："你此番心行，朕实不知如何疼你。"

雍正二年（1724年），年羹尧平叛获胜。雍正一点也不掩饰自己的情感，高调无限就说，朕能拥有年羹尧这样的人真是天大的幸运，如果朕有十来个像年羹尧这样的人，就不愁治理不好国家了。

雍正甚至在朝廷上公开发话："不但朕心倚眷嘉奖，朕世世子孙及天下臣民当共倾心感悦。若稍有负心，便非朕之子孙也；稍有异心，便非我朝臣民也。"

雍正二年（1724年）冬，雍正宣年羹尧入京觐见，在给年羹尧奏折的朱批中称"朕亦甚想你，亦有些朝事和你商量"。

……

雍正就是这样毫无保留地宠爱着年羹尧。

而沉溺在"小爱河"里的年羹尧却迷失了自我，恃宠生娇，威权自恣，目无君长。

汪景祺《西征随笔》记，年羹尧在西北以"宇宙第一伟人"自居，仪制严重僭越。

雍正召年羹尧入京觐见，年羹尧架子端得很大，喝令总督、巡抚沿途跪接。到了雍正帝面前，也是"御前箕坐，无人臣礼"，很拿自己当回事儿。

这么一来，雍正很受伤。

试想想，雍正口口声声要和年羹尧一起携手建立千古君臣典范，不惜搔首弄姿，无数次秀恩爱。到头来，却发现自己是"剃头担子一头热"，年羹尧并没有做出过应有的付出和配合。

而因为太过宠爱年羹尧，朝野也流传起"皇帝多是听从于年羹尧"的言论。

雍正因爱生嗔，恼羞成怒，驳斥说："夫朕岂幼冲之君，必待年羹尧为之指点？"

年羹尧离京返任后，雍正开始冷静地审视自己对年羹尧的这份感情，下批文婉转警告年羹尧要慎重自持，善始善终。

年羹尧神经大条，丝毫没有觉察到雍正对自己态度的变化。根据萧奭所著《永宪录》记载：年羹尧回到西北，重用游方术士，大搞图谶一类迷信活动，自称住房上空凝聚有王气，又说自己出生时满室红光，属帝王之兆。还沾沾自喜地认为自己据有川陕两省，尽占长江上游的便利，计划在雍正四年（1726年）三月初一举兵起事。

俗话说，情人眼里出西施。之前雍正对年羹尧好，则无论年羹尧要做什么，他都打心眼儿里喜欢。现在雍正对年羹尧的感情已变，即热血已冷，心肠发硬，怎么看年羹尧怎么别扭。听说年羹尧要造反，立刻翻脸。

雍正三年（1725年）三月，雍正突然发难，借口年羹尧对自己"不敬"，闪电式地更换了四川和陕西的官员，翦其翼羽。然后撸掉年羹尧川陕总督职，调任杭州将军。

《清代轶闻》记，年羹尧兵权被夺，"当时其幕客有劝其叛者，年默然久之，夜观天象，浩然长叹曰：不谐矣"。

年羹尧在赴杭州将军任的途中，尚心存侥幸，指使西安府咸宁县令朱炯收买鼓动军民，请求为自己保留川陕总督之职。

雍正暴跳如雷，一纸诏令，命人捕拿年羹尧押送北京会审。

雍正三年年底，朝廷议政大臣在雍正的授意下，给年羹尧开列出了九十二款大罪，判处死刑。

雍正假惺惺地"法外开恩"，赐年狱中自裁，其父兄族中任官者俱革职，嫡亲子孙发遣边地充军，家产抄没入官。

最后补一句，很多人都说，年羹尧是雍正篡位功臣之一，之所以被杀，是雍正要杀人灭口。雍正有没有篡位，至今仍是个谜，但年羹尧被杀，原因应该不是这个。试想想，雍正在登位后的前两年，爱年羹尧是这样真、这样切，高调无限地向全国人民宣称要做模范君臣。如果是一开始就有了杀意，这也太能装了吧?! 而且，杀年羹尧本身已经是重重打脸了，就算再能装，打脸也不能把自己打得太痛吧?!

岳飞后裔被皇帝称为"三朝武臣巨擘"

岳飞不但武功盖世，而且通晓兵法，为百年罕遇的良将，曾大破金兵于蔡州、陈州、颍州、郑州、西京、嵩州、许州、孟州、卫州、怀州、郾城等地，并在顺昌、郾城大战中摧毁了金人的"拐子马""铁浮图"，威慑敌胆。

金国四太子兀术悲呼："岳少保以五百骑破吾五十万众！""撼山易，撼岳家军难！"

然而，绍兴十一年（1141年）十二月二十九日，岳飞、岳云父子和部将张宪却被赵构、秦桧以"莫须有"的谋反罪名杀害，成了中华民族心头永远的痛。

岳飞、岳云父子遇难后，次子岳雷、三子岳霖随同母亲李氏夫人被发配流放岭南；时居九江庐山下沙河家中的四子岳震、五子岳霆则在家仆的保护下过长江，改姓鄂，潜于黄梅大河之滨，后迁聂家大湾。

岳家的传承，主要在岳雷、岳霖这边。

岳雷这一脉传下的岳氏后人在历史上声名藉藉；岳霖这一脉却代有杰出人物出现。

岳飞冤案昭雪后，岳霖知钦州（属广西），曾得宋孝宗召见。

宋孝宗拉着岳霖的手说："卿家纪律，用兵之法，张浚、韩世忠远不及。卿家冤枉，朕悉知之。"

岳霖道出江西，江西父老率其子弟来迎，纷纷流涕泪说："不图今日复见相公！"

岳霖立志收集父亲的文稿，上疏请求归还高宗当年所赐御札、手诏，以进行全面增删和考订。

文稿未成，岳霖重病不治，只能将大任托付于三子岳珂。他对岳珂说："子能成吾志，雪尔祖之冤，吾死瞑目矣！"

岳珂秉承父志，在嘉兴金佗坊编撰成《金佗粹编》二十八卷和《金佗续编》三十卷，该二书成为研究岳飞和南宋历史的重要著述。

岳珂这一支，世称金佗支，主要以诗、文、书、画传家。

将岳飞的武略传承下来的是岳霖长子岳琮这一支。

岳琮这一支由江苏宜兴陈渡迁到甘肃庄浪永秦堡，后称永泰世系。

岳飞十六世孙岳大舟在明万历年间先任广西漓江卫指挥，后进驻甘肃临洮。

明万历二十六年（1598年）岳大舟之子岳仲武赠荣禄大夫，传十八世孙岳文魁赠少保三等。

岳飞十九世孙岳镇邦很牛，任清代左都督绍兴总兵。

岳镇邦牛，他的儿孙更牛。

岳镇邦的长子岳升龙曾任四川提督，后转任山东省总兵，康熙五十一年（1712年）病逝，得朝廷追谥"敏肃"。

岳镇邦的次子岳超龙曾任湖南提督，雍正十年（1732年）病卒。其子岳钟璜亦任提督。

岳飞后裔中，战功最著，几可追及岳飞的是岳升龙之子岳钟琪。

岳钟琪出身于将门之家，"生而骈胁，目炯炯四射，魁奇沉雄，寡言笑"。

岳钟琪自幼勤学好武，"十余岁博涉群籍，经史之外，说剑论兵，旁及天文地理"；与儿童嬉戏，常"布石作方圆阵，进退群儿"。长大后投军，临阵挟二铜锤，重百余斤，多智略，御众卒严、共甘苦。

康熙五十八年（1719年），准噶尔部策旺阿拉布坦作乱，康熙令十四皇子胤禵为大将军，噶尔弼为定西将军，岳钟琪为先锋，进行征讨。

三十三岁的岳钟琪，逢山开路，遇水搭桥，英姿勃发，锋芒毕露，锉敌如破竹，锐不可当。

岳钟琪曾仅带六百人就抚定里塘、巴塘的反叛，杀散叛乱分子三千余人，威慑敌胆，其他反叛各部相继献户籍，请求归降。

其后，岳钟琪带四千人疾奔昌都。

彼时，叛军已调集部队扼守三巴桥，截断了官军西进的路线。昌都距叛军驻地尚有六百余里，叛军若毁坏了三巴桥，则难于飞越怒江天险。

面对这种险峻的敌情，如若向千里之外的上级请示，势必贻误战机；如若挥军急进，又违反军令。

权衡再三，岳钟琪决定"宜乘敌未集而先制之"，令三十名士兵抄小道持檄昼夜兼程，以迅雷不及掩耳之势抵达叛军首领驻地——洛隆，出密檄示地方官，晓以利害，令协助缉捕噶尔等人。

当夜，岳钟琪率军挺进，擒杀数人，招抚六部数万户，打通了直达拉里的通路，为后续大部队进军铺平了道路。

平叛凯旋，岳钟琪授左都督，四川都督，赐孔雀翎。

雍正元年（1723年），青海蒙古族和硕部罗卜藏丹津发动叛乱，企图分裂青海和河西走廊的部分领土。

岳钟琪临危受命，出抚青海。

在这次平叛中，岳钟琪利用敌人分散的特点，率领精锐骑兵，"一昼夜驰三百里，不见虏乃还，出师十五日，斩八万级"。

出师仅十五天，就收复了被叛军占领的青海地区六七十万平方公里的全部领土，称得上中国战史上最有名的战役之一。

青海事平，雍正授岳钟琪三等公，赐黄带及御制五言律诗二首，其中有"智勇原无敌，忠诚实可风"之句。

雍正三年（1725年）四月，年羹尧被解兵权，雍正命岳钟琪署川陕总督，尽护诸军。

同年，岳钟琪领"宁远大将军"印，平定了准噶尔部勾结沙俄发动的叛乱。

雍正五年（1727年），岳钟琪再领"宁远大将军"印，平定了蒙古噶尔丹策零在沙俄支持下发动的叛乱。

岳钟琪镇守边关，可谓定乱丰功，威名远扬。

清王朝建立后，内外大臣多系满族人担任。而岳钟琪以军功先后任川陕总督、甘肃提督及甘肃巡抚，以汉人承当川、陕、甘三省军政大权，自然树大招风。

雍正五年二月，有一个寄居四川的湖广人卢宗汉突然在成都大街上高呼："从岳公爷造反！""岳公爷带领川陕兵马造反！"

卢宗汉的惊人之举把岳钟琪吓得魂飞魄散，他赶紧命人捉拿卢宗汉"严鞫"，并迅即以"因私事造蜚语无主使者"斩杀，上报雍正。

岳钟琪草率斩杀卢宗汉未免有杀人灭口之嫌，等他省悟过来，已经为时已晚，只得诚惶诚恐地上疏引咎辞职。

雍正内虽忌恶，却外示宽厚，谕旨安慰说："数年以来，谗钟琪者不止谤书一箧，甚且谓钟琪为岳飞后裔，欲报宋、金之仇。钟琪懋著勋著，朕故任以要地，付之重兵，川陕军民尊君亲上，众共闻之。"

雍正六年（1728年），靖州秀才曾静派遣徒弟张熙授书岳钟琪，劝其效仿远祖岳飞，举兵反清。

这一次岳钟琪学乖了，他把张熙直接押送京师，由雍正帝发落。

由此，掀起了一场惊天文字大狱，曾静、张熙等共一百二十三名反清儒生人头落地，连入土半个多世纪的大思想家吕留良也被剖棺戮尸！

岳钟琪以汉族反清志士的淋漓鲜血终于换来了雍正帝的表彰。

但是，随着各地叛乱的大定，生产的恢复发展，"狡兔"已死，"烹犬"的时机渐渐成熟。

雍正九年（1731年），雍正借口岳钟琪进击准噶尔部不力，以"误国负恩"加以免官拘禁。

雍正十二年（1734年），在没有找到岳钟琪其他叛逆罪行的情况下，岳钟琪被议罪"斩立决"。也许是觉得事情做得太急，在岳钟琪即将成为第二个冤死于"莫须有"罪名的岳飞时，雍正"法外施恩"，改了"斩监候"。

雍正十三年（1735年），雍正帝意外猝死，乾隆继位。

过了两年，即乾隆二年（1737年），五十一岁的岳钟琪在经历了五年的牢狱监禁后，终于得释，免官为民。

不久，四川大小金川等地叛乱再起，雍正帝在位时安插的大将军广泗等久战无功。

没有办法，乾隆十三年（1748 年），乾隆帝只好起用已经做了十年平民的往昔名将岳钟琪，授其总兵衔，召其至军中，改授四川提督，赐孔雀翎。

已经六十二岁的岳钟琪回到了军中，先以三万五千人破敌，示敌以威；又以惊人的胆略，亲带十三骑入敌巢，迫降敌酋。

旷日持久的大金川战事由此平息。

乾隆喜出望外，加封岳钟琪太子少保，赏还三等公爵位，赐号"威信"。

乾隆还为岳钟琪赐诗褒奖，称赞说："剑佩归朝矍铄翁，番巢单骑志何雄。"

乾隆十五年（1750 年），时年六十四岁的岳钟琪出康定平定了西藏珠尔墨特之乱。

乾隆十七年（1752 年），岳钟琪又遣兵讨擒杂谷土司苍旺之乱。

乾隆十九年（1754 年），重庆陈琨倡乱，岳钟琪抱病亲往捕治。

二月二十八日，岳钟琪死于军中，葬于成都，时年六十八岁。

乾隆皇帝手谕褒勉，赐祭葬，谥"襄勤"，位列大清五功臣。

终清之世，汉族大臣拜大将军，满洲士卒隶麾下受节制，唯岳钟琪一人而已。

乾隆皇帝给予了这位劳心劳力的朝廷鹰犬最高的评定："三朝武臣巨擘"。

 雍正与宋仁宗比"仁义"

公元 1063 年农历三月，一个噩耗从宫中传出：在位四十一年的宋仁宗驾崩。

开封街头的一个小乞丐，先是愣了一愣，接着情难自制，放声大哭，踉踉跄跄就往皇宫跑。

而宫门外早已人山人海，男的、女的、老的、少的，有卖瓜果的小贩、有脚夫、有文士、有和尚……全哭成了泪人，很多人披着白麻，烧着纸钱，给皇帝"送别"。

第二天，市民们自动停市哀悼，焚烧纸钱的烟雾飘满了京城上空，以致天日无光。

一个叫周长孺的官员出差在四川一带，看见山沟里打水的妇女们也头戴纸糊的孝帽哀悼皇帝驾崩。

甚至，邻国的契丹皇帝听了宋国使者的讣告，也瞬间泪崩，一个劲地握着使者的手："我不信我不信！他老人家怎么就过世了？"

哭过之后，红着眼圈，说："我要给他建一个衣冠冢，寄托哀思。"

宋仁宗没有秦皇汉武、唐宗宋祖的赫赫武功，但却以自己个人的独特魅力征服了天下人，包括曾经的敌国契丹。

施行"仁政"，一直是中国传统政治的最高理想，宋仁宗之前，中国没有一个帝王被冠之以"仁"字之称。

宋仁宗之后，元、明、清三朝虽然也有庙号为"仁宗"，但都不能与宋仁宗相提并论。

人们都说，"仁宗虽百事不会，却会做官家（皇帝）"。

百事不会，只会做皇帝，这是一种什么样的境界呢？

《东轩笔录》记，有一次，宋仁宗外出，一路不停地回头张望，大家都不知道他想要干什么。回到宫中，宋仁宗迫不及待地对嫔妃说道："朕渴坏了，快倒热水来。"嫔妃大为诧异，说："即使在外面也可以吩咐随从伺候饮水，为什么要忍着渴回到宫里索水呢？"宋仁宗说："朕屡屡回头，都没有看见他们准备有水壶，如果问的话，肯定有人要被处罚了，所以就忍着口渴回来再喝水了。"如此关心体贴下人，时时替下人着想，算是皇帝队伍里的独一份。

《北窗炙录》则记，某天深夜，宋仁宗在宫中处理完政事，正要作息，却听到从很远的地方传来丝竹歌笑之声，随口问了一句宫人："此何处作乐？"宫人回答："此民间酒楼作乐处。皇上您听，外面民间是如此快活，哪似我们宫中如此冷冷落落也。"宋仁宗笑答："你知道吗？正因我宫中如此冷落，外面人民才会如此快乐，如果我宫中像外面如此快乐，那么民间就会冷冷落落了。"什么是以民为本？这就是以民为本。什么叫"先天下之忧而忧，后天下之乐而乐"？这就是"先天下之忧而忧，后天下之乐而乐"。

苏轼的弟弟苏辙在进士考试中大论皇帝的政治得失，在考卷中写："我听路人说，宫中美女数以千计，皇上既不关心老百姓的疾苦，又不跟大臣商量治国安邦大计，终日沉湎在歌舞饮酒里，纸醉金迷。"苏辙的言论完全是捕风捉影，空穴来风，与事实完全不符，属于"谤君"。考官要治苏辙的罪，将此事上报宋仁宗。宋仁宗大手一摆，说："朕设立科考，就是要录取敢言之士。苏辙一个书生，敢于如此直言，应该特予功名。"苏辙于是顺利考上了进士。

《曲洧旧闻》记，成都一个老秀才作诗句为："把断剑门烧栈阁，成都别是一乾坤。"俨然是劝人效仿刘备割据四川闹独立。有人将此事上报给宋仁宗，宋仁宗淡然一笑，说："这个老秀才，他不过是想做官，做官不成写反诗泄愤，想做官就给他吧。"老秀才竟因此成了万户参军。

正因为宋仁宗思想开明，政治宽松，所以朝廷贤良之士济济一堂，国家搞得繁荣富足。

当朝理学家程颐也因此放话说"我要和皇上共治天下"。

从封建皇权制度来说，天下属于天子一人，您要和天子共治天下，那是相当于把天下也视为自己的了，属于大逆不道。

但宋仁宗却嘉许程颐的说法，认为应该由天下人来共治天下。

宋仁宗的故事讲到这里，不由自主地想到清朝仁宗的爷爷——清世宗雍正皇帝。

雍正皇帝是绝对不允许宋仁宗和程颐的思想存在的。

这有血淋淋的事实为鉴。

某次，雍正观看戏班演出绣襦院本《郑儋打子》，扮演郑儋的是南京名丑刘淮，演技高超，唱工也非常好。

雍正看得十分开心，待戏演完了，传旨赏赐演员用饭。

由于剧中郑儋的官职为常州刺史，刘淮在吃饭时，顺便问了一句："我朝现任常州知府姓甚名谁？"

雍正皇帝一听，惕然起警，一摔筷子，怒骂道："你不过是一个戏子贱人，竟敢擅自探听政府之事！这种风气万万不能滋长！"传旨将刘淮立毙杖下。

可怜的刘淮，只因一句无心闲话就招致杀身之祸。

都说，历史是向前发展的，由落后走向先进，由野蛮走向文明。

但是，从宋朝到清朝，中国政治制度似乎是在开倒车。

 ## 雍正炼丹致死之谜

清朝是中国古代历史上谜案最多的王朝。

似乎，清朝皇宫在近三百年的时间里，永远笼罩着迷山雾海，难见天日。

举个例子，大清朝十二帝，能死得明白的就没几个。

开国皇帝努尔哈赤，史书上记载是死于背疽，但民间一直盛传是被袁崇焕用大炮轰死的。

清太宗皇太极身材雄健硬朗，却在五十一岁的年纪毫无征兆地骤然而逝，让人讶异。有人猜测，皇太极其实是多尔衮与庄妃合谋害死的；也有人说皇太极是死于情殇——因心伤爱妃海兰珠早逝，魂追于九泉之下。

至于清世祖顺治帝死亡之谜就更加扑朔迷离了。有死于天花之说；有情殇于董鄂妃早逝之说；有遁入山林之说；有在福建被郑成功炮轰升天之说。

清圣祖康熙帝，官方说法是自然死亡；但世人却怀疑其是死于雍正之手，很惨。

……

雍正的死也非常突然，多年后，曾因雍正去世当晚被风风火火召至圆明园的辅政大臣兼大学士张廷玉和鄂尔泰回忆时，频用"惊骇"二字来表达当时的意外。

外界传说，雍正之死，死于女侠吕四娘的刺杀。

该传说有鼻子有眼，甚至有人还言之凿凿地说，雍正的脑袋已经被吕四娘提走，雍正陵寝里埋的，只有雍正的身子，脑袋部分，是用黄金铸成的假头。

但从雍正去世后乾隆接连发布的两道上谕来分析，雍正很可能是死于丹药中毒。

第一道上谕，乾隆要求太监不许妄议国家大事，所谓"凡国家政事，关系重大，不许闻风，妄行传说"，若有违反，"定行正法"，绝不留情。

这道上谕是要太监封口，不许走漏宫中任何讯息。

第二道谕旨，驱逐养在宫中的道士，云："皇考万岁余暇，闻外界有炉火修炼之说，圣心深知其非。聊欲试观其术，以为游戏消闲之具，因将张太虚、王定乾等数人，置于西苑空闲之地。圣心视之，如俳优人等耳，未曾听其一言，未曾用其一药，且深知其为市井无赖之徒，最好造言生事，皇考向朕与和亲王面谕者屡矣。今朕将伊等驱出，各回本籍。"对这些逐出宫中的道士，乾隆帝同样威吓说："伊等平时不安本分，狂妄乖张，惑世欺民，有干法纪，久为皇考之所洞鉴，兹从宽驱逐，乃再造之恩，若伊等因内廷行走数年，捏称在大行皇帝御前一言一字，以及在外招摇煽惑，断无不败露之理，一经访闻，定严行拿究，立即正法，决不宽恕。"

乾隆口口声声称父亲雍正视张太虚、王定乾等道人如俳优人等，"未曾听其一言，未曾用其一药"，但雍正对求仙问药的渴望，早已不是秘密的秘密了。

相关史料记载，在雍正还是雍亲王的时候，就留意寻找世外高人，索求长生不老药了。

康熙五十五年（1716 年）秋，雍亲王门下人戴铎到福建赴任，给雍亲王写信报平安，同时也写了一些路上见闻，其中有提到，路经武夷山时，遇上了一个疯疯癫癫的牛鼻子道士。

戴铎写这个牛鼻子道士，只是将之当作一个旅途小插曲，并没有深层意思。

可是，言者无意，读者有心。

雍亲王马上提笔回信戴铎，说："你得遇如此等人，你好造化!"极力要求戴铎重回武夷山寻找该道士，荐入雍王府。

可是，一个疯癫道士，不过是路途偶遇，人海茫茫，哪里寻得？

雍亲王即位后，求仙问药之意更炽，不断公开要求手下心腹替自己在地方寻访道行高深的道士。

陕西总督岳钟琪于雍正七年（1729 年）就接到雍正帝要他查询终南山修行之士鹿皮仙（又名狗皮仙）的谕令。

鹿皮仙招摇一时，很容易找。

岳钟琪将之唤至官署，细细盘问，然后将结果详细禀复给雍正，指称鹿皮仙目无光彩，齿落神昏，又兼语无伦次，状类疯魔，不似有道之士。

雍正帝大失所望。

雍正八年（1730 年），雍正帝听说四川有善养生、精医术、有"龚仙人"之称的龚伦，又谕令四川巡抚宪德替自己前往查访。

雍正远在京城，对于民间的传言并不很清楚，实际上，"龚仙人"龚伦早在雍正六年就病死了，宪德当然没法访问，据实回报。

雍正读到报告，眼珠子差点没掉到地上。

两个月之后，不死心的雍正帝分下特谕给浙江总督李卫、河南总督田文镜、云南总督鄂尔泰、署川陕总督查郎阿并陕西巡抚武格、山西巡抚觉罗石麟和福建巡抚赵国麟等人，要他们留心访问深达修养性命的道士。

浙江总督李卫一下子就想到了河南禹州的贾文儒是个奇人，马上回奏雍正，说："河南禹州的贾文儒应该就是陛下说的修养性命之士，可以让河南督臣田文镜前去探访。"

真是踏破铁鞋无觅处，得来全不费功夫!

雍正帝喜出望外，下旨催河南总督田文镜："禹州的贾文儒乃是世外高人，你速将他密送到京。钦此。"

田文镜回奏说："禹州贾文儒的确系世外高人，曾大显预测之术，人称'贾神仙'。陛下既要见他，我这就派人护送他上京。启程的日子是七月十五日，只恐雨后泥泞，估计要走十五日方可到京。"

雍正帝于是盼星星，盼月亮，盼着贾文儒早日来到自己的身边。

可是，八月初二，贾文儒如期抵京，雍正帝见后却大为沮丧。

原来，这个贾文儒，算是老熟人了。

一年前，贾文儒的名字不叫贾文儒，叫贾士芳，居住在北京白云观，大肆宣扬"心性之学"，很是蛊惑了一些人。

怡亲王就是被蛊惑了的人，他认为贾士芳是个奇能异士，郑重将之推荐给了雍正帝。

贾士芳不明就里，以为雍正是对自己的"心性之学"有兴趣，彻夜备课。

哪料，雍正帝对"心性之学"并无丝毫兴趣，所关心的是丹药炼制、长生不老之事。

所以，两人的对话是驴唇不对马嘴，不欢而散。

可笑的是，贾士芳换了个"贾文儒"的名字，竟然有胆重新出现在雍正面前，下场肯定不会好到哪儿去。

果然，一个多月后，雍正就胡乱找了一个由头，命人正法掉了贾士芳。

杀贾士芳，雍正帝有些心虚，患上了妄想症，怀疑贾士芳的鬼魂会找自己报仇，寝食难安。

有人及时推荐了龙虎山的正一派法师娄近垣入宫画符礼斗，雍正帝这才慢慢定下神来。

娄近垣也因此成了雍正的红人，被御封为北京皇家道观大光明殿的开山宗师。

而雍正对丹药的追求也终于惊动了张太虚、王定乾等炼药高手。

张太虚、王定乾等人入宫，各显身手，大炼丹药。

雍正服了新炼出来的丹药，自认为神清气爽、身轻如燕，欣喜之余，提笔写了一首题为《炼丹》的诗：

铅砂和药物，松柏绕云坛。

炉运阴阳火，功兼内外丹。

雍正还特意将这些珍贵的丹药赐给自己的心腹重臣，如鄂尔泰、田文镜等辈。

鄂尔泰得药后，自称服用一个月后"大有功效"。

雍正于是和他分享服药心得，说："此方实佳，若于此药相对，朕又添一重宽念矣。仍于秋石兼用作引，不尤当乎？"

雍正赐丹药给田文镜时，说自己正在服用这些丹药，没有间断，并解释，常服并非治疗某种疾病，专用作弥补元气。人们服丹药，总有所顾忌，怕与身体不投，雍正强调，"此丹修合精工，奏效殊异，放胆服之，莫稍怀疑，乃有益无损良药也。朕知之最确"。

乾隆说父亲视张太虚、王定乾等道人如俳优人等，"未曾听其一言，未曾用其一药"，实在是假得不能再假，而雍正的死因，也是欲盖弥彰。

 ## 最勤政的雍正却丢了贝加尔湖

清朝诸帝中，最受人们推崇的是康熙、雍正爷俩。

尤其是雍正，有二月河《雍正王朝》的造势，近年来，更是好评如潮，被赞誉为中国历史上最勤奋的皇帝。

雍正有多勤奋呢？

有人专门进行统计，得出结果是：雍正平均每天批阅十件奏折，处理四十件题本。

据说，目前存档的雍正朝奏折有四万一千六百余件，其中汉文三万五千余件，满文六千六百余件，六部及各省题本十九万二千余件。如此海量批件，雍正不但一一过目，还件件写上朱批，有的朱批多达几千字！

从这一点来说，雍正还真是一个劳模。

而且，人们惊奇地发现，雍正不但处理各种军国政务，对老百姓的生活，社会各业，事无巨细，都会上心过问。

所以，有人就把"朝乾夕惕，宵衣旰食，夙不夜寐，夜以继日"之类的溢美之词加在雍正身上。

据说，雍正继位时，国库是亏空了八百万两白银的，但经过其拼死拼活的十三年时间的劳累，到了雍正末年，国库盈余八千万两白银！

所以说，雍正不光是勤政，还非常有能力，奋发有为。

可是，也许很多人并不知道，我国最大、最美丽的淡水湖，就是在这个勤政有为的劳模手中丧失的。

说起来，这个淡水湖，是世界上最大的淡水湖，也是世界第一深湖！其湖长六百三十六公里，平均宽四十八公里，面积为三万一千五百平方公里。

因为面积太大，一眼望不到边际，我国古籍冠之以海名，有北海、柏海、小海、菊海等称呼。

海水是咸的，这个湖的湖水是淡水，人们后来意识到它只是一个湖，才慢慢改称为柏海儿湖、白哈尔湖等，到了近代，定名为了贝加尔湖。

贝加尔湖总容积二十三万六千亿立方米，相当于北美洲五大湖水量的总和，超过整个波罗的海的水量，其净水绝对储量占全世界淡水储量的百分之二十，足够全世界人饮用半个世纪。

最妙的是湖中有二十七个小岛，因未受第四纪冰川覆盖，湖中仍保留着第三纪的淡水动物，著名的有贝加尔海豹、凹目白鲑、奥木尔鱼、鲨鱼等。

湖岸地区遍布矿藏，现已探明储量的地下矿产资源种类超七百种，其中已建起的金矿有二百四十七座、钨矿七座、铀矿十三座、共生金属矿四座、钼矿和铍矿各两座，还有数不清的褐煤矿和烟煤矿，以及磷灰石、磷钙石、石墨和沸石矿。

我们的祖先，很早就在贝加尔湖以东的滨海地区生活，在史书记载中，他们的名字叫"肃慎"，是公元前11世纪臣服于周朝的少数民族。

公元前3世纪左右，中国黄河流域产生和发展的商文化扩展到外贝加尔湖地区、叶尼塞河流域，至今，考古学者还在阿巴干城和乌兰乌德城附近发现了中国汉代的宫殿建筑和城市遗址，并出土有上刻"天子千秋、常乐未央"字样的瓦当。

公元1世纪以后，外贝加尔先后活跃着鲜卑、高车、铁勒等部。汉朝时期南匈奴立庭于今鄂尔浑河西岸喀喇巴尔嘎逊地方，上书汉廷自请"世世保塞"。即南匈奴统治下的包括贝加尔湖地区在内的北方领土是汉王朝的属地。

到了7世纪，中国唐朝政府正式在贝加尔湖以东地区设置了行政机构，以后的辽、金、元、明都控制和管辖着贝加尔湖以东直抵滨海地区。

实际上，有明一代，明朝统治者就是把西至贝加尔湖、东至大海的广大地区交由中国东北地区的女真人打理的。

可是，女真人入关后，贝加尔湖就丢失了。

1643年，叶尼塞河区的哥萨克库尔巴特伊万诺夫来到贝加尔湖地区，1653年，由彼得·别克托夫领导的哥萨克分队在印戈达和赤塔河交汇处附近建立了贝加尔地区的第一座军事堡垒，1666年，在乌达河岸边建立木结构军事堡垒上乌丁斯克。

俄国人在一点点蚕食中国的领土。

这可不行！

为了解决中俄边界争端，1688年，中俄双方在雅克萨干了一仗，双方停战后在尼布楚展开和谈。

和谈中，清政府代表曾提出以勒拿河至北冰洋为界的第一方案，继而让步提出第二方案，即以外兴安岭的北支（诺斯山）直至亚洲大陆最东北的没入大海深处的诺斯海岬（即楚科奇半岛）为界。

可惜的是，因为谈判的清朝代表的能力问题以及要平叛准噶尔的叛乱等原因，被迫放弃了第二方案和这几百万平方公里的土地。最后划定了中俄东段边界——以额尔古纳河至外兴安岭至乌第河为界，即明确了黑龙江和乌苏里江流域包括库页岛在内的广大地区是中国领土。但中俄中段边界没能达成协议，待定。

由于属"待定"状态，俄国便钻协议的空子，继续从中段边界蚕食中国领土，侵占了贝加尔湖以西和唐努乌梁海以北伊聂谢河上游地区大片中国领土。

清廷多次与俄国沙皇政府交涉，要求双方早日划定边界及解决与此有关的问题，沙皇政府置若罔闻。

清雍正二年，即 1724 年，清政府单方面停止了中俄贸易，致使俄国庞大的商队蒙受了重大损失。

为此，沙俄政府不得不于该年派出谈判代表赴中国谈判。

在谈判过程中，俄国使团却表现得极其硬气，不时配以武力相威胁。

勤政有为帝雍正生怕得罪沙俄人，步步退让。先是在雍正五年签订了《布连斯奇界约》，接着又在雍正六年签订了《恰克图条约》，规定了中、俄两国以萨彦岭为界，立鄂博为界碑，由此，贝加尔湖之南及西南约十万平方公里国土正式丧失，再也回不来了。

人们普遍认为，在明朝以前，中国的文化、经济一直走在世界前列；中国的积贫积弱始于清朝，但清朝并非在三百年时间里都国力疲弱、国穷思困，至少，康、雍两朝在史上有"康雍盛世"之称，但中国最大、最富饶的淡水湖就是在这个难得的盛世中丢失的，让人痛心不已。

第六章 乾隆大帝

 乾隆把亲生女儿下嫁给了孔子后裔吗

2010 年 1 月 14 日，史诗电影《孔子》北京首映发布会上，饰演孔子的著名演员周润发在现场两千名观众的注视下，毕恭毕敬地跪倒在一个年过九旬的老妇人轮椅下。这个老妇人对周润发说："你辛苦了。谢谢你弘扬了孔子的精神。"然后赠送了周润发一幅她亲笔题写着"永远的孔子"五字的横幅。

这个老妇人是孔子嫡系后裔、第七十六代衍圣公（衍圣公是历代封建王朝赐给孔子在世后裔的世袭封号）孔令贻之女孔德懋女士。

孔德懋女士是一个无党派民主人士，全国唯一一位终身制全国政协委员，现任中国孔子基金会副会长、中国和平统一促进会理事等职务。

在二十世纪八十年代，孔德懋女士为继承中华孔子文化事业，弘扬儒家仁、义、礼、智、信思想，曾写回忆录——《孔府内宅轶事》，该书记述了许多孔府内幕，算得上是研究孔府的最为权威资料。

有意思的是，书的第一章《天下第一家》中写了一个"公主下嫁孔府"的故事：

乾隆皇帝有个女儿，是孝圣贤皇后所生，两人对她十分钟爱。这位公主脸上有个黑痣，据相术说这个黑痣主灾，破灾的唯一办法是将公主嫁给比王公大臣更显贵的人家，这就只有远嫁孔府了。因为只有衍圣公可以在皇宫的御道上和皇帝并行；皇帝到曲阜时，也要向衍圣公的祖先——孔子行三跪九叩大礼，这都是别的王公贵族所没有的荣耀。因此，乾隆第一次到孔府时，就说定将女儿下嫁孔府。但满汉不能通婚，为了避开这个族规，乾隆便将女儿寄养在中堂大人于敏中的家中，然后又以于家闺秀的名义嫁给第七十二代衍圣公孔宪培，孔府的后人称她为于夫人。

《孔府内宅轶事》还说：孔宪培的名字是乾隆赐给的，于乾隆三十七年（1772年）十二月和公主结婚。结婚前，从京城到曲阜，百官运送嫁妆每日不停，整整运了三个月。

结婚时，孔宪培亲自入京迎娶，乾隆召见并赏赐大批礼物。公主所寄养的于敏中全家也随同迁往孔府居住，从此孔府里就有了这户外姓亲戚。按照孔府家规，衍圣公的兄弟都不能住在孔府，成年后要搬到外面的十二府中去居住。而独有这外姓人家于家有此特权，那便是因公主下嫁的缘故。

当时，文武百官都有厚礼相送。有一府台，只送了一把小金斧。乾隆问起来，他说，以后留着给御外孙砸核桃吃。乾隆听了很高兴，说这把小金斧是所有礼物中最好的礼品。金银在孔府本来不算什么，就因为有了乾隆这句话，这把小金斧成为孔府珍贵的传家宝。

公主嫁到孔府后，乾隆和皇后、皇太后都来过曲阜。公主过生日时，乾隆还派官员前来贺寿、赏赐。孝圣贤皇后升遐（去世），孔昭焕、孔宪培父子及公主都入京送梓宫。公主没有生养，过继侄儿孔庆镕为后。孔庆镕刚一出生就被抱到公主这边，并立即呈报皇上有了御外孙，乾隆十分喜悦。

故事说得活灵活现，又加上作者的特殊身份，读者都深信不疑。

孔宪培妻子之墓建在曲阜名胜"三孔"（孔府、孔庙、孔林）之一的孔林内，人称"皇姑坟"。"皇姑坟"的坟地上，还有一规模宏大的"于氏坊"，人们说，这是公主的牌坊。现在，曲阜"三孔"的讲解员每天都要向中外参观者讲述公主下嫁孔府这一富于传奇色彩的故事。

很多杂志、报刊、词典也把这个故事作为历史知识向读者介绍，甚至有些学术论著也把它做为史实来论述有关满汉通婚以及清廷统治者尊崇孔子、大力弘扬儒学所做的种种努力。

的确，历朝皇帝为了维护自己的统治，都会高举儒学的旗帜，尊崇孔子。

不完全统计，从西汉至清朝，先后有十二个皇帝十九次来曲阜祭祀孔子。

来祭祀孔子的皇帝中，就数乾隆来得最多。

据史料记载，从乾隆十三年（1748 年），到乾隆五十五年（1790年），乾隆共八次巡幸曲阜，祭拜孔子。而祭拜完孔子，都会驾临孔府。

人们说，乾隆如此频繁地出入孔府，其中重要原因就是看望女儿。至今，孔府菜中有仍一道名为"通天鱼翅"的大菜，这菜名，就隐喻上通皇室的意思。还有，孔府里有家养的戏班，每年要演上百场京剧，但《打金枝》属于禁演剧目，原因是公主为皇家金枝玉叶，演《打金枝》犯忌。

"公主下嫁孔府"的故事讲得有鼻子有眼、头头是道，但是否就是事实呢？

余志群的《否"乾隆公主嫁孔府"说》、杜家骥的《乾隆之女嫁孔府及相关问题之考辨》等文章否认了"乾隆公主嫁孔府"的真实性。

首先，乾隆皇帝一生中有三位皇后，分别是孝贤纯皇后、纳喇氏皇后、孝仪纯皇后（嘉庆生母），并没有孔德懋女士说的"孝圣贤皇后"。

不过，有人认为"孝圣贤皇后"是孝贤纯皇后或孝仪纯皇后的笔误。

但是，孝贤纯皇后于乾隆二年以嫡妃册立为皇后，死于乾隆十三年；

纳喇氏皇后于乾隆十五年册立为皇后，死于乾隆三十一年；孝仪纯皇后于乾隆三十年进皇贵妃，死于乾隆四十年，嘉庆皇帝登基后，追谥为孝仪纯皇后。

在孔德懋女士的故事中，"孝圣贤皇后升遐（去世），孔昭焕、孔宪培父子及公主都入京送梓宫"。如果说"孝圣贤皇后"是孝贤纯皇后，孝贤纯皇后在乾隆十三年去世，公主出嫁是在乾隆三十七年，怎么可能与孔宪培父子同入京送葬?!

而且，公主如果是孝贤纯皇后所生，从乾隆十三年到乾隆三十七年时间间隔长达二十四年，在孝贤纯皇后死后二十四年才出嫁的公主，应该是"黄金圣斗士"、超大龄剩女了，这对皇家女儿来说，是不可想象的。

要说"孝圣贤皇后"是孝仪纯皇后的笔误，实际上，孝仪纯皇后的皇后之位是嘉庆皇帝登基后追谥的，乾隆三十一年以后，乾隆根本就没再册立皇后!

所以，故事中说公主于乾隆三十七年出嫁后，皇太后、皇后都到过孔府，显然不实。

再有，从清皇家《玉牒》所记情况看，乾隆共有十个女儿，有五个早夭，另外五个的情况历历可查，第三、七女嫁蒙古王公，第四、九、十女嫁与满洲旗人官员之家，根本没有出嫁到孔府的。

另外，有史可考，乾隆第一次到曲阜是乾隆十三年二月。这一年于敏中任浙江学政，没有在北京任中堂大人。于敏中后来任户部尚书、协办大学士，直到上书房总师傅兼翰林院掌院院士，确实风光无限，但乾隆三十九年七月受"私向内监高云从探问记载"案牵连，被交刑部严加议处，于乾隆四十四年十二月病故。乾隆四十五年六月，于敏中的孙子于德裕因家庭财产纠纷案牵涉到孔府。传说中的"驸马爷"孔宪培的父亲孔昭焕为此事专门上奏折向乾隆皇帝作了辩白，其中赫然出现有"宪培之妻于氏"的字样，从而说明了孔宪培的妻子于夫人根本就是于敏中的亲生女儿，而非养女。

孔府档案的 01306 号记载有一则孔府内部事务纠纷案：于夫人的婆

婆程氏因为夫人不向她早晚请安，曾向山东巡抚衙门提出诉讼。巡抚当堂斥责于夫人"不知大体，偏听挑唆"，向皇帝呈请将"于氏交伊姑程氏管束，毋任出外滋事"。

试想想，于夫人要真是乾隆的女儿，婆婆程氏和山东巡抚这么干，不死也得脱好几层皮。

由此可见，"公主下嫁孔府"只是一个无稽之谈，应该是孔德懋女士从其他地方听来，就把它当作一则普通的"轶事"写进自己的《孔府内宅轶事》中罢了。

130

 ## 乾隆骂纪晓岚是文学妓娼

乾隆皇帝是大清十二帝中最热衷于文学艺术研究的人。

单就诗作而言，乾隆皇帝一个人创作出了高达 41863 首的海量作品，数量堪与《全唐诗》上所收诗作匹敌（《全唐诗》全部诗作为 48000 余首），而《全唐诗》的作者却有 2200 多位。

不难看出，乾隆皇帝是个狂热的诗歌创作者、资深的文学爱好者。

也因为乾隆对文化事业如此热心，汉学从乾隆朝愈益兴盛，到了嘉庆朝，形成了著名的"乾嘉学派"。

从这一点上来说，乾隆对我国文化建设还真是起到了积极的导引作用。

但是，乾隆自视极高，指点江山，激扬文字，不把其他文化人放在眼里，即便是文坛泰斗，也置若弃履。

提起乾隆朝的文化人，纪晓岚是一个绝对绕不开的人物。

事实上，纪晓岚就是那个时代的文坛泰斗。

纪晓岚少有"神童"之誉，二十一岁中秀才，二十四岁考中解元，三十一岁以二甲第四名进士入仕，先在翰林院为庶吉士，后晋升为右庶子，掌太子府事，任《四库全书》总纂官，经十三年辛苦劳动，编成经、史、子、集四部。此后，又亲自写了《四库全书总目提要》。

纪晓岚死后，嘉庆皇帝御赐碑文，称赞他"敏而好学可为文，授之以政无不达"。

《清史稿》对纪晓岚的最终评定是"学问渊通"。

然而，乾隆帝却对纪晓岚很不以为然。

纪晓岚在任侍读学士期间，曾建议朝廷救济东南。乾隆当场抢白他说："朕不过觉得你文学尚优，这才让你领修《四库全书》，实际上不过是把你当娼优养着罢了，你有什么资格妄谈国家大事！"（"朕以汝文学尚优，故使领四库全馆，实不过以倡优蓄之，汝何敢妄谈国事！"）

纪晓岚被乾隆这一喷，斯文扫地，很长一段时间抬不起头来。

乾隆皇帝五十圣寿那一年，很多王公大臣都送上了祝寿词。

纪晓岚别出心裁，给乾隆皇帝上了的一副对联，是这样写的：

> 四万里皇图，伊古以来，从无一朝一统四万里；
> 五十年圣寿，自前兹往，尚有九千九百五十年。

乾隆皇帝看到这副对联，心花怒放，乐不可支，一张嘴笑得咧到后脑勺去了。

乾隆皇帝没有理由不高兴。

"四万里皇图"，是说大清的江山从西面的葱岭到东面的大海，从北面的外兴安岭到南面的南海，东西南北各四万里；"伊古以来，从无一朝一统四万里"，古今中外从来没有哪一朝哪一代有这么大的版图。大赞在乾隆的统治下国家疆土没有边界。

"五十年圣寿，自前兹往，尚有九千九百五十年"，是说五十年后，还有九千九百五十年，合一起就是万年寿辰了。

上下联合在一起，"万寿无疆"四字呼之欲出。

乾隆皇帝龙心大悦，立即给纪晓岚升官。

不过，升官是升官，乾隆皇帝看待纪晓岚的态度并没有变。

乾隆五十年（1785 年），大学士阿桂的姻亲海升殴死其妻吴雅氏，对外谎称吴雅氏自缢身亡。纪晓岚负责核验，未能查明真相，结论仍是自缢，维持原判。吴雅氏的胞弟不服，再次上告。乾隆派阿桂、和珅会同刑部共同核查，案情终于水落石出。事后，乾隆对纪晓岚的评价说："纪晓岚本来就是一介无用腐儒，朕就没指望他能干成什么事，而且，他对刑侦诉讼之类工作就是个门外汉，他的眼睛又患有近视的毛病，所以没检验到位。"（"纪昀本系无用腐儒，原不足具数，况伊于刑名事件素非谙悉，且目系短视，于检验时未能详悉阅看。"）乾隆的语气虽是为纪晓岚开脱，但鄙视纪晓岚为自己蓄养的文倡态度也表露无遗。

纪晓岚听了，心里哇凉哇凉的，内心世界日益封闭，从此一心一意编著自己的《阅微草堂笔记》，不再关心别的事。

132

乾隆为什么要禁《大义觉迷录》

《大义觉迷录》一书的颁行与雍正年间血腥大案"曾静案"中的主角曾静有关。

"曾静案"是一场闹剧，更是一场惨剧。

剧中人物全是丑角，包括曾静，包括岳钟琪，包括雍正。

纵观全剧，有种脊梁发冷、胸口发闷，要窒息的感觉。

案情大致是这样的：湖南永兴无良文人曾静热衷功名，却屡试不第，长年累月，积怨塞胸，产生出一种"我爱大清，大清却不爱我"的被抛弃感，转而因爱生恨，痛骂清廷是"夷狄"，说"夷狄侵陵中国，在圣人所必诛而不宥者，只有杀而已矣，砍而已矣"，在日记里写下了许多"华夷之分"的语句。

注意，这个曾静骂清朝骂得冠冕堂皇，其实全是在发泄私愤，跟农村搞迷信的女人通过打折纸小人的方式来诅咒仇人，性质上是一样的。

相对而言，出生比曾静早了半个多世纪的浙江崇德县（今浙江省桐乡市崇福镇）人吕留良却是一个真的民族英雄。

此人学识渊博，深谙民族大义，以大明遗民自居，拒绝清朝的鸿博之征，削发为僧，著述了许多关于夷夏之防的文章。

正因如此，吕留良去世之后，仍然拥有海量粉丝。

曾静作为吕留良的粉丝之一，于雍正五年（1727年）派学生张熙到吕留良家乡搜访一些偶像的遗著以供自己供奉和拜读。

话说，自雍正帝即位后，社会上到处在流传着他谋父、逼母、弑兄、屠弟等等丑事，而雍正初年又出现了天灾人祸，天下似乎笼罩在一股"天怒人怨"的氛围之中。

张熙在浙江途中听说手握三省重兵的川陕总督岳钟琪是南宋名将岳飞的后裔，有起兵反清之心。

回到了湖南，张熙将这些见闻告诉了老师。

曾静马上不淡定了，内心有一千万匹羊驼在奔腾。

他迫不及待地要做"当代张良"，连夜捣鼓出了一封策反信，让张熙送交岳钟琪，准备拥戴岳钟琪为"刘邦"，策反岳钟琪起兵反清。

岳钟琪虽是汉人，却对清廷俯首帖耳，忠心耿耿。他阅信后，稳住了张熙，套出了幕后的曾静，飞奏雍正。

雍正火冒三丈，一面传谕捉拿吕留良亲族、门生，搜缴其书籍著作；一面派人捉拿曾静、诸"同谋"及各家亲属。

"当代张良"曾静一下子就现出了其无耻原形，一把鼻涕一把泪，认错、求饶，闭上眼睛说瞎话，胡乱疯咬，牵连出了许多无辜人员，惊动了清政府的几个部和好几个省，致使案情忙碌了五六年才完结。

本来，雍正对社会上流传的种种诋毁自己的言论是有所耳闻的，早积了一肚子闷气，有许多话要吐，但又找不到发泄的点，没法对簿公堂。曾静的出现，正好给他提供了向社会辩白的机会。

于是，他别出心裁地安排曾静写悔罪颂圣的《归仁录》，再下令官员编辑出四十八篇关于此案的《上谕》，二者合成《大义觉迷录》一书，对曾静列举出来的谋父、逼母、杀兄、屠弟、贪财、好杀、酗酒、淫色、诛忠、任佞的"十大罪状"一一进行辩解。另外，又大加驳斥吕留良的夷夏之防，不厌其烦地宣扬清朝统治中国之合法性，倡导"华夷一家"。

雍正下令将该书刊印发行，颁发全国所有学校，让教官督促士子认真观览晓悉，以期全民"洗脑"。

雍正惩治吕留良一门极为严酷，吕留良及其长子吕葆中遭开棺戮尸，吕的学生严鸿逵监毙狱中，戮尸枭首；吕另一子吕毅中和另一学生沈在宽斩首。除此之外，吕留良的私塾弟子，刊刻、贩卖、私藏吕之书籍者，或斩首，或充军，或杖责，吕、严、沈三族妇女幼丁给予功臣家为奴。

但雍正不杀曾静、张熙，只让人押解他们到江宁（今南京）、杭州、苏州等地"现身说法"，充当"反面教材"，向民众讲述"宣扬圣德同天之大""本朝得统之正""以赎补当身万死蒙赦之罪"。

做完这些，就宣布将这两个丑类释放了。

雍正还放话说"朕之子孙将来亦不得以其诋毁朕躬而追究诛戮"。

雍正是读过些书的，知道《国语·周语上》有"防民之口，甚于防川"的说法，所以，对于社会上的流言、传言、谣言、诽谤，他决定不用填塞的方式，改用疏导的方法。

经过这么一弄，雍正以为，"洪水"得以分流疏通，"水患"已经消失。

但是，雍正还是太天真了。

中国有一句俗语，叫作："黄泥跌落裤管，不是屎也是屎。"

再者说了，雍正本身就有许多问题，清朝得国又不正，强词夺理，只会把事情越描越黑。

所谓"欲盖弥彰"就是这个意思。

而且，皇宫里的丑闻秘事，皇子间的尔虞我诈的互残互害，又岂是可以开诚布公式地供民间放大讨论的？

可笑的雍正，真是越弄巧，越成拙。

《大义觉迷录》颁行的日子里，民间对雍正"谋父、逼母、弑兄、屠弟"等"十大罪状"表现出了无穷尽的窥探欲，茶余饭后反复咀嚼，乐趣无穷。

也就是说，《大义觉迷录》非但没有起到"觉迷"的效果，反而成了全民津津乐道的笑柄和话题，雍正和大清皇帝一家子都成了人们嘴里把玩的对象！

雍正寿命不永，没来得及更改自己的错误，五十七岁就挂了。

乾隆登基后，凌迟处死曾静和张熙、下诏禁毁《大义觉迷录》，并非什么难于理解的事。

若问"乾隆为什么要禁《大义觉迷录》？"

答案就是：作为父亲的雍正皇帝做了一件贻笑天下的大蠢事，儿子乾隆皇帝帮他擦屁股，以维护大清皇家的光辉形象。

补一句，现在有人笑话乾隆皇帝的做法其实是比父亲雍正更蠢，因为"防民之口，甚于防川"，乾隆皇帝的严防死堵并没有完全禁毁《大义觉迷录》，有孤本流出海外，收藏在日本人手里。

老实说，我不觉得乾隆的做法蠢，那可是没办法的办法。

那么问题来了——聪明如你，如果你是乾隆，你有什么更好的处理方法呢？别跟我说什么听任自然、让其自生自灭的话哦。要知道，皇家宫闱秘闻，那可是对民间具备无穷尽的吸引力的。

说说乾隆帝的十全武功

乾隆帝是个非常自负的人。

作为一个帝王，他最在乎自己的文治武功是不是流芳百世、惠及万代。

乾隆曾经悄悄询问过宠臣和珅，朕的治国能力，和圣祖、世宗皇帝相比如何？

在乾隆心目中，大清王朝是历史上最伟大的朝代，圣祖康熙爷爷是历史上最伟大的君主，如果自己可以接近或超越圣祖康熙爷爷，那必是千古一帝。

和珅人很鬼，说话很圆滑，向乾隆帝侃侃而谈，说，每个皇帝的执政风格不同，很难比较出高下。不过呢，因为圣祖康熙帝宽厚仁慈，不少官员放松了对自己的要求，贪污受贿，百姓受害不浅；世宗雍正帝又太过严厉，百姓虽然得到不少实惠，但官员日子却不好过。陛下呢，能在"宽仁"和"严厉"之间拿捏得恰到好处，官员和百姓都满意。

和珅还说，从总体上来说，雍正帝比不上康熙帝，康熙帝在"武功"方面雄才大略，远胜秦皇汉武。而陛下开疆拓土，国威远扬，也毫不逊色于康熙帝；至于"文治"方面，陛下更胜出康熙帝很多，不说别的，陛下写的诗，四万多首，前无古人，后无来者。

和珅一席话，说得乾隆帝心花怒放，连连点头，虚荣心得到了极大的满足。

另一件事，也很能充分说明乾隆帝爱慕虚荣的心理达到了极高地步。

乾隆五十七年（1792 年）十月初三，已逾八十高龄的乾隆帝，闲翻《周礼》，聊以打发时间，突然在《天官·医师》一章看到"十全"二字，不由心有所动，沉吟回味。又值爱将福康安传回大胜廓尔喀的捷报，遂提笔写下有名的《御制十全记》，自我总结，称自己建有"十全武功"，给自己取了一个"十全老人"的外号。

这"十全武功"是指哪十全？

乾隆是这样写的："十功者，平准噶尔二，定回部一，打金川为二，靖台湾为一，降缅甸、安南各一，即今之受廓尔喀降，合为十。"

认真读这段话，似乎乾隆不识数！

按照他的说法：两次平定准噶尔、一次平定回部、两打征剿金川、一次平定台湾、一次迫降缅甸、一次迫降安南，再加上刚刚受降的廓尔喀，一共是十件大武功。

可是，2 + 1 + 2 + 1 + 1 + 1 + 1 = 9，分明是九，哪有十？！

不过，有人替乾隆解释，说廓尔喀其实是前后打了两次，1789 年打了一次，1792 年又打一次，所以总和是十次。

如果真这么算，那么打缅甸可是打了四次，打大小金川则打了 N 次，根本无法说得清楚。

不管怎样，乾隆自己说是十次，那就把他说的打廓尔喀拆分为两次，凑拼成十次好了。

这"十次"大"武功"是不是真的都值得刻石铭功、夸耀千秋呢？

让我们逐条简析一下。

话说，明末清初，北方蒙古族分为了三大部：一部在今内蒙古地区，是为漠南蒙古；一部在蒙古一带，是为漠北喀尔喀蒙古；一部在天山以北一带，是为漠西厄鲁特蒙古。

厄鲁特又称卫拉特，又分为四部：一部为游牧于今新疆乌鲁木齐地区的和硕特；一部为游牧于今伊犁河流域的准噶尔部；一部为游牧于今新疆塔城地区的土尔扈特；一部为游牧于今额尔齐斯河流域的杜尔伯特部。

四部中，准噶尔部势力最强，先后兼并了土尔扈特部及和硕部的牧地，建立起了强大的准噶尔汗国，面积达四百余万平方公里，成为清帝国的一大威胁。

康熙年间，康熙帝曾三次发兵征讨，其中的第三次，迫得准噶尔汗噶尔丹嗑药自尽，准噶尔汗国一度濒临灭亡。但到了雍正年间，准噶尔部又死灰复燃，逐渐强大，与清朝再次发生冲突，进军西藏，占领拉萨。雍正坚决平定准噶尔贵族割据局面，多次用兵。

乾隆十年（1745年）准噶尔部原首领病逝后，其内部统治集团出现内讧，纷争不息。

乾隆说的"平准噶尔二"就是发生在这个背景下。

在准噶尔部的内乱中，大贵族阿睦尔撒纳在争斗中失败，向清廷请求归附，希望抱上清廷这条大粗腿。乾隆帝抓住这一有利时机，于乾隆二十年（1755年）二月发兵，五月即占领了准噶尔汗国首都伊犁，平定了准部内乱，实施分治政策，封阿睦尔撒纳为双亲王。这第一次平定准噶尔，干净利落，非常漂亮。但是，阿睦尔撒纳其实不甘心臣服清朝，他向清朝归附，不过是要借清廷之手来消灭政敌以达到自己独尊的目的。该年八月，阿睦尔撒纳便发动叛乱，迅速击溃清军留守部队。乾隆帝谋定而后动。乾隆二十二年（1757年），准噶尔遭受天花瘟疫肆虐，死者无数。乾隆帝适时出兵，大破阿睦尔撒纳，完全控制了天山南北两路。阿睦尔撒纳本人不久死于天花。这是第二次平定准噶尔，战果是弭叛息乱，取得了完胜。

两次平定准噶尔，维护、巩固了西北边陲，消灭了准噶尔贵族分裂势力，而且也打击了沙皇俄国侵略中国准噶尔的野心，是维护祖国统一、反对民族分裂的正义战争，称之为"武功"，并不为过。

接下来再说说"定回部一"。

平定回部与平定准噶尔是有些牵连的。

新疆喀什噶尔兄弟波罗尼都和霍集占是西北地区的回部领袖，分别称大和卓和小和卓。和卓是波斯语的汉语音译，意思是"圣裔"，亦即回教创始人穆罕默德圣人（简称穆圣）的后代。

准噶尔部强大后，从康熙十九年（1680 年）起开始控制回部，对其首领实行人质制。乾隆二十年（1755 年）五月，清军攻克伊犁，释放作为人质禁锢于伊犁的大、小和卓。其中，大和卓返叶儿羌（今莎车）统领回部，小和卓留伊犁掌管回教务。乾隆二十二年（1757 年），清军彻底平定了准噶尔并迫死了阿睦尔撒纳。大、小和卓认为自己重新割据新疆南部的机会来了，集结起数十万人发起叛乱。

乾隆帝的反应非常迅速，次年（乾隆二十三年，1758 年）二月，发满、汉兵自吐鲁番进发，大举平叛，仅一年多时间，便执杀大、小和卓，统一了西域全境，重命名为"新疆"。也从此时开始，新疆完全归入清朝版图。

可以说，"定回部"也同样干得漂亮，是乾隆对历史的一次重大贡献。

但接下来的"打金川为二"，就让人不敢恭维了。

乾隆十二年（1747 年）大金川土司莎罗奔叛乱，乾隆耀兵扬武，三次发兵进攻大金川，结果让人大跌眼镜，损兵折将不说，耗费了两年时间仍未能把一个小小的土司打败，是莎罗奔自己感觉闹得太过，主动请降，这第一次平金川叛乱才算结束。可时隔不久，莎罗奔再次叛乱，乾隆只好又发兵三次，共调兵六十万人次，动用了特种部队、强火力大炮，花了五年多时间，前后耗资七千万帑币，终于挫败了人口不足两万户的这两个藏族部落，平定大小金川这两个既无战略作用也无经济意义的寨子，可谓小题大作，穷兵黩武，得不偿失。

"靖台湾为一"也是如此。

说是"靖台湾"，其实是镇压一场小规模的台湾农民起义。

乾隆五十一年（1786 年）十一月，台湾彰化地区天地会首领林爽文率领千余人在距彰化县 20 余里的大里杙起义。乾隆先后派提督黄仕简、任承恩，闽浙总督常青带领官军渡台镇压，但都无功而返。最后，是乾隆的爱将福康安出马，对起义军采取分化政策，终于擒杀了林爽文，绞杀了这场起义。

相对于"打金川""镇压林爽文起义"这两场内战来说，"降缅甸、安南"算得上对外作战。但这两次对外作战都打成了烂仗，名胜实败。

且说18世纪末，缅甸贡榜王朝建立后，一方面凭着其军力向南消灭暹罗（今泰国），雄霸整个中南半岛；另一方面又把触角伸向我国云南省南部，向该地区的土司强制征收"花马礼"贡赋。乾隆平定新疆后，于乾隆三十年（1765年）发动对缅战争，调兵数万人，耗费饷银一千三百万两，损失总督以下将领多人，其中云贵总督刘藻畏罪自杀；大学士、陕甘总督杨应琚赐死，仍不能取胜。乾隆三十二年（1767年），接替云贵总督的明瑞率清军分两路出境攻缅，中伏后，只有少量清军突出重围，明瑞与诸将士大部阵亡。乾隆三十四年（1769年）二月，乾隆帝任命重臣傅恒为经略，再次大举征缅，沿途损失惨重。但缅甸东部新征服的暹罗爆发起义，缅军为避免两线作战，首先提出议和，而傅恒率出关的三万多清军因中瘴气仅剩一万三千人，未等议和开议，便草草班师回国。二十年后，即乾隆五十五年（1790年），缅甸改朝换代，新王为稳定统治与清朝通商，主动派使者祝乾隆八十大寿，要求恢复通商和册封。乾隆因此认定平缅战争是胜利的，当即册封缅甸新王为缅甸国王，恢复正常贸易。

以上即为乾隆所说的"降缅甸"，下面说说"降安南"。

乾隆五十二年（1787年），地处今越南南部的广南王国亲王阮文惠攻打地处今越南北部的安南王国。安南国不能抵挡，国王黎维祁逃到广西，向清廷求援。

乾隆帝担任了主持公道的角色，派两广总督孙士毅、云南提督乌大经率两路兵马杀往安南，要他们好好教训一番阮文惠。哪料孙士毅轻敌冒进，大败而还。还好，阮文惠不愿与清朝为敌，同样于乾隆五十五年（1790年）向乾隆帝祝贺八十寿辰，表示臣服。乾隆帝于是封阮文惠为安南国王。

显而易见，清兵打缅甸、打安南，都是以失败收场；缅甸、安南虽胜，却有不得已的苦衷，都采取了息事宁人的做法，主动向乾隆帝祝寿，被乾隆帝标以一个"降"字，纳入了十大武功之中。

如果说，清兵打缅甸、打安南的失败是败在对方的境内，乾隆帝还可以在钦定的《安南纪略》用"振旅而还，无损国威"一类词语来掩饰自己的无能，那么在第一次对廓尔喀之战中，清军的表现，真的是让人无语。

廓尔喀，原是尼泊尔一个部落的名称，其于乾隆五十四年（1789年）才取得了尼泊尔的统治权。次年，即乾隆五十五年（也是乾隆帝八十大寿这年，1790年），廓尔喀王朝借口西藏商税增额、食盐糅土，悍然入侵西藏，占领了西藏不少地方。

乾隆帝得报，急调成都将军鄂辉和四川提督成德各带大军，分两路入藏，抵抗侵略，务必驱敌出境。又派熟悉西藏事务并会说藏语的御前侍卫、理藩院侍郎巴忠前往西藏，临时担任驻藏大臣，主持西藏事宜。

巴忠为了达到"不战而退人之兵"，私下与廓尔喀议和，许岁币银五万两。

得到好处的廓尔喀同意议和，答应退兵。

于是清军就跟在后面不费一弓一矢地取回了全部失地。

巴忠郑重其事地向乾隆帝表功，谎称我军大胜。同时劝说廓尔喀遣使朝贡，受封为国王。

此为所谓一平廓尔喀之乱。

不过，议和许岁币银纯属巴忠的个人行为，根本不可能兑现，而廓尔喀人也觉得要价太低，不满意，再次进攻，迫得巴忠自杀。

乾隆五十七年（1792年），福康安率兵反击廓尔喀，深入其境，以图攻陷其首都阳布（今加德满都）。廓尔喀人固守山岭，坚决抵抗。相持到八月底，眼看大雪封山，清军孤军深入，处于危险境地，不得已，只得重回到议定和约的途径上来。双方最后于乾隆五十八年（1793年）正月制订《钦定藏内善后章程》，加强了清政府对西藏的统治。

以上就是乾隆的十全武功。

乾隆以狮子搏兔的精神来平定大小金川叛乱

两次平定大、小金川是清朝乾隆皇帝的十大武功之一。

大、小金川不过偏居川西一隅的弹丸之地，充其量不过今天的一个屯，参与叛乱者不满三万。

但，为了平定大、小金川，乾隆先后共投入了近六十万人力、七千万帑币，所付代价为十大武功之最。

平定之日，乾隆帝手舞足蹈，亲诣东陵、西陵，礼泰岱，告阙里，受俘庙社，上皇太后徽号，勒碑太学和大、小金川，依次封赏文武官员，郊劳备至，不亚于任何一次成功的开疆辟土。

为什么会这样？

话说，乾隆十一年（1746 年），大金川土司莎罗奔助其女欺凌女婿小金川土司泽旺，并夺取了小金川泽旺印信。

清廷四川总督和巡抚出面调停，无果。

不听调停？打！

乾隆一声令下，兴起四万大军前往督讨。

乾隆认为，天兵一降，小小莎罗奔还不束手就擒？

没承想，大、小金川咫尺皆山，清军八旗兵无从纵骑驰突，处处被动。而莎罗奔筑垒成碉，守寨据险，以枪矢礌石往外击，打得清军人仰马翻。

次年，乾隆帝调张广泗任川陕总督，再从云贵调将入川，共击莎罗奔。

饶是如此，清军还是讨不到半点便宜，屡屡失利。

一怒之下，乾隆十三年（1748 年）四月，乾隆帝又命讷亲督师前往增援。

俗话说，一军不设二主。张广泗和讷亲互成掣肘，都不服对方管理，致使军心不一，被莎罗奔一举击破。

乾隆气得直翻白眼，下诏处斩张广泗、赐死讷亲；改用傅恒为统帅，起用已废黜还籍的名将岳钟琪，再征莎罗奔。

莎罗奔曾于康熙六十一年（1722年）跟随岳钟琪征战川西北羊峒（今南坪）藏族地区，得岳钟琪栽培，领"金川安抚司"印信。听说是恩主亲来征讨，亲率十三骑入清营请降。

乾隆息事宁人，诏赦莎罗奔，事情告一段落。

但大小金川之间的矛盾并没有解决，时有冲突。

乾隆三十六年（1771年），莎罗奔的侄孙、大金川土司索诺木突然与泽旺的儿子、小金川土司僧格桑联手反清。

乾隆鼻子都气歪了，命四川总督阿尔泰联合九家土司会攻大、小金川。

大、小金川乃是有备而反，为了阻击清军，他们增垒设险，严阵以待，干净利落地将来犯的清军挫败。

乾隆怒不可遏，革掉阿尔泰之职，另派温福入川督师。

温福并没比阿尔泰强到哪里去，两年之后，即乾隆三十八年（1773年），战死阵前。

乾隆只得派阿桂为将军，增兵金川。

经轮番血战，清军死伤众多，终于于乾隆四十一年（1776年）艰难获胜。

历时数十年，屡易将帅、死伤逾万人、耗银七千万帑币的大、小金川之役宣告结束。

乾隆由是长吁了一口气。

大、小金川之战，其实并非土司之间单纯争风吃醋、争权夺利所引发的战争，里面是有深层原因的。

唐宋时期，统治者为了羁縻西南少数民族地区，采取"以土官治土民"的措施，建立土司制度，即承认各少数民族的世袭首领地位，给予其官职头衔，以进行间接统治。

这一措施，是中央与地方各民族统治阶级的互相妥协，是不得已而为之的策略。朝廷的敕诏在少数民族地区很多时候都没有能够得到真正贯彻。

土司对中央叛服无常，恣肆虐杀百姓，骚扰与之接壤的汉民，土司之间也战争频密，人为地制造出极不稳定因素。

为了解决土司割据的积弊，明朝晚期的统治者实施改土归流政策，即改土官为有一定任期的流官，革除土司制，建立州县制。

明亡后，清雍正帝于雍正四年（1726 年）接受云贵总督鄂尔泰的建议，沿袭明朝的做法，逐步取消土司世袭制度，设立府、厅、州、县，派遣流官进行管理。

朝廷这一做法，触及土司的世袭利益，理所当然地引起了土司的反弹。

大、小金川之乱，就是发生在这种背景之下的。

乾隆对大、小金川之乱的反应迅速，十二分重视，并以狮子搏兔的态度对待，除了担心少数民族形成脱离中央统治的割据势力外，更担心汉人与藏人、羌人诸部联合起来反清复明，动摇到清朝的统治。

所以，平定大、小金川后，尽管劳师糜饷，表面上看来是得不偿失，但乾隆还是连声称：值得值得！

以大历史观的眼光来看，也真是值得。

如果不是用无比坚决的手段平定大、小金川，以武力配合政策，巩固和发展西南地区自雍正以来"改土归流"的成果，加强了中央政府对边疆的控制，很可能边疆和内地的经济文化交流大为减少，边疆对中央也缺乏应有的归属感，也就极不利于滇、黔、桂、川、湘、鄂这些地方的少数民族地区融入中华民族这个大家庭。

可以说，乾隆帝以大小金川之战来巩固和推行改土归流政策，对中华民族的形成、统一和经济文化的发展有着积极意义。

清军四次大规模进攻缅甸失败之谜

话说，南明最后一个皇帝永历帝在清军的摧压下，仓皇退出昆明，与李定国、白文选等干将失散，误走误撞，进入了缅甸。

永历一行，多为王室内眷、文臣宦官，受制于缅王，被软禁于缅甸都城阿瓦。

李定国和白文选经过多方打探，得知永历流落到缅甸，赶紧分工合作：李定国率所部从孟定抵猛缅驻扎，召集流散各处的溃众，以抗击清军；白文选部则入缅寻找永历。

白文选部只有两千多人，进至缅境雍会地区后，因天气炎热，将士卸甲解鞍，在树林中休息。

白文选另外派出两名使者找寻缅甸地方官，申明自己入缅只是为了接回主上。

哪料，缅人欺负南明势屈途穷，竟将这两名使者残忍地杀害了。

白文选等不到两名使者的回音，又派十名骑兵出去打听。

这十名骑兵同样遭到了缅兵的击杀。

杀了这十名骑兵，夺了马匹，缅甸官员及缅将缅兵听说前面树林里还有大量马匹，继续纠合了数百来人前来抢夺。

白文选率将士还击，一下子就把这群缅将缅兵杀得死的死、伤的伤，一直追杀至大金沙江江边。

俗话说强龙难压地头蛇，何况这时的南明已是落在浅滩奄奄一息的病龙！

驻扎在大本营的数万缅兵操刀操枪，倾巢而出，在江对岸列阵，准备灭掉白文选。

白文选不退反攻，让部下士卒砍伐树木编造筏排，渡江作战。

一百多名明军骑兵撑着木筏渡过大江，一鼓而前，挥刀猛砍，缅军的阵脚一下便乱了。

白文选率主力渡河掩杀，缅军望风而溃，死伤兵万余人。

缅甸当局震骇莫名，赶紧敲起警报钟，据城坚守。

白文选本想攻城，却又投鼠忌器，担心缅人会伤害主上性命，只好传令收兵。

缅甸当局觉察白文选有所忌惮，便放下心来，利用手中的人质，责令白文选退兵。

白文选接到永历帝吩咐退兵的敕谕，不敢将"接驾"演变成"劫驾"，只好退出缅境，找李定国商议。

李定国多次派遣使者来向缅王索还主上，均遭到拒绝。

一不做、二不休。

1661年（顺治十八年，永历十五年）二月，李定国、白文选决定率兵马攻克缅甸，救出永历。

明军长驱直入，一直推进到缅甸都城阿瓦附近，并立刻发兵强渡锡箔江。

缅人集结起十五万人迎战，其中，有巨象千余头，兼有枪炮，横阵二十里，鸣鼓震天。

明军兵力不及缅兵十分之一，武器唯有长刀、手槊、白梃而已。

李定国亲自出战，一马当先，大败缅兵，歼灭缅兵数以万计。

渡过了锡箔江，与阿瓦城隔大金沙江相望，平灭掉缅甸，指日可待。

可惜，四月，缅甸流行起瘟疫，明军的船只尚未打造完备，士兵多有水土不服，死亡甚众。

无奈之下，李定国和白文选只好退出缅境。

李定国和白文选万万没有料到，这一退，南明小王朝就宣告彻底灭亡了。

缅王既已与明军交恶，为求自保，将永历父子引渡给了清军。

不久，大汉奸吴三桂在昆明残忍地绞杀永历父子，明朝从此画上了句号。

不过，谁也没有想到，表现懦弱得不堪一击的缅甸在其贡榜王朝建立后，竟然成了我国西南的一个巨大边患。

在清雍、乾年间，缅甸多番向我国内地土司征收贡赋，且沟壑难填，于乾隆二十七年（1762年）出兵入侵中国。

乾隆政府正忙于平定回疆内乱，无暇南顾，一味奉行绥靖政策，致使贡榜王朝的军队连年入界侵扰掠夺。

乾隆三十年（1765年），侵扰规模骤然升级。云贵总督刘藻发兵迎战，被缅兵击溃，死伤无数。

从回疆内乱中脱身的乾隆皇帝勃然大怒，将刘藻革职。

乾隆皇帝的态度是"缅甸明朝时尚在版图之内，并非不可臣服之境"，派出他器重的边疆大吏杨应琚前往教训缅甸人。

杨应琚为汉军八旗出身，时担任大学士，由陕甘总督移任云贵总督，出征前发布了檄文，号称"发兵五十万，大炮千樽"，对缅甸大举进军，震慑一时。

缅兵彼时正与暹罗交战，面对清兵的强大攻势，留守阿瓦的缅王孟驳一面下令继续攻打暹罗大城，一面调遣缅兵数千（清朝官方记载为三万，但据各方资料，大约只有六七千）沿大金沙江与清兵对抗。

尽管缅兵远少于清兵，却占尽天时地利之便，屡战屡胜。

不过，缅王孟驳清楚本国军队主力远在暹罗，无法长期与清朝抗衡，其战略思想是以战逼和。

乾隆三十一年（1766 年）十二月十六日，清云贵总督杨应琚眼见取胜无望，只好答应与缅兵议和停战。

二十八日，缅兵开始撤兵。

不过，乾隆三十二年（1767 年）正月初四日，正在猛卯附近扎筏渡江撤还的缅兵看到有清兵出现，以为清朝撕毁协议，便向清军发起攻击，清军伤亡惨重。

乾隆皇帝又惊又怒，命人将杨应琚逮捕进京赐死，任外戚亲贵并在平定回疆中立下大功的悍将明瑞为云贵总督，转调广东将军杨宁接任云南提督，以对付缅甸人。

乾隆三十二年（1767 年）十二月二日，明瑞发起著名的"蛮结之役"，杀敌二千余，俘三十四名，缴获枪炮粮食牛马甚多。

乾隆皇帝闻讯大喜，封明瑞为一等公。

蛮结之战后，明瑞骄傲自满，大肆发兵深入，致使后路被断绝。

缅甸大军已经攻占下了暹罗大城，于次年正月初八完成了集结，向清军发起反击。

清军大溃，其中，领队大臣扎拉丰阿中枪阵亡，大将观音保自以箭刺喉殉国。

明瑞身受重伤，策马疾驰了二十多里，越想越接受不了现实，自缢身亡。

乾隆皇帝悲愤莫名。

明瑞的灵柩归京后，乾隆帝亲临吊唁，赐谥号果烈。

处理了明瑞的后事，乾隆皇帝任重臣傅恒为经略，阿里衮、阿桂为副将军，舒赫德为参赞大臣，鄂宁为云贵总督，增调一万三千名满洲兵以及九千名贵州兵入滇。随后又加派一千名满洲兵和两千名福建水师。

乾隆三十三年（1768 年）四月，率先进入了云南的舒赫德和鄂宁了解到前期军情，认为对缅甸战事胜算不大，联手上疏，劝乾隆皇帝适当收手，与缅议和。

乾隆皇帝痛骂两人乖谬无耻，将此两人降职调任。

乾隆三十四年（1769 年）二月，傅恒率兵出征。乾隆皇帝亲自在太和殿授之敕印，并把自己用的甲胄赠给傅恒，为傅恒壮行。

傅恒老谋深算，稳扎稳打，大军水陆并进，夹大金沙江而下，直取木梳、阿瓦。

然而，仗从七月打到十月底，双方互有胜负，战局陷入了僵持。

十一月初，双方已经精疲力竭，无力再战。

这种情况下，只能握手言和了。

十一月初十日，傅恒向缅甸当局商议停战。

十一月十六日，双方前线将领均在未取得最高统治者同意的情况下签订了停战协议。

十八日，清兵沉炮焚舟，全数撤走。

这一场历时长达七年的大战，以清朝的实际失败而告终。

自称十全老人的乾隆皇帝在晚年不得不承认，"五十多年八桩战事，就征缅这桩不算成功"。

 乾隆修十三陵，调包换东西

乾隆是一个相当自负的皇帝。

乾隆曾自我总结一生有"十全武功"，自诩为"十全老人"。

乾隆喜攀附风雅，以诗人自居，一生作诗 41863 首，是世界上诗作产量最多的人。

乾隆目空四海，斜睨苍生，自言古今以来只把三个人放在眼里，一为唐太宗，一为宋仁宗，一为清圣祖康熙大帝，余者皆不在话下。

乾隆在世之日，把皇权推到极致，乾纲独断，说一不二，完成了中国历史上最缜密、最完善、最牢固的封建专制统治。

乾隆累积祖、父两代国力，把"康雍盛世"延续为"康雍乾盛世"，好大喜功，大兴土木，六下江南，耗尽国家人力物力，把大清王朝推向"道咸衰世"，之后一蹶不振，迅速坠入消亡。

乾隆是如此喜欢享乐，那么，他给自己修的陵墓自然不会含糊。

乾隆的陵墓叫裕陵，规模宏大，珍藏亿万计。

民间却有一个说法，为建造这个陵墓，乾隆偷盗了相当一部分明陵的金丝楠木。

这种说法，史家讳莫如深，但史料却是有据可考的。

明十三陵建筑分为地上与地下两大部分。

地上部分，最为壮观的是祾恩殿。

祾恩殿是行祭的场所，为全木结构的大型宫殿，富丽堂皇，所用的木料几乎都是上等的金丝楠木。

金丝楠木性稳定，不翘不裂，经久耐用，材质含香，且耐腐蚀、防蛀，埋在地里可以几千年不腐，是最优质的木材。明谢肇淛的《五杂俎·物部二》（卷十）记，能充当栋梁的楠木，价值以黄金计。

楠木主产地在中国南方的四川、云南、贵州、湖南、湖北等省，生长在深山密林之中，采伐和运输都十分困难。

工人采木，要防毒蛇猛兽，要防瘟疫瘴气，运输得等雨季，借助山洪暴发而将木冲下大山，再在山下结成筏，由水路经运河运往北京。

最要命的是，经过明朝的大量采伐，到了清朝，即使有钱，也找不到合规格的大楠木。

所以，一生奢侈、自我感觉极为良好的乾隆艳羡明陵的大楠木并不奇怪。

明十三陵中，长陵、永陵和定陵的楠木使用量最大，质量也最好。

以长陵为例，裬恩殿共有六十根楠木巨柱，中间最大的四根让人瞠目结舌，两个人都抱不过来。

最奇的是，这些金丝楠木即使没有刷漆，也光泽油亮，纹路细密瑰丽，质地温润柔和，光照之下发出丝丝金光，遇上雨天则散发阵阵幽香，沁人心脾，娴静低调。

清朝在入关后不久，就有过盗取前朝楠木来修建陵寝的前科。

从现代考古中发现，顺治皇帝的孝陵很多建筑材料取自明宫。

顺治死时只有二十四岁，因为死得突然，建陵寝有点措手不及。

在这种情况下，负责工程的大臣就盗取了前朝的砖木材料。这些，在1990年国家维修孝陵时是得到证实了的。不过，这些主要是来自西苑明世宗朱厚熜嘉靖年间所建的清馥殿、锦芳亭和翠芳亭，并非明十三陵。

拆自明宫和拆自十三陵有本质上的区别。

拆自十三陵，那是掘人坟墓，按中国人的说法，是要遭万人诅咒、受天收雷劈的。

乾隆有点忌惮这个。

但明十三陵的楠木吸引力巨大，乾隆还是想冒天下之大不韪。

文渊阁大学士纪晓岚捧出《大清律》，指着上面明文盗墓"杖一百，流三千里，已开棺椁见尸者，绞"的字样，提醒他不要明着来。

乾隆于是改"毁"为"修"，明诏下令调集天下能工巧匠，对明十三陵来一次整理修缮。然后密传口谕，要工匠将明陵上的楠木撤换下来。

怎么撤换法呢？

负责修缮明陵的是工部尚书金简、户部侍郎曹文埴等大臣，他们领会上意，上了一道奏折，声称十三陵修缮范围较大，楠木难采，不能照旧式修整，请皇帝批准通过拆大改小的方案。

乾隆自然笑嘻嘻批准。

这么一来，偷梁换柱之计便在"拆大改小"一法中得以实施。

修葺后，置换出来并被运走的材料有大小楠木两百三十八件、木墩头五百八十四件、改砍糟楠木两百二十四件、小件楠木截头折方两万五

第六章　乾隆大帝

运走后派什么用场了呢？

金简、曹文埴等人的奏章说是"拟运回京城，以备各工取用"，但具体有没有用于修建乾隆的陵寝呢？

毕竟，从《清高宗实录》（卷一二二六、一二七六）上来看，乾隆修缮明陵的时间是乾隆五十年（1785 年），但乾隆的陵寝（裕陵）始建于乾隆七年（1742 年），乾隆十七年（1752 年）已经建成了。乾隆会不会将已经建好的陵寝拆掉再建，这就不得而知了。

150

 ## 乾隆八十寿丢库页岛

清乾隆皇帝弘历自视甚高，一生内心都在自我膨胀，自我感觉良好。

当然，他有自负的资本。

比如说，七十岁寿辰，他曾自撰一联：

> 七旬天子古六帝；
>
> 五代孙曾余一人。

得意之情，活现于纸。

这副对联的意思是说，历史上的帝王年过七十岁的，不过只有六位：汉武帝在位五十四年，寿七十一岁；梁武帝在位四十八年，寿八十六岁；唐高宗在位九年，寿七十一岁；唐玄宗在位三十二年，寿八十岁；圣祖爷爷康熙在位六十一年，寿七十岁，连他本人共六人。而五代同堂者，仅自己一人而已。

但这种说法并不准确，有张冠李戴之处。

补一句，历史上过七十岁的帝王其实不止乾隆说的这几位，比如十六国后燕慕容垂七十岁；南燕慕容德就活到了七十九岁；大周国皇帝武则天更活到八十一岁；五代十国的吴越国王钱镠八十岁；前蜀高祖王建七十一岁；南平武信王高季兴七十一岁；南宋高宗赵构八十岁；明太祖朱元璋七十岁等。但乾隆爷对这些人不认可。

乾隆五十五年（1790 年）八月，乾隆爷八十岁大寿，又是即位五十五周年，乾隆爷更嚣张、更狂了，庆典办得相当隆重。

大臣彭文勤题了一副这样的对联贺寿：

龙飞五十有五年，庆一时，五数合天，五数合地，五事修，五福备，五世同堂，五色斑斓辉彩服；

鹤算八旬逢八月，祝万寿，八千为春，八千为秋，八元进，八恺登，八音从律，八凤飘渺奏丹墀。

对联大王纪晓岚的寿对气魄更大：

八千为春，八千为秋，八方向化，八风和庆，圣寿八自逢八月；

五数合天，五数合地，五世同堂，五福备至，高期五十有五年。

该年重阳，乾隆爷也不怕身子累坏，按惯例到热河秋狝，途经万松岭。彭文勤和纪晓岚又合成一联拍马屁。

彭文勤的上联是：八十君王处处十八公道旁介寿。

"十八公"代松，用了《江表传》的典故，且"十八"与"八十"的数字倾倒使用，非常不好对。

但对联大王纪晓岚从容对答：九重天子年年重九节塞上称觞。

此千古绝对一出，君臣欢声笑语，响彻山谷。

乾隆五十八年（1793 年）八月，乾隆爷八十三岁寿辰到了，这一年，英国马戛尔尼使团访华。

这是到达中国的第一个英国外交使团，是中英之间最重要的一次早期交往，堪称中西关系史上的重大事件。

如果处理得好，这将是中西方一次文明交流的绝佳机会。

可惜，自大的乾隆爷只把英国使团视为海外蛮夷前来进贡、前来祝寿，草草接洽了一下，就将之遣返回国了。

要知道，在上一年（1792年）十月初三，乾隆还亲自撰写了《十全记》，记述一生"十全武功"，自称"十全老人"。

乾隆在给英国乔治国王的回信里说："天朝物产丰盈，无所不有，原不借外夷以通有无。"

乾隆盛世，表面文治繁荣，风光无限；"十全武功"，武功赫赫，震慑四方。

但是，很多人不知道，中国第一大岛屿就是在乾隆盛世丢失的！

"十全武功"，在入侵强盗的眼中，不过是小孩子玩过家家。

在乾隆帝当政之前，中国一个大岛屿，它的面积比台湾岛、海南岛、崇明岛加在一起还要大。

这个大岛屿的名字叫库页岛。

库页岛位于黑龙江出海口之东，东面和北面临鄂霍次克海，西面隔鞑靼海峡与大陆相望，南隔宗谷海峡与日本国接壤。地形南北狭长，面积七万六千四百平方公里，其形状如鱼，拥有超过六千条河流及一千六百个湖泊，自然资源丰富，物产丰裕，拥有大约五千亿立方米的天然气储量和大约十亿桶的石油。

库页岛在中国唐代称"窟说""屈设"；元代称"骨嵬"；明代称"苦夷""苦兀"；清代称"库叶""库野""库页"。这些称法都是对同一个词语的不同音译，在实际意思上没有多少差别，都是"黑江嘴顶"，也就是黑龙江入海口的意思。

在地理发现史上，中国是最早发现库页岛的国家。

西汉初年的地理书《山海经》里就记载了库页岛上的住民是"毛氏"。"有毛人在大海洲上"，指的是居住在库页岛上的吉烈迷人。

在《后汉书》的《东夷列传》中，进一步记载：在北沃沮"海中有女国"。

以后的史书也有相同的记载，如元朝的《开元新志》和明朝的《殊域周咨录》都记载居住在库页岛上的吉烈迷人，"人身多毛"，还提到岛上住民"女多男少"的情况，这显然是母系氏族社会的标示。

清代《万绂图考》明确指出："库页岛即古女国，亦名毛人国。"这些记载证明早在两千年以前，中国已经知道库页岛是一个海上的岛屿，并对岛上住民也有了一定的了解。

中国也是最早管辖库页岛的国家。

最迟从唐朝开始，中国就管辖着包括库页岛在内的黑龙江和乌苏里江的下游地区。当时库页岛上由阿伊努族建立的流鬼国向唐朝政府进贡，唐朝皇帝还加封其使者佘志为骑都尉。据费正清等所著的《东亚史》记述，自唐始，中国就对包括库页岛在内的黑龙江、乌苏里江地区实施有效的直接统辖。725 年，唐朝在黑龙江下游地区设置黑水府；至十世纪，中国辽朝的五国部节度使管辖着库页岛。

1264 年，蒙古帝国派大军攻占库页岛；1285 年在奴儿干地方设置东征元帅府，加强对黑龙江下游及库页岛等地的管理，元朝将其纳入辽阳行省的管辖范围。这是中国首次将库页岛纳入行政范围。

1412 年，明朝征服苦兀，在库页岛北部、中部、南部分别设卫，隶属于奴尔干都司。明朝政府为了更有效地管理黑龙江下游地区及库页岛，曾先后十次派太监出巡此地，并建立了永宁寺，立碑记事。

清朝建立以后，库页岛归宁古塔副都统管理。

在目前的考古发掘中，考古专家也在库页岛上发掘出了隋、唐和宋时期的玻璃珠和耳环，辽、金时期的铜钟，一切表明，这个岛屿在历史上属于中国。

可是，沙俄是一个充斥着扩张和侵略的国家。从十七世纪三十年代开始，其侵略军扩展到清政府管辖的领土边缘，到了十七世纪中叶，其以勒拿河流域的雅库茨克为据点，入侵黑龙江下游达斡尔人居住区。

当政的康熙帝忍无可忍，派军队将沙俄侵略者驱逐了出去。

1689 年，清政府与沙皇俄国签订《尼布楚条约》，其中规定黑龙江以北、乌苏里江以东包括库页岛在内的地区，都是中国的领土。

其实，由于清朝统治者轻视北方这极寒不毛之地，参与谈判的大臣索额图、佟国纲均是昏庸糊涂之辈，签订《尼布楚条约》已导致中国丢失了贝加尔湖以东的尼布楚之地。但按照该条约，库页岛尚在中国版图内。

但沙俄人是不肯老实遵守条约的。

这些在雅克萨之战中败北的殖民者绕开中国的势力范围，北进勘查，于1789年，派出远征军大肆屠杀岛上的赫哲族居民，将他们驱逐回大陆，并在母子泊地方修筑行政厅、教堂、监狱、学校等建筑。

1790年，俄国彻底占领库页岛。

也在这一年八月，日本松前藩派遣松井干藩和新井隆助到岛上窥探，并在库页岛南端的白主设置市集。

荒唐的是，日俄根本不把大清放在眼里，背着中国，讨论瓜分中国的领土库页岛。

还要特别注意，1790年，就是乾隆五十五年，这一年八月，乾隆爷正在兴高采烈地摆八十寿宴。

可是，中国第一大宝岛就被人家在光天化日之下霸占了。

日俄侵占、瓜分库页岛，乾隆爷是否一直蒙在鼓里？

不是的，乾隆也多次发外交辞令，强烈谴责，然而并没什么用。

有人会觉得奇怪，乾隆"十全武功"，威势赫赫，怎么就不拎起刀子与其玩命呢？

老实说，就因为这"十全武功"，乾隆爷已经被搅得筋疲力尽、心力交瘁了。

远的不说，光说沙俄霸占库页岛前后这几年，乾隆爷都疲于奔命地做了哪些事吧。

1787年三月，林爽文率众起义，攻克淡水、诸罗（今台南市佳里镇）等地，称盟主大元帅，建元顺天。台南天地会首领庄大田起兵响应。

同年五月，湖南凤凰厅的苗民起义。

1791年八月，廓尔喀再犯藏，陷定日各寨，据济咙。

1795年，贵州、湖南发生苗民起义。

1796年，爆发了持续九年的白莲教起义。

……

看看，台湾、西藏、贵州、湖南都发生了战事，基本都在南方，而对于北方的库页岛，乾隆实在是有心无力，而从实际情况来说，的确无法展开南北两线战事。

　　其能做的，只能是致力于攘内而无力安外了。

　　鸦片战争之后，清朝走向衰落。沙俄强迫清政府签订了《中俄瑷珲条约》，1860年又以调停中英法第二次鸦片战争为借口，强迫清政府签订《中俄北京条约》，将乌苏里江以东包括库页岛在内的约四十万平方公里的领土割让与沙俄。

　　自此，库页岛在法理上和实际上，都已经彻底脱离了中国。

乾隆帝的爱情表达方式让人欲哭无泪

　　清史学家阎崇年认为，清朝皇室注重继承人（诸皇子）教育，皇帝个人综合素质高，情商和智商比历朝历代的皇帝都要高，有清以来无昏君。以情商论，封建皇帝，大多三宫六院七十二妃，罕有爱情。而清朝皇帝，从清太祖到末代皇帝溥仪，十二个皇帝几乎每一位都有热烈的爱情故事。如努尔哈赤之于阿巴亥、皇太极之于海兰珠、顺治之于董鄂氏、康熙之于赫舍里氏、雍正之于年贵妃、乾隆之于富察氏、嘉庆之于喜塔拉氏、道光之于钮祜禄氏、咸丰之于慈禧、同治之于阿鲁特氏、光绪之于珍妃、溥仪之于谭玉龄。因此，清朝是个多情的王朝，纳兰词与《红楼梦》的产生，也得赖于这种多情的背景。

　　自称为"十全老人"的乾隆帝觉得，他对孝贤皇后富察氏的爱，是没有任何人能比拟的。

　　那么，乾隆爷是怎么表达出如此高境界的爱情的呢？

　　乾隆十三年（1748年）正月，乾隆帝奉皇太后，偕孝贤皇后富察氏东巡，谒孔庙、登泰山。三月十一日，乘船沿运河回京路上，孝贤皇后富察氏去世，病死于巨舟青雀舫上，年仅三十七岁。

　　乾隆认为青雀舫曾保留了富察氏最后的体温，下命令无论如何都把这艘大船运进北京城。

听到这个命令，人们都惊呆了。

这座青雀舫体积庞大，城门门洞狭窄，如何进城？

乾隆不管，很任性地说，把城门楼拆掉。

所幸，礼部尚书海望想出了一个方法，即命人搭起木架从城墙垛口通过，上设木轨，木轨上满铺鲜菜叶，使之润滑，再由千余名人工推扶拉拽。

饶是这样，也是费尽了周折，才把御舟运进了城内。

而后，乾隆不惜耗费巨资、大兴土木筹措皇后的葬礼，单就把皇后金棺从长春宫移至景山观德殿，就动员工匠八千二百四十二个，各作壮夫九千五百九十三名，耗费白银九千六百余两。

为了表示出自己的丧偶之痛，乾隆要求天下同哀。

皇长子和皇三子哀慕的诚意不够，乾隆严加斥责，其中永璜的师傅俺达受到处分，和亲王弘昼、大学士来保、侍郎鄂容安各罚俸三年，其他师傅俺达各罚俸一年。

倒霉的还有刑部尚书阿克敦，因在皇后册文的满文译文中将"皇妣"一词粗心大意译成了"先太后"，乾隆咆哮如雷，将刑部尚书阿克敦交刑部治罪。其他刑部官员见皇帝盛怒，于是加重处分，拟绞监候。

哪料乾隆天霆之怒未息，责备刑部"党同徇庇"，故意"宽纵"。将刑部全堂问罪，包括满尚书盛安，汉尚书汪由敦，侍郎勒尔森、钱阿群、兆惠、魏定国，均革职留任，而阿克敦则照"大不敬"议罪，斩监候，秋后处决。

随后，乾隆又埋怨光禄寺筹备的给皇后的祭品等"俱不洁净鲜明"，光禄寺卿增寿保、沈起元、少卿德尔弼、窦启瑛俱降级调用；工部因办理皇后册宝"制造甚用粗陋"，全堂问罪，侍郎索柱降三级，涂逢震降四级，其他尚书、侍郎从宽留任；礼部"册谥皇后，未议王公行礼之处"，尚书海望、王安国降二级留任，其他堂官也分别受到处分。

举行祭奠孝贤皇后典礼，各地督抚大臣、提督、总兵、织造、盐政等官员诚惶诚恐，纷纷呈递奏章，要求"跪请圣安"并"叩谒大行皇后梓宫"。

乾隆认为这些奏请赴京的都是有良心的人，其余全是白眼狼，下令，各省满族的督抚、将军、提督、都统、总兵，凡是没有奏请赴京的，各降二级，或销去军功记录。

两江总督尹继善、闽浙总督喀尔吉善、湖广总督塞楞额、漕督蕴著、浙江巡抚顾琮、江西巡抚开泰、河南巡抚硕色、安徽巡抚纳敏等五十多名满族文武大员叫苦不迭，含泪遭受了这种不公正的处分。

按照满族旧习，帝、后之丧，官员们在一百天内不能剃发，以表示自己专心悲痛。这种风俗大清会典中并无记载，雍正皇帝去世时，许多官员并没有遵照旧习，百日内已经剃发，乾隆也没有追究责任。

这次，乾隆为了表示皇后在自己心中地位比皇考还重要，要严办在皇后之丧中剃了头的官员。

锦州知府金文醇剃了头，刑部将之定了斩监候。

杀气腾腾的乾隆不满判决，骂刑部尚书盛安徇私，将之下狱。

江南总河周学健剃了发，乾隆本来要杀他的，但湖广总督塞楞额是满人，也剃了发，乾隆于是下令塞楞额自杀，放了周学健一马，让他到边疆做苦力。

湖南巡抚杨锡绂、湖北巡抚彭树葵也剃了发，因为是自行检举，只是革职了事。

翰林院撰拟皇后祭文，用"泉台"二字，乾隆认为这两字分量不够，"岂可加之皇后之尊"，怪大学士张廷玉以及阿克敦、德通、文保、程景伊等"不留心检点，草率塞责"，俱罚俸一年。

……

看得出，乾隆对亡妻是真的有真挚而深厚感情的，但却以这种方式来表现，让人欲哭无泪。

 ## 乾隆为试婚女子赋诗

给皇子安排性启蒙老师这件事，在其他朝代是笑话，在清朝却是一项制度。

清朝作为中国历史上最后一个封建王朝，吸取了前面历朝历代的各种各样的教训，宫中所定制度之完备、之严密、之周详，让人叹为观止。

据说，晋武帝司马炎是因为生了个傻儿子，不得不提前给他安排了个性启蒙老师。

清朝的皇子没有一个是傻的，但为了保持皇族人丁兴旺，以及皇子们在结婚当天不至于在新娘子面前掉份，皇室都会早早给他们安排性启蒙老师先对他们进行指导。

这些性启蒙老师被称呼为"试婚格格"，实际上也是婢女的一种，之后能不能有更高的地位，要看这位皇子对她的喜欢程度了。

宫中有明文规定，皇子在大婚之前，先由宫中精心挑选出八名年龄稍长、容貌端庄的宫女，冠以司仪、司门、司寝、司帐等女官之名，陪皇帝随寝、"试婚"。

与之相形成趣的是，清代皇室的公主出嫁前，也需实行这项"试婚"制度，不过试的不是公主，而是驸马爷。

即清代的公主选定驸马、确定嫁期后，得由皇太后或皇后亲自选出一名机敏干练的宫女充当"试婚格格"，随同公主的嫁妆一起先行一步到驸马家，当天晚上便由"试婚格格"与驸马同床试婚。第二天一大早，"试婚格格"就会派遣专人回宫，向太后或皇后详细禀报驸马爷有无生理缺陷、性格是否温柔等。一旦试婚合格，公主正式下嫁后，这位"试婚格格"就留在驸马身边或为妾或为婢。

清朝诸帝中，文学细胞最发达的就是乾隆皇帝爱新觉罗·弘历。此人做皇帝沉稳老辣、杀伐果断，但做起诗来，又多愁善感，有黛玉之态、李贺之病、屈原之伤，据说一生做了四万多首诗，可惜流传的不多。

不喜欢文学的人，肯定不怎么写诗，也不爱做笔记、写日记，关于其平生事迹就只能靠别人来描述。

喜欢文学的人，多多少少会留下一些与私生活有关的文字，这是最真实的东西，可以让人走进他的内心世界。

由史料可以统计，乾隆一生中，有正式名分的妃子共计四十一人，而没名没分的试婚女子竟高达十八个！

这四十一个有正式名分的妃子中，其实有一个是从试婚女子中升级过来的。

也就是说，乾隆拥有的试婚女子，应该有十九个。

这幸运的试婚女子是察哈尔总管李荣保的女儿富察氏。

富察氏与乾隆的年龄相仿，是乾隆人生中的第一位女人，深得乾隆的喜爱。

可惜的是，富察氏福薄，消受不起乾隆的恩情，二十五岁就香消玉殒了，一个多月后乾隆才登基继位。

为了纪念生命中经历过的第一个女人，乾隆在登基后第二年就追封富察氏为哲妃，十年后又追赠为哲悯皇贵妃——"哲"者，知也；"悯"者，怜悯、痛惜也。

乾隆十七年（1752年），乾隆在自己的陵墓修好之后，将一直停厝于京东静安庄的富察氏的灵柩并孝贤皇后与慧贤皇贵妃的灵柩，在同一天葬入清东陵的裕陵地宫。

乾隆四十五年（1780年），年已七旬的乾隆祭奠已逝各妃，祭奠到富察氏，脑中浮现的，是二十五岁时富察氏的面容，悲从中来，特意为富察氏写了一首诗，诗云：

> 已是别多时，能无一写悲。
>
> 七旬忽我逮，百岁任他期。
>
> 幻景徒惊速，故人不愁遗。
>
> 曾孙毕姻近，眠者可闻知。

第七章　由盛转衰的嘉、道、咸三朝

 禁宫中遇刺最多的皇帝

"仁"，是中国儒家学派道德规范的最高准则，含恭、宽、信、敏、惠五种美德。

中国历史上的"仁宗"有好几个，其中最著名的就是第一任"仁宗"——北宋的第四代皇帝宋仁宗赵祯。宋仁宗十三岁即位，五十三岁驾崩，在位四十一年。从他当政的所作所为来看，真当得起一个"仁"的称号。

史书载，宋仁宗驾崩之日，开封城成了一片哭海。

皇宫门外人山人海，不分王公贵族抑或平头百姓，大家都披着白麻，烧着纸钱，哭成了泪人。

甚至，与大宋南北对峙的辽国皇帝听了宋国使者的讣告，也悲伤流泪，握着使者的手说："我要给他建一个衣冠冢，寄托哀思。"

宋仁宗没有秦皇汉武、唐宗宋祖的赫赫武功，却以自己个人的独特魅力征服了天下人的心。

可以说，宋仁宗将"仁政爱人"推上了一个极致，为后世帝王树了一个榜样、立了一根标杆。

宋朝之后的几个王朝，也因此都出现了被冠以"仁宗"庙号的皇帝：元朝的"元仁宗"孛儿只斤·爱育黎拔力八达，明朝的"明仁宗"朱高炽；清朝的"清仁宗"爱新觉罗·颙琰。

这三个仁宗皇帝中，清仁宗的历史地位似乎有些尴尬。

清仁宗的年号为嘉庆，下面，我们就说几件发生在嘉庆年间与清仁宗嘉庆帝有关的真实故事。

嘉庆八年（1803 年）闰二月二十日，嘉庆帝为了准备两日之后到先农坛亲耕耤田的活动，从圆明园回宫斋戒。

乘舆刚刚进入神武门，突然从西大房闪出一人，手持短刀，势如疯虎地杀向乘舆。

神武、顺贞两门之间守卫的侍卫有上百人，但禁宫之内行刺，乃是从来未有之事，侍卫意所未料，全都手足无措，呆立当场，不知如何是好。

危急之中，嘉庆帝的侄子，定亲王、御前大臣绵恩本能地冲出，奋力推却刺客。

推搡中，刺客的刀捅入了绵恩的前胸，绵恩痛呼一声，软绵绵地倒在血泊之中。

不过，绵恩这一推搡之间，喀尔喀亲王拉旺多尔济、喀喇沁公丹巴多尔济、御前侍卫扎克塔尔等人从惊慌中回过神来，大声呼喝，互相壮胆，从四面围上，将刺客拿下。

尽管嘉庆帝在这场变故中毫发无伤，但事件极具震撼力，消息不胫而走，一下子就传遍了整个北京城，举朝惊怖，人心惶惶。

当日，嘉庆帝命军机大臣会同刑部严审。

军机处提人审讯，刺客供认不讳，自称姓陈，名德，年四十七岁，北京人，自幼随父母为奴，后来，奴随主迁，全家跟随主人迁往山东青州。陈德长大成人，即在青州娶妻生子。陈德的父母病逝后，陈德重新携妻子回京谋生，在富豪之家当厨役。前年妻子病故，陈德一人拉扯两个未成年的儿子外，还要赡养八十岁的瘫痪岳母，生活日见困顿，陷入困境。到了这年二月，陈德失业，从富豪家出来，数次搬家，均找不到差事，从而想一死了之。但陈德自幼练有武功，想到就此死去，不免藉藉无声，枉自在世上走了一遭。于是起了行刺皇帝的心思，企求死得轰轰烈烈。

陈德直言："我想我犯了惊驾的罪，当下必定奉旨，叫侍卫大臣们把我乱刀剁死，图个爽快，也死个明白。实在并无别故，亦无冤枉，亦无人主使。"

陈德的确武艺超群，这一出手，便连伤数人，并在以一敌六的过程中将御前侍卫刺倒，着实令人吃惊。

而陈德的作案动机居然又是如此简单，让人大感意外。

一开始，嘉庆和众审案大员均难以置信。但是，经过次日添派的满汉大学士、六部尚书会审，第三日再增添九卿科道的会审，并对陈德加以重刑，再三推鞫，供词并无改变。

由此，这桩惊天行刺大案只好宣告结案。

嘉庆帝下旨："所有此案凶犯陈德并二子，即行公同按律定拟具奏，候旨施行，其余俱行释放，不可累及无辜。"

随后，嘉庆帝还引咎自责说：出现了这种事，朕有也责任。现在，朕所羞惭和恐惧的是良好的风化没能推行，这也证明了朕有失德之处。从今而后，朕应当谨身修德，勤政爱民，自省己咎。

最终，参审诸臣拟定将陈德凌迟处死，二子一并处决，其岳母年已八十，免议。

嘉庆八年禁宫行刺案过后，仅仅一年，又出现了一件怪事。

嘉庆九年（1804年）十一月二十四日这天，天气特别冷，寒风里好像夹着刀子，刮得人脸生疼。

当晚深夜约五更时分，万籁俱寂。

如果是平时，大内宫中巡夜的护军早困得不行了。但这天实在太冷了，连打盹的意思也没有。几个护军不断来回溜达，使劲跺脚，以驱赶身上的寒意。也幸亏这样，才没酿出事端。

因为，他们远远看见有几个人打着灯挑着食盒往这边走来。

这些人，都往宫里送食的人，算是熟人。但他们这些人的后面，若即若离地跟随着一个可疑的身影。

什么人?! 其中的一个护军喝问了一声，那个身影在闪烁的灯光里似乎打了一个哆嗦，猛然朝黑暗里逃窜。

哪里走?!

众护军觉察不对劲，迅速追赶、包抄、拦截，很快就将那人擒获。

拉到灯光下一看，此人居然是一个和尚！

好家伙，竟然狗胆包天，潜进大内禁宫，真是不想活了。

经过审讯，这个僧人法号了友，原是安徽宁国府泾县人，因妻儿于乾隆五十八年（1793 年），相继去世，心死如灰，遁入空门，在梵觉寺受戒，并领有度牒（僧人执照），随后就四处游募化缘。这天夜里潜入皇宫，是一年前在浙江参拜普陀山，异想天开，想进京求皇上赏给自己主持。遂从江南、山东募化往北，于三月二十五日抵京，歇息在各处寺庙，屡至东华门外跪拜，请求进宫，均被拒绝。十一月二十四日这天，其先到东华门外观望，被守门护军驱赶，转而来到景山东门外，忍饥挨冻一直待到了深夜五更，看有人往宫里送食，便悄悄地跟在后面，轻松混入神武门内，走进右东夹道，没想到被巡夜护军发现，束手就擒。

嘉庆帝知晓此事，既惊又怒。

惊的是一个普通僧人竟能如此轻松破禁入宫，如若是再如陈德之类要图谋不轨的刺客，后果不堪设想。

怒的是宫闱重地，防范竟是如此疏漏。

惊怒之下的嘉庆帝下谕令严惩了友，将其勒令还俗，依擅入神武门者本律上加一等杖责六十，流放一年，再枷号两个月示众，期满后送交安徽巡抚衙门折责充徒。当晚神武门值班的护军官三达色等被从重杖一百，照例革职；护军明通等也被革退差使、从重杖一百，先行枷号一个月，满日鞭责后交本旗管束；神武门至东夹道失察的护军交护军统领鞭八十免其革退；职官咨送兵部照例议处。

了友不是刺客，总算是虚惊一场。

但没过几个月，不要命的刺客又来了。

嘉庆十年（1805年）二月二十日这天上午，一中年男子肩扛一杆用袍子裹着枪头的铁枪，不知怎么，就摸到了神武门外。这人明明看见门口有护军把守，仍大大咧咧地扛着铁枪往里闯。

好大的派头，禁宫是你家吗？想入就入？！

值班护军图塔布不知他包裹着的一端是枪头，属于行凶凶器，还像平日一样耍威风，用呵斥小平民的口气要将他驱走。

这人的脸上突然杀气大盛，抖枪朝图塔布猛力扎去。

图塔布不愧是行伍出身，猛吃一惊，大叫不好，扭身闪过，但衣服已被戳破。

在神武门当班的其他护军赶紧围上来围捕。

这人杀气更盛，把一杆长枪舞得虎虎风生。

不过，护军的包围圈越缩越小，长枪难以发挥作用，他就丢弃了枪，抽出了两把藏在腰间的杀猪刀，冲着护军们劈头盖脸一阵狂砍。

鏖战中，守门章京舒当阿的帽檐儿被砍破，护军莫尔根的手指头被砍伤，另一护军校八十四的头脸也被砍伤，且伤势严重。

不过，人多不怕人少，人多势众的护军乱棍将男子打翻在地，五花大绑，绑成了个粽子。

男子被带至东值房审问，仅供姓名为萨弥文，山西五台王家庄人，因盟兄支使来京，其余问话坚不吐露。

不吐露，就用刑！

但还等不及用刑，男子就因伤势过重一命呜呼了。

嘉庆皇帝气怒交加，下谕速查急奏。

还好，男子的身份查清楚了：其原名叫刘士兴，居住在直隶省正定府藁城县岗上镇杜村，山西五台县西王家庄人，两年前与人拜把结盟，很少回家，在外边干些什么家人也不得而知。

嘉庆皇帝因此只吩咐将刘士兴"戮尸枭示"。

原本，嘉庆皇帝认为值班护军精勉骁勇，将刺客消灭于宫门之外，第一时间就发出上谕奖励有功人员。但随着此案的深入了解，嘉庆帝得知，刘士兴冲进禁门时，当班的护军竟然都没有配备武器，有些当班的护军擅离职守在屋内闲坐聊天！

嘉庆皇帝肝火又起，但鉴于自己已颁布了嘉奖令，不好自打自脸，只好再发上谕更换守门器械并加强门禁章程了事。

事过六年，嘉庆十六年（1811年）十二月初十这天，在负责宫禁的领侍卫内大臣值班的景运门内，当班的内阁中书屈廷镇的海龙皮褂后襟竟被潜入宫中的小偷割开了一道口子。人们只发现这个口子，并没看到贼人的踪迹，足见来人身手如鬼如魅，来去自如。

嘉庆皇帝知晓了此事，下令严查。

查来查去，一无所得。

没奈何，嘉庆帝只好再次颁发上谕加强门禁。

单纯的加强门禁并没有多少用，真正让人惊破胆的事儿来了。

嘉庆十八年（1813年）九月十五日，紫禁城内爆发了一起震惊全国的"林清起义军攻打紫禁城案"，史书中又称"紫禁城之变"。

这天，北京天理教教首林清趁嘉庆帝于九月十五日（农历）巡幸热河发动起义，以两百人潜入城内，分由东华、西华门攻进清宫。

宫廷内的皇子、显贵大臣、武将勋戚等，突遇惊变，顿时手足无措，纷纷要作鸟兽散。.

负责守午门的清将策凌溜得最快，在亲兵的保护下开门首遁。

清护军统领石瑞龄第一个想到的就是："可速备车乘，以备后妃之行。"

礼亲王昭梿也对石瑞龄的反应大加赞赏。

所幸皇次子旻宁（即后来的道光皇帝）还算镇定从容，火速调来正好留驻京师的火器营、健锐营兵入宫，与天理教众在隆宗门外展开激战。

最终，天理教众寡不敌众，被抓的被抓，被杀的被杀。

饶是如此，此事在清朝历史中还是震撼极大。

想想看，一伙两百人的"乌合之众"，居然顺利地攻入了由八旗军层层守卫的皇宫，如果不是火器营恰巧开到紫禁城内，后果真是不堪设想。

史家因此评论："自是役而后，清廷纲纪之弛废，臣僚之冗劣，人心之不附，兵力之已衰，悉暴露无余。"

嘉庆帝本人也只得承认，此乃"汉、唐、宋、明之所未有""从来未有事，竟出大清朝！"并下了一道"罪己诏"，告诫群臣，"永不忘十八年之变"，同时下令彻底加强禁卫。

历史就这样幽默，庙号为"仁宗"的嘉庆帝，竟然是中国古代历史上在禁宫中遇刺最多的皇帝。

为什么屡屡遇刺，并非只是禁卫问题，背后的原因，更值得深思。

清朝贝勒爷误家误国，其父天天盼其早死

道光帝的第六子恭亲王奕䜣是史学家公认的晚清诸王诸公中最为聪明能干的人。

吴相湘先生在他的《晚清宫廷实纪》第二篇《身系安危的恭亲王》中就说："恭王性质开明，临事敏决，能力之富强，当时廷臣中，实罕其比。"

萧一山先生也在他的《清代通史》卷下第十三章《同治中兴时代》中说："盖奕䜣性质开明，临事敏决，能力亦颇富强。"

但是，由于种种原因，道光帝最后还是立了第四子奕詝（即后来的咸丰帝）为帝位继承人。

作为补偿，道光定奕詝为皇太子的同时，封奕䜣为亲王。他把立奕詝为皇太子的朱谕与封奕䜣为亲王的朱谕同时藏入"储位缄名金匣"里面。

史称："此为清朝家法所未有之特例也。"

奕詝即位为咸丰帝后，奉道光帝遗诏封奕䜣为"恭亲王"，并多方倚重。

奕䜣也不负众望，巧妙周旋于英、法等国外使之间，平息争端，援

引外国力量，重用曾国藩、张之洞等一批名臣，大办洋务运动，镇压了太平天国和捻军之乱，迎来"同治中兴"。

可惜的是，作为晚清名王重臣，奕䜣在后代的培养上很失败。

奕䜣的长子载澄本是天才少年，人很聪颖，读书习武都小有成就，颇有乃父之风。

载澄年纪稍长，受封为郡王衔贝勒，人称"澄贝勒"，任内大臣和正红旗蒙古都统，著有《世泽堂遗稿》三册传世。他的同父异母弟载滢写了序文。序文中称赞他："自束发受书，过目即能成诵。喜为诗，叉手而成。"

可惜的是，载澄贪图玩乐，又因两个弟弟早殇，被父母视若掌上珠宝，万分溺爱，因此以放荡顽劣驰名，比《水浒传》里的高衙内还要高衙内。

不过，《水浒传》里的高衙内只有他欺诈别人的份，而没有人敢欺诈于他。

载澄人虽聪明伶俐，却活生生在阴沟里翻了船。

且说，某年夏天，载澄和自己的一帮狐朋狗友游什刹海，在岸边茶楼品茶，发现邻座有一单身妖艳妇人向他频抛媚眼。载澄是个喜欢偷腥的主，哪受得了这个？派手下小厮买了一束莲蓬相赠，勾引妇人说："这是贝勒爷所赠，想与你相会哩。"妇人大大方方地说："相识不如偶遇，请贝勒爷选相会的地方。"载澄听了，犹如雪狮子向火，六月天里身子瘫成一堆泥，带妇人寻旅馆开房去也。随着交往日深，载澄对妇人难舍难分，情难自拔，就说："我俩情投意合，却不能长相厮守。这可怎么办？你不如嫁给我。"妇人羞答答地说："我是有丈夫的人，如何能再嫁于你？不如，你带人在路上把我劫走。我夫家知道是澄贝勒劫人，还能怎么样？"的确，这办法既简单又直接。载澄拍手称好，便和妇人说好了时间、地点，依计而行，果然成功了。但恭亲王家的名声也臭了。一时舆论沸腾，人们道路相见，无不大嚼载澄抢夺良家妇女之事。那妇人的公公原为浙江布政使，后因犯事逃至普陀为僧，家境破落。妇人的丈夫为京曹官，听说妻子被载贝勒劫去，不敢控告，气急攻心，竟激成疯癫。

而那妇人也是爱新觉罗氏的宗室女子，论起辈分，竟是载澄的姑姑。

载澄的恶行劣迹当然并不止于此。他最大的罪过就是带坏了同治皇帝。载澄小时到宫内上书房做同治皇帝的伴读，经常提供春宫画册以及诲淫诲盗的书籍给小皇帝翻阅。长大后，又把自己在外间胡作非为、淫乱于花街柳巷的奇闻趣事绘声绘色地讲给同治听，致使同治心旌摇动，禁不住诱惑，跟随他微服出宫，到娼楼酒馆宵游夜宴。

恭亲王奕䜣对儿子带皇帝外出的事是有所耳闻的，却不敢张扬，生怕会败坏皇家声誉。当载澄闹出了诱抢族姑的丑闻后，恭亲王就趁机下令把这个不肖子关入宗人府的高墙内，意在永久监禁。哪承想，奕䜣的福晋在这个时候去世了。载澄振振有词地向慈禧太后请求："当尽人子之礼，奔丧披孝。"母亲去世，焉有不让儿子披孝之理？被蒙在鼓里的慈禧太后不知内情，特旨放出。

载澄于是如同逃出八卦炉的孙大圣，不但不思改悔，反而变本加厉，越加猖狂，带同治帝流连妓娼之家，最后终于酿出了大祸：同治帝染上梅毒，撒手尘寰。

恭亲王奕䜣气得直瞪眼，发誓不要再见到这个儿子，父子情断义绝。

光绪十一年（1885 年）六月，载澄患上重病。奕䜣知道了，不但不悲痛忧伤，反而面露喜色，嘴发呵呵之音，日日盼其死。

载澄延医吃药，病情还是一日重过一日，眼见不能活了。

家人报告奕䜣，说："父子一场，好歹还是看他一眼吧。"

奕䜣点点头，决定见儿子最后一面。

可是，才一入屋，赫然看见载澄黑绸衣裤上用白丝线绣满的蜘蛛，不由心中火起，呸了一声，骂道："穿这样一身匪衣，合该早死！"一跺脚，走了。

载澄扭头看着父亲的背景，气绝身亡，时年二十八岁。由于是恭亲王长子，被赐予"果敏"的谥号。

大清四品翎顶将军华尔到底是英雄还是流氓

清末乱世，堪称一个风云变幻、光怪陆离的大舞台，在这个舞台上，处处充斥着形形色色的良臣、名将、盗贼、义士、军阀、野心家、造反家的身影，此外，还时时活跃着许许多多蓝眼睛、高鼻梁的外国人。

这些外国人中，有一个人不得不提。

此人不但加入了中国国籍，做了中国女婿，被归化成了"华籍美人"或"美裔华人"，还当上了大清四品翎顶将军。

在美国，他被美国国民称颂为一个为中国而献身的国际主义者，一个时代的英雄。美国记者阿本德为他写了传记，称他是"西方来的战神"（The God from the West）。

而在中国，他曾被推崇备至，后又被彻底丑化，被说成美国流氓、刽子手和殖民主义者。

这个人就是"洋枪队"的创造者华尔。

华尔的全名是费雷德瑞克·汤森得·华尔（Frederick Townsend Ward），1831 年 11 月出生于美国马萨诸塞州萨勒姆镇。华尔的父亲是一个商船船主，华尔很小的时候就喜欢跟随父亲或商船里的水手出海，养成了喜爱冒险、勇于进取的性格。

华尔在诺维奇大学肆业后，接受了一些基础军事训练，并到中南美洲及墨西哥从事冒险活动。后来投入法国军队，任尉官，参加过克里米亚战争。

太平天国搅得南中国山河动荡之际，富于冒险精神的华尔毅然决然地来华寻找建功立业的机会。

1860 年春，华尔来到了上海，在清军水师炮船"孔夫子号"（Confucius）担任大副。

"孔夫子号"产自美国，原本属于上海银钱业工会，专业为银庄护送银两，在国难当头之际，被政府征用。

由此，华尔结识了"泰记银号"的经理杨坊。

自从太平天国定都天京后，势力越来越大，在击溃了清军江南大营后，乘胜东征，连克丹阳、常州等地，进逼上海。

杨坊等中国银庄老板们非常紧张，担心自己打造的商业帝国陷落到太平军手里，考虑到清军的作战能力欠佳，而在第一次鸦片战争中洋人所表现出来的凶悍战斗力让他们记忆深刻，所以，私下里有意筹组一支由洋人组成的雇佣军以保卫上海。

华尔得知，立即大包大揽，声称自己完全可以负责招募外籍士兵，并担任统领，亲自训练以及指挥作战。

此事又得到了清朝苏松太道吴煦的支持。

于是，双方达成了协议：由华尔招募外籍士兵成立一支洋枪队对太平军作战，而由吴煦、杨坊负责供应军械、军费每月一百至六百美元不等。另外，华尔每攻下一个太平军占领的城镇，就可以得到四万五千美元到十三万多美元不等的"赏金"。

华尔是个实干家，说干就干，马上大张旗鼓地招兵买马。

上海附近有几百艘外国商船和军舰停靠，商船上的水手和军舰上的兵痞听说美国人华尔招募部队，薪水可观，纷纷前来加入。

华尔很快就募集了一支由清一色洋人组成的雇佣军，大概三百多人，担任副领队的是美籍军人法尔思德（E. Ferester）、白齐文（H. A. Burgevine）。

6月2日，华尔率领这支刚刚成立的洋枪队前往攻打太平军占领下的松江。

对于这次进攻，华尔自信满满。毕竟，他的部队装备齐全，使用的是当时世界上最为先进的武器弹药，而太平军的兵器还停留在原始的大刀长矛阶段。

然而，战争的结果却让华尔大吃一惊。

很多太平军将士都是血海刀山中趟过来的，可谓身经百战，两下一交手，华尔手下这群乌合之众就被打得四散奔走、溃不成军。

华尔狼狈不堪地逃回到上海，一清点人数，晕了，三百多人，逃回来的不足一百人！

负责提供军火与薪饷支持的中国银行业商人们大感失望。

华尔也感到无地自容。

有意思的是，那些生活在上海的洋人不但不为同类华尔的失败为羞，反而幸灾乐祸，取笑华尔不自量力。

面对失败，华尔没有放弃，反而更加认准了自己的选择，继续向中国商人要枪要资金，以图东山再起。

华尔的表现虽说令人失望，但上海的危情的确让人揪心，没办法，中国商人们只能再出银子让这个洋冒险家做第二次尝试。

这次，华尔改变了策略，招募的人员重于质量而不重数量，将很多意志不够坚定的人淘汰掉，重新组织了一支五百多人的新"洋枪队"，其中大部分成员是来自菲律宾的水手。

1860年7月16日，华尔率领着他的"洋枪队"再次攻打松江城。

这次，太平军伤亡了大约五百多人，抵挡不住，弃城而逃。

洋枪队一拥而入松江城，抢掠了无数金银财宝。

这还不算，按照合同，清政府和上海商人还必须奖励华尔白银三万两。

这么一来，洋枪队上上下下全发达了。

洋枪队也将松江开辟成为自己的基地。

华尔的大名一下子传遍了上海洋人世界，原先那些讥笑他的人笑不起来了，其中的很多人转变了态度，前来报名，争着抢着要加入华尔的"洋枪队"。

本着选优汰劣原则，华尔又招收了大量优秀从业人员。

这些从业人员之所以"优秀"，是因为他们本身就是正规军的士兵。

英国和法国都有军队驻守在上海，这些军队里的士兵经受不起华尔开出的高薪诱惑，纷纷跳槽到了华尔军中。

上海的英国和法国当局不乐意了，一致指责华尔是个骗子，要联合逮捕他。

华尔虽然有所觉察，但他并不打算停止自己的做法，因为，他正准备进攻下一个太平军所占据的城市——青浦，需要更多的兵员。

8月2日，在扩充足兵源后，华尔集结起自己的洋枪队，大举进攻青浦。

让华尔万万没有料到的是，在青浦，他遇到了一个强硬的对手——曾为英国皇家步兵团上尉的英国人萨维治（Savage）。

萨维治现在是太平军李秀成的手下，带领有一万多人把守青浦。

最致命的是，这一万多人都配备了精良的武器，其中不乏从洋人手中购买的新式枪炮。

孙子兵法说，知彼知己，百战不殆。

华尔既不知己也不知彼，后果很严重。战争才开始，他就为他的冒失付出了代价：一颗子弹从他左下颚穿过右脸，满脸开花。

洋枪队被打得丢盔弃甲，死伤了三四百人，所有大炮、军火以及炮船均被太平军俘获。

华尔狼狈不堪地逃回松江城，伤口感染，患了疟疾，不得不先到上海疗伤，再转往巴黎养伤。

华尔在巴黎养伤期间，太平军顺利收复了松江，并开始进攻上海的西门和南门。

驻守上海的英、法军队为了维护既得利益，只好配合清军以攻为守，从水陆两方面猛击太平军。

有趣的是，英法在上海的军队与清军是站在同一战壕的战友，但这两国组成的联军却又猛攻北京，迫走咸丰皇帝，火烧了圆明园。

当真是乱得天昏地暗，不可开交。

8月18日，进攻上海的太平军被英、法联军所败。

8月20日，太平军再攻上海又败，李秀成面颊受伤，太平军从上海前线撤退，李秀成开始筹划西征事宜。

洋枪队乘机复占松江。

1861年1月，英国水师提督何伯（J. Hope）乘船上驶天京，与太平天国当局达成了"在一年内太平军不干涉长江商业，同时也不以任何方式进攻上海"的协议。

上海的战事遂暂时趋于沉寂。

华尔伤愈回沪后，鉴于洋枪队在作战中损失惨重，华尔为补充兵员，继续扩军。他聘外籍军人为教练，以招募中国人为主，将兵额扩充至千人，士兵一律穿青呢服，小袖短衣。以新式洋枪洋炮为武器，另有轮船一艘以供运输及作战之用。士兵每人"月给银八饼（元）五角"，远比清军薪饷为高。所以，有不少清兵往投华尔。

英国水师提督何伯忍无可忍，于5月19日亲自带领四艘登陆艇，满载着英国海军陆战队员，气势汹汹地前往洋枪队的基地松江，声称要抓捕军队里的逃兵。

洋枪队的士兵们多是一群亡命之徒，手里端着先进的武器装备，哪肯轻易给何伯入城？双方弩张剑拔，冲突一触即发。

华尔表现得很男人，听说何伯来了，二话不说，喝令部下们放下武器，打开松江城门，迎接英军进城。

何伯入了城，就手脚麻利地找出了二十九名英国逃兵，连同华尔，一同逮捕而去。

洋枪队看见首领被捉，喊打喊杀，流血事件随时会发生。

何伯将教唆犯华尔交给美国驻上海总领事馆审理。

审判于5月21日举行，英国军方控告华尔非法卷入战争，破坏中立，并且诱惑和煽动军事人员擅离职守。

面对这些指控，华尔不慌不忙，一口否认了该法庭的管辖权。他说，他早已不是美国公民了，而是"大清帝国的臣民"。

华尔的红口白牙当然不能让英国公诉人和美国领事相信，但参加旁听的中国代表随即向法庭呈交了一份清朝总理衙门的文件，上面明确无误地表明，华尔已经放弃美国国籍，加入中国国籍。

美国领事傻了眼，只好宣布当场释放。

杨坊为了庆祝这次外交上的胜利且激励华尔日后在战场上的斗志，以邱家湾里仓沈氏宅作为华尔的"公馆"，以女妻之，和华尔结成了翁婿之谊。

1862年春，洋枪队已发展到五千人左右，且有水陆新式技术装备。清政府正式下令把洋枪队改名为"常胜军"，升华尔为副将。

特别要说明的是，美国正在进行南北内战，以至华尔不得不时常关注祖国时局的发展，时刻准备着响应祖国的召唤。

又因为英国方面支持美国南方邦联，英美两国持续紧张，而华尔就成了远东地区唯一可以抗衡英军的美国人。

1861年11月7日，一艘名为"特伦特号"（Trent）的英国邮轮被美国北方军队的军舰"圣亚辛托号"（San Jacinto）拦截了，原因是"特伦特号"上运载着两名美国南方邦联的代表，而这两名代表之所以出现在"特伦特号"上，是他们正在前往欧洲定购武器以对付北方军队。

消息传出，英美之间的局势骤然紧张。

英国已经着手准备战争，将一支满载八千人的庞大舰队开进了加拿大。

美国方面即指令华尔带领他的洋枪队随时向驻扎在上海、长崎等地的英国舰队发动袭击。

老实说，华尔的洋枪队背后有中国政府撑腰，占尽了天时地利的优势，英国人还是相当忌惮的。

一时间，上海的上空，战云密布。

不过，因为美国总统林肯的妥协，英美双方的战争最终没有打起，而点燃起战火的却是太平军。

1862 年 1 月 7 日，太平军第二次进攻上海。

这种情况下，上海的英军和华尔的洋枪队不但前嫌尽释，还联合上了法国军队，还有清朝军队，为共同守卫上海站在了一起。

1862 年 1 月 30 日，华尔洋枪队将从青浦开往松江的太平军击退。

2 月 5 日，华尔在在天马山、辰山设伏，再破来自嘉兴的太平军。

2 月 10 日，华尔又在广富林、天马山、陈坊桥等地连败李秀成部，打伤打死太平军二千余人。

2 月 21 日，华尔洋枪队约六百人、英法联军约五百人、清军数千名，四国军队会攻距上海不远的高桥。

战前，华尔偕英国水师提督何伯"假扮西洋打猎商人，亲入贼巢，察看周围形势"，尽得太平军虚实。

战斗开始，华尔"首先冲入高桥"，"冒烟直进"，所部大队继之，"以洋炮连环轰击"，将太平军击溃。

2 月 27 日，华尔复同何伯由闵行渡江，窥探侦察浦南要地萧塘镇的太平军营垒。

3 月 1 日，四国联军发动进攻，华尔挥军从左翼入攻，何伯率军从右翼进击，枪炮齐发，弹落如雨，一举攻下萧塘。

此战，洋枪队伤亡五十余人，华尔本人"叠受枪伤七处"。于是江苏巡抚薛焕保奏，赏以华尔参将衔。洋枪队因累次获胜，亦由薛焕奏报清廷，"取名常胜军"。

太平军深悉华尔"常胜军"为自己进攻上海之劲敌，故决意消灭这一反动武装力量，并占领其根据地松江。

太平天国忠王李秀成被打急眼了，以主力"屡扑七宝，窥伺上海"。

可是华尔的洋枪队锋锐正盛，又得到来自天津的英国海军上将史迪佛立（C. Staveley）所部海军来援，再次大败李秀成。

太平军败退后，"泗径、七宝之路既通，松江、上海之严骤解"。

清政府大加"奖励华尔及常胜军各领队，以彰其功"，并给华尔加四品翎顶。

4 月 27 日，英法联军三千人，"常胜军"一千人，携大炮三十尊，辅以清军五千人攻下嘉定。

……

1862 年的 1 月到 8 月，是华尔大出风头的时光。

9 月，"常胜军"的威风仍在，但华尔的好日子不再。

9 月 20 日，华尔率"常胜军"七百人驰援宁波，在慈豁"以（望）远镜瞭贼，枪弹中胸达背"，翌日死于宁波。

他临终前遗嘱以银一万两捐赠美国联邦政府，以供讨伐叛逆的南军之用。这是美国政府在内战中收到的最大一笔个人捐款。

李鸿章因华尔已入中国籍，乃"以中国章服殓葬松江，从其属中国之志也。请于朝，松江、宁波俱建祠"。

梁启超评价华尔说："李鸿章平吴大业，固由淮军部将骁勇坚忍，而其得力于华尔戈登者实多……盖本朝绝而复续，英法人有大功矣。"

 ## 清朝对皇子的教育

蒙古人在马上得天下，不注重文治，结果是其兴也勃，其亡也忽，

庞大的元帝国来去如风，入主中原的时间不过百年，匆匆退缩回漠北，只留下关于成吉思汗的传说。

清政府统治者也是在马上取得了天下，为了吸取蒙古人的教训，对皇子的教育，达到了变态和丧心病狂的地步。

皇子学习的内容包括满、蒙、汉等语言文字，《四书》《五经》等儒家经典，以及骑射武功等训练。

康熙皇帝资质有限，他回忆，自己从五岁开始读书从不间断，累得咳血。每日老师给指定那一段要念一百二十遍，之后再背诵一段新的内容，背了十多年，才把《大学》《中庸》《论语》《孟子》完全背下来。

在康熙"平定三藩"后，清代皇家教育确立了正规制度。

《养吉斋丛录》就骄傲地称："我朝家法，皇子、皇孙六岁，即就外傅读书。"意思是皇子虚岁满六岁便开始读书。

每天读书的时间可不短，为"卯入申出"，即早晨五点至下午三点，共计十个小时。

正式的上课时间是凌晨五点开始，但皇子必须在凌晨四点到书房复习前天的功课，每学一个字，即要写一百遍，一段课文，要朗诵一百二十遍。

想想看，四点钟进书房，相当于至少三点半就要起床准备了。

这活，可不苦过"半夜鸡叫"中周扒皮家的长工？

而且，最难的是，这样的日子，一年之中，只除了元旦、端午、中秋、皇帝生日、自己生日例外，其他天天如此，包括除夕，可不是要命？

清嘉庆年间的学者赵翼曾在军机处值夜班，常常目睹到皇子们凌晨上学这一幕：每天凌晨三四点钟时分，就有一串串的灯笼经过隆宗门，各皇子在自己宫里太监的导引下，打着呵欠，间或发着牢骚，到上书房读书。

俗话说，三更灯火五更鸡，正是男儿读书时。

普通人家的读书人三更起床苦读，那是为了博取功名，这些皇子，一个个都是富贵命，而且小小年纪，却也这样玩命，赵翼因此佩服得五体投地，在《檐曝杂记》大发感慨："我朝谕教之法，岂惟历代所无，即三代以上，亦所不及矣。"说自古以来没有皇帝这么教育皇子的，竟然严格到如此程度。

可也甭说，皇帝对皇子读书的事也真抓得很紧。

清盛期皇帝几乎每天都会去上书房巡视。其中的康熙最准时，每天九点左右都要到上书房听皇子们背书，有时下午还会再来一趟，带着大臣们一起听皇子背书。

醇亲王奕��在《竹窗笔记》记载："如届时功课未完或罚书罚字，俟师傅准去吃饭方去，随侍内谙达、太监等无敢催促者，下书房亦然。师傅在书房惟吃晚饭。某屋念书及某人在某间下屋均由上指定。"

少年读书苦就算了，但皇子读书读到什么时候结业，却没有相应的年龄限制。

一般来说，清朝皇室子弟十五岁就要分封爵位，接着就要搬出皇宫，自个儿在外面开牙建府。从理论上说，这个时候就可以不用回上书房念书了。但大多数情况是，分封后的皇子，甚至是结婚后，因为还没有得到具体的差事，还得到上书房"回炉深造"，所以就有了"寒暑无间，虽婚娶封爵后，读书不辍"的说法。

在上书房读书时间最久的皇子，当数嘉庆帝第三子绵恺。

这个绵恺从六岁起入上书房，到嘉庆去世，二阿哥绵宁即位，他的学业还未成，还需要安排专门的老师专门带着他读书，而且在长达二十年的读书生涯中，闹出过不少笑话和风波。

嘉庆二十四年（1819 年）正月，嘉庆帝六十大寿，心情高兴，分封皇子，比绵恺小十岁的四弟绵忻受封为亲王，绵恺却只封郡王，可见是其学业不佳而影响了前途。

二阿哥绵宁继位后，是为道光帝，虽然给绵恺授封了亲王，但也是不情不愿，严肃告诫说："皇弟你读书心不在焉，学业差劲，即使做了亲王，还要继续学习。"随后给他安排了专门的老师侍读。

即使这样，绵恺的学业还是没有长进。

道光十三年（1833 年）五月，皇后去世，大家在商量丧礼，绵恺自以为聪明地来了句："百姓如丧考妣，四海竭密八音。"这句话，形容的是百姓日子难过的状态，与皇后去世风牛马不相及，正处丧妻之痛的道光帝听了，鼻子差点气歪，下令罚其俸十年。

道光帝性情严苛，对绵恺这位皇弟恨铁不成钢，但碍于兄弟礼节，也只仅仅停留在批评、呵斥、罚俸等手段上，而对于他自己的儿子，那就是拳打脚踢，拔苗助长了。

道光皇帝长子奕纬的生母是出身卑贱的和妃，奕纬因此没有得到道光帝重视。

但是，道光九年，皇次子奕纲、皇三子奕继在这一年相继夭折，奕纬成了当时道光帝的独子。

道光帝于是对奕纬的起居学业关心和严格起来了。

但这时的奕纬已经是二十多岁的小伙子了。

奕纬原本是非常讨人喜欢的，尤其是受到他爷爷嘉庆帝的喜欢。奕纬身体好，骑马射箭无一不精，曾在跟随嘉庆打猎过程中，一箭双雕，射中了两只兔子。

骑射本领虽好，读书却跟三叔绵恺是同一路数，糟糕得很。

奕纬不喜读书，对道光严厉的教导与无微不至的关心非常反感，常常在暗中进行反抗。

有一本名叫《老太监的回忆》的书记载，某日，奕纬在上书房不用心读书，老师就苦口婆心地劝："阿哥好好读书，将来好当皇上。"奕纬却不领情，回敬说："要是我将来当了皇上，第一个把你杀了！"道光帝知道此事，火冒三丈，命人传奕纬来教训，因为气在头上，没控制好，越训斥越是怒火中烧，一脚踢去，正中奕纬裆部要害。当日，奕纬医治无效，一命呜呼。

道光帝由此悲痛欲绝，追封奕纬为"隐志贝勒"。

不过，奕纬死后不久，即道光十一年（1831 年）六月初九日以及同年同月十五日，皇四子奕詝和五子奕誴就相继降生了。

道光从此也吸取了踢死奕纬的教训，收敛了火气，而奕詝后来也就长成了一代风流皇帝。

清官爷爷与贪官孙子

话说，乾隆二十六年（1761 年），乾隆皇帝又兴致勃勃地开始了他人生中的第五次巡视江南游玩活动，浩浩荡荡的御舟沿京杭大运河南下，旗帜招展、锣鼓喧天，好不热闹。

沿路各地方官员都格外珍惜这次在皇帝面前献殷勤的良机，省、府、州、县各级官员，齐齐上阵，各显神通，接驾伴驾，竭力要给皇帝留下好印象，梦想得到皇帝青睐，青云平步，更上几层。

乾隆满心欢喜，优哉游哉，好不快意。

然而，到了山东济宁州，乾隆遭到冷落了。

境内不见一支仪仗队，码头接驾者稀稀疏疏，甚至知州摆谱，居然没有出现。

反差太大了！

一股无名火苗嗖地从乾隆的脚底窜上脑门，忍无可忍，把山东巡抚找来，痛斥了一顿，命他立刻、赶紧、马上把山东巡抚颜希深的一家老少绑来见驾。

颜希深家的男男女女都绑来了，独独缺了颜希深一人。

真是反了他！

乾隆一拍龙案，喝道：“狗胆包天的颜希深，到底哪儿去了？”

雷霆震怒，没人敢动，鸦雀无声。

良久，才有一个头发苍白的老妇颤抖着声音说：“我儿颜希深早就接到了下扎，也做好了接驾的准备，并不敢离开济宁。谁知前两天，河道出险，大水淹了城外的村庄，灾民流离失所，无依无靠。由于情况紧急，他率济宁文武官员，堵塞运河缺口，保城池与粮仓不失。今天早上，他回到家中，准备接驾，无奈灾民成群结队，来到府衙，惨苦万状，要求开仓赈灾。一边是天子巡视济宁，一边是灾民嗷嗷待哺。我儿子左右为难，但天子以民为本，最终开仓赈灾去了！”

原来这是颜希深的母亲。

乾隆被她最后那一句"天子以民为本"的话打动了，火气顿消，温柔地说："国无民，哪有君？既是这样，情有可原。"

也在这个时间点上，颜希深匆匆赶到，全身泥水，面色疲惫，官容不整，见了皇帝就叩头谢罪，一个劲地解释说："臣面对成千上万的灾民，以民为本，抓紧开仓赈灾。为防混乱场面发生，亲自监督，接驾供差来迟。"

乾隆笑逐颜开，大赞说："他时可大用。"

果然，颜希深步步高升，先后出任湖南巡抚、兵部侍郎、贵州巡抚、云南巡抚，因积劳成疾卒于任上，终年五十一岁，归葬老家广东连平。

颜希深为官一生，始终把明朝泰安知州顾景祥"官箴"三十六言牢记在心，云："吏不畏吾严，而畏吾廉；民不服吾能，而服吾公。公则民不敢慢，廉则吏不敢欺。公生明，廉生威。"

颜希深的儿子颜检也受父亲的熏陶，把"官箴"三十六言当成自己的人生格言，认真恪守，历侍乾隆、嘉庆、道光三朝皇帝，宦海沉浮，起落不断，堤京西永定河工地、遣戍乌鲁木齐，晚年仅以五品衔告终。

严格地说，颜氏家族中，名气最大的还是颜检的儿子颜伯焘。

颜伯焘是嘉庆十九年（1814年）殿试二甲中进士，先后任陕西督粮道，陕西按察使，甘肃、直隶布政使。

广东连平颜氏家族也因此被誉为"一门三世四节钺，五部十省八花翎"。

虽然颜伯焘也把"公生明，廉生威"等语挂在嘴边，但办起公务，各种捞钱手段无所不用其极，公款只要从他手里过，没有不被撸一层的，包括修桥铺路赈济灾民的款项，只要有钱拿，从不放过。

不过，颜伯焘虽然是个雁过拔毛的贪官，却能力极强，他身为封疆大吏，每到一地，都政绩璀璨。

史称"娴习吏治，所至有声"。

1840年，鸦片战争爆发，颜伯焘接替邓廷桢出任闽浙总督。

颜伯焘是个强硬的主战派，天不怕、地不怕，发誓要对入侵的英国人"痛加攻击，使其片帆不留，一人不活，以申天讨而快人心"。

到了福建，他在厦门海岸构筑起一条长约一千六百米，高三百三十厘米，厚二百六十厘米的石壁。

石壁，全部用福建特产的花岗岩垒砌，每隔十六米留一炮洞，共安设大炮一百门；石壁的外面护以泥土，可以防止敌军炮弹炸起的飞石伤人。石壁后面建有兵房，还有围墙防护。更有外围的岛链体系，每个岛都有花岗岩炮台，之间还有战船联防，防御阵线无比强大。

与英军开战当日，颜伯焘会同金厦兵备道刘耀椿亲临一线指挥，命令白石头汛、屿仔尾、鼓浪屿三面炮台向英舰兜击，发射万斤至数千斤以下的大炮数百门，一时间，炮火交杂，炮声震天。

没料到的是，英国舰队射程远，威力强，大概花了一小时零二十分钟左右，白石头汛、屿仔尾、鼓浪屿上的炮台，全部哑火。

随即英军悍然登陆，占据各炮台。

这些英国人上演了娴熟的抢滩登陆场面，从侧后方包抄"石壁"。火枪射杀加血腥拼刺刀，打得清军纷纷溃退。各个阵地相继陷落。

坐镇指挥的颜伯焘，看到了自己亲手修筑的防线轻而易举地成了英军的囊中之物，当场悲愤交加，和金厦兵备道刘耀椿"同声一哭"。

下午四时，英军开始攻击厦门城。

傍晚，颜伯焘与刘耀春退走，厦门陷落。

整个厦门之战，历时约四个小时。清军总兵江继芸在士兵溃逃时投海自杀，副将以下军官七人阵亡，士兵减员三百二十四名；而英军仅官兵阵亡一人，伤十六人。

败讯传回京师，道光帝以"未能进剿"之罪，将颜伯焘革职回原籍。

颜伯焘虽是被革职回家，但排场很足，搬运的财物有一百多箱。给他搬运这些财物的苦力，人数就达到了七百多，另外跟随的仆人杂工，人数更有三千多，每顿饭都是四百多桌酒席，每天路程要花白银上万两。

有史学家认为，大清官场上，论富贵奢华，除了大贪官和珅，就数颜伯焘。

颜伯焘回连平，在州城西面西门岗处（现惠化中学所在地）建一庄园，花天酒地了十二年之久。

大清小贩在紫禁城卖馒头

我们知道，在封建王朝，大内禁宫是皇帝生活的地方，是国家机器运行的枢纽，是帝国赖以生存的心脏地带，其戒备之森严、防卫之缜密，可想而知。

有人形容，皇宫之严密，就连一只苍蝇也休想飞进去。

我们看金庸、梁羽生、古龙创作的一类武侠小说，皇宫是侠客们热衷于光顾的地方，但那些能自如进入皇宫，在月圆之夜、决战紫禁城之巅的，都是轻功出神入化，可以高来高去，迅若闪电、来去如风的绝世高手。

没有任何武功的韦小宝，被茅十八裹胁着混入皇宫，被当成入宫做太监的志愿者。

现实生活中的轻功高手，谁也破不了由古巴跳高名将索托马约尔在1993年7月27日创造的两米四五的男子跳高的世界纪录，表演出来的轻功绝技也只不过跑酷一类玩意。

似乎，普通人要进入皇宫，也只有阉割做太监一途了。

然而，世界之大，无奇不有。

清咸丰年间，却有一个卖馒头的小贩，把生意大大方方地做到了皇宫里。

这个馒头小贩名叫王库儿，顺天府宛平县乡下人，十二岁那年随父母到了京城，一家人在猫耳朵胡同租了个店面，开起了馒头店。

王家的馒头用料实在，手艺也精，只是店面位置偏僻，生意始终火不起来，王家夫妻起早贪黑，只能勉强度日。

为了扩大市场、打开销路，王库儿在十五岁那年独自挑着蒸笼担子，四处叫卖馒头。

王库儿也没读过什么书，也不懂得营销之路，但他懂得坚持一条简单朴质的道理：哪人多就把馒头挑子担哪里去！

风里来、雨里去，王库儿慢慢找到了人最多、最热闹的地带——紫禁城外的金鱼胡同一带。

发现了这个好地方，王库儿的身影就绝迹于他处，而把馒头挑子固定在了这个地方。

金鱼胡同每天都有不同的故事发生。

王库儿不关心任何故事，只关心自己馒头的销量。

咸丰元年（1851 年）九月的一天，王库儿在金鱼胡同口卖馒头，发现了一块躺在地上的腰牌，觉得好玩，就捡起来，系在自己的腰间。

王库儿万万没有想到，这块腰牌，竟给他带来了好运。

因为，王库儿注意到，凡是腰间有这样牌子的人，都可以自由出入宫门。

于是，王库儿也挺起了腰杆，挑着蒸笼担子，大大咧咧走进了宫门。

可也真别说，把守宫门的护军，远远看了他腰间系的牌子，连搭理都不搭理他。

走进了紫禁城，王库儿发现某大房子前地坪开阔，人多热闹，还有凉亭，亭里有石桌上，于是就在石桌上摆起了馒头摊。

这其实是宫里的御茶膳房，附近有上驷院、太医院、内库、车库、戏衣库，所以来往人多。

宫中卖馒头，那是独门生意，一下子就卖光了。

生意这么好，这之后，王库儿就把宫中御茶膳房前的石桌当成了自己的固定摊位，天天练摊，风雨不改。

咸丰二年（1852 年）四月间，王库儿过继给亲戚家的哥哥张贵林回家看望亲生爹娘，晚上兄弟俩同睡一床，闲聊，王库儿说到了自己在宫中卖馒头的事儿。

张贵林正为自己的生计发愁，听弟弟说了这桩奇事，大喜，说，你既然在宫中厮混了大半年，肯定还有其他门路，不如，就把这牌给我卖馒头算了。

王库儿正好结识了一个叫张春成的宫内厨师，知道宫里缺少烧火做饭的人，而自己天天出入宫门，与看守宫门的护军都成了熟识，就一口答应了哥哥。

这样，张贵林和王库儿一个在宫里卖馒头，一个在宫里做饭，日子一过堪堪就是一年。

咸丰三年（1853年）三月，宫中稽查突然严密了起来，王库儿再出入宫门，护军提出要验腰牌了。

不得已，咸丰三年（1853年）三月初六这天，王库儿辞去工作，回头向哥哥张贵林要回腰牌，重操旧业。

但好日子还是一去不复返。

咸丰三年（1853年）三月二十三这天，王库儿挑着蒸笼担子从隆宗门外经过，被巡守人员捉了个正着。

隆宗门离皇帝起居的养心殿非常近，一个来历不明的卖馒头的，竟然出现在这个地方，如何了得?!

咸丰皇帝下令严查。

案情并不复杂，一查就有了结果。

原来，腰牌是銮仪卫一个负责厨房事务的校尉袁士栋的，烙在其上的火印名字清晰可辨。但丢失腰牌却是与袁士栋同处服役的翟二套。咸丰元年（1851年）九月间，哥俩多喝了点，走时，翟二套晕晕乎乎地错拿了袁士栋的腰牌，在金鱼胡同口不慎丢失。因怕受责罚，哥俩不敢呈报，而是花钱托内务府管事的人擅自制办了一张腰牌。

根据《大清律例》：擅入紫禁城杖一百。

王库儿年轻，受了一百杖，一个多月就恢复了。

而在紫禁城练摊卖馒头一年半，王库儿还是赚了不少钱。靠这笔钱，王家在京城繁华地带买地置业，新开张的馒头店生意红火，过上了小康生活。

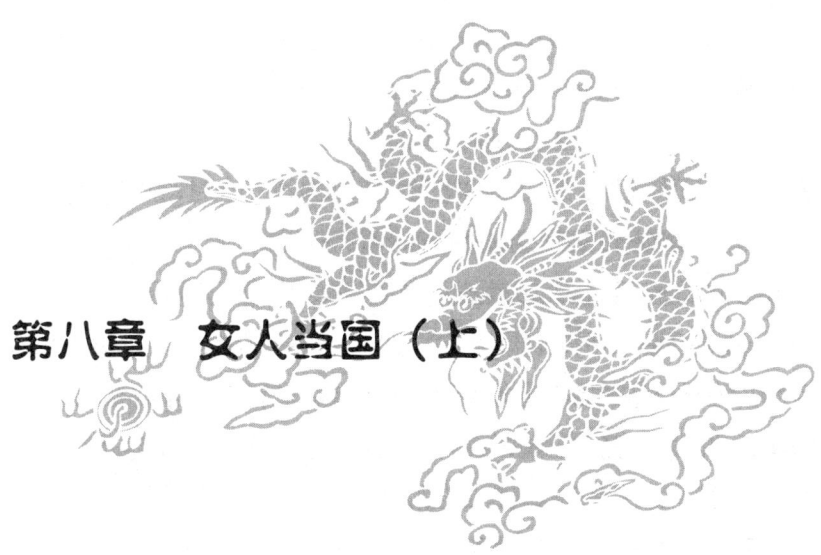

第八章　女人当国（上）

 慈禧是美人吗

问：慈禧是美人吗？

答：非常遗憾，慈禧并未留下年轻时的相片，而生活在当下的任何人，都没法一睹慈禧青春时代的真容，所以，对这个问题，只能从情理上去猜测了。想想看，慈禧是在选秀活动中经过层层选拔，最终成为咸丰的女人的。而且，从后来咸丰对她的宠爱程度来看，说她是丑八怪，恐怕说不通吧?!

因此，年轻的时候，慈禧大概、也许、或者、可能、应该就是一位美人吧?!

满族女子德龄在慈禧晚年做过两年女侍官，她的《御香缥缈录》一书中这样赞美慈禧的外貌："太后当伊在妙龄时，真是一位风姿绰约、明媚鲜明的少女，这是宫中人所时常称道的；就是伊在渐渐给年华所排挤，人于老境之后，也还依旧保留着好几分动人的姿色咧！"

美国艺术家卡尔女士也曾和慈禧朝夕相处了九个月，她在《慈禧写照记》（*With the Empress dowager of China*）中也写道："太后……嫣然一笑，姿态横生，令人自然欣悦。我怎么也不敢相信她已享六十九岁的大寿，平心揣测，当为一位四十岁的美丽中年妇女而已。"

慈禧保养得这么好，据说是接受了御医的建议，每日用鸡蛋清敷面、用人奶沐浴、用宫中特制的玉容散化妆……

但是，卡尔女士给慈禧画的油画肖像是保存下来了的；另外，荷兰人胡博·华士（Hubert·Vos）也有给老年慈禧画过两幅油画肖像；德龄的二哥勋龄更是给慈禧照下了很多经过精心摆拍的精彩照片。

老实说，看这些画像和相片，我就有打人的冲动，想把德龄和卡尔拉来打一顿。

这两个人，分明是睁着眼睛说瞎话！

说什么"也还依旧保留着好几分动人的姿色咧""嫣然一笑，姿态横生"呢？

那画像和相片上的老女人长着鹰钩鼻、三角吊睛眼，一副阴恻恻的吊死鬼表情，怎么看怎么让人不爽。

胡博·华士为慈禧所绘的一幅肖像现存于哈佛大学福格美术博物馆，1905 年曾在巴黎画廊展出，展出中曾有报刊评价此画："最佳处就是双眼，让人直视片刻就不得不闪避开，仿佛这位东方的太后就在你的面前，肆意燃烧着她的权势和淫威。"

溥仪在《我的前半生》中说，他第一次见到慈禧太后的尊容时，就被吓得在地上打滚，哭着喊着要找嬷嬷。

溥仪的这个说法，我信。

关于德龄的作品，朱家溍先生作有《德龄、容龄所著书中的史实错误》一文，里面指出："美籍满族女作家德龄著有《瀛台泣血记》《御香缥缈录》《清宫二年记》等书。国内外有许多读者以为这几本书是可作为史料参考的回忆录……问题在于《瀛台泣血记》《御香缥缈录》的实质是小说，却以亲身经历的姿态出现，一般读者可能会认为书中所叙述的处处都是事实，其实不然!"

原来，德龄的作品不过是虚构的小说，那些阿谀奉承式的赞美根本就不能采信。

卡尔其实也在《慈禧写照记》中坦承：中国的太后为了让我画好她，有时早朝后"竟肯出座三四次"。卡尔还说，作画过程中，中国太后多次踱到画幅前，请求我不必把她画得那么老，脸上最好少一点阴影。最后，卡尔依其所说，将年近七旬的太后的老脸抹画得如少妇的面庞一般粉嫩。

慈禧的确就这么自恋。

慈禧曾恬不知耻地说"宫人以我为美"，说自己的容貌美到处处遭人嫉妒。

卡尔给慈禧太后所作的油画像原藏于美国斯密桑宁基金会国家美术文物典藏署，现存于台湾。画像中的慈禧，身着黄袍，手戴翡翠手镯一对及翡翠护指，头戴玉蝴蝶及鲜花，穿的和戴的，富丽堂皇，整个一暴发户。

慈禧穿这样一身珠光宝气的行头来画像，应该也是事实。

清宫档案《大行太皇太后升退纪事档》记载，慈禧为了死后继续"美"下去，先后向金井中放了六批珍宝。至于下葬时随葬的珍宝，李莲英和侄子著的《爱月轩笔记》记：慈禧尸体入棺前，先在棺底铺三层金丝串珠锦褥和一层珍珠，共厚一尺。头部上首为翠荷叶；脚下置粉红碧玺莲花。头戴珍珠凤冠，冠上最大一颗珍珠大如鸡卵，价值一千万两白银。身旁放金、宝石、玉、翠雕佛爷二十七尊……

……

无论慈禧如何爱美，如何暴殄天物来保养和装扮自己的"美"，看她的画像和相片，我都无法将之与一个"美"字联系得起来。

 ## 一杯残茶选定的皇后

众所周知，慈禧太后是一个权力欲极强的女人，强到了几乎丧心病狂的地步。她的儿子，六岁的同治刚刚继位时，慈禧还只是咸丰帝的懿贵妃。为此，在儿子登位前的一天，她千叮咛万嘱咐，反复教儿子在登位大典上要说一句话，即："封亲额娘做太后。"但小同治不过一介乳毛未干的黄口小儿，在登位时面对的是众多满脸胡子的大臣，哪里还记得起亲额娘的嘱咐？什么都不说！于是，那天过后，宫中自动称皇后为皇太后，称懿贵妃为懿贵太妃。慈禧气得肝气发作，竟然没能出席咸丰帝的奠酒典礼。

最后，是皇太后弄清楚了原委，在咸丰帝遗体入棺的"大殓"礼上，让小皇帝当着众大臣的面封了慈禧为皇太后。于是，同治朝出现了东西两宫皇太后——住在东宫的慈安皇太后和住在西宫的慈禧皇太后。

慈禧太后托言同治年纪太小，自己垂帘听政，操持了国家权柄。

同治一天天长大，慈禧却迟迟不肯归政，拖着，拖得一天是一天。

清朝满族盛行早婚早育，一般男孩在十岁至十四岁就完婚生子了。但同治一直到了十七岁，还单着。个中原因，不言而喻：一旦同治结婚，就意味着成家立业，慈禧就必须撤帘归政了。

慈禧这么拖，慈安都看不过眼了，屡次向她提醒。

迫不得已，慈禧只好同意为同治筹办大婚。

不过，在同治的婚事上，慈禧又动了歪主意。

经过层层筛选，皇后候选人集中在两个人身上。

一个是蒙古状元崇绮的女儿阿鲁特氏，一个是刑部江西司员外郎风秀的女儿富察氏。

阿鲁特氏十九岁，成熟稳重，举止端庄。

富察氏只有十四岁，单纯秀丽，稚气未脱。

慈安太后看中的是阿鲁特氏，她认为阿鲁特氏出自状元之家，知书识礼，年纪大，老成持重，足以母仪天下。

慈禧看中的是富察氏，原因很简单，富察氏单纯，容易操控，一旦成为皇后，易于受自己摆布，自己可以继续操弄朝政。

同治呢？同治自小丧父，又缺乏母爱，向往的是娶一个可以像姐姐一样依恋的对象。阿鲁特氏可不就是这样的对象？而且，阿鲁特氏慧中外秀，知识渊博，世间难求。

然而，虽然同治喜欢阿鲁特氏，慈安也鼓励他选阿鲁特氏，但他的生母慈禧却一次次警告，要他必须选富察氏。

这年二月初二，到了最后确定皇后时刻了，夹在两位太后中间的同治惶惑无措，不知怎么办才好。

一边是慈安太后慈爱而鼓励的目光，一边是母亲慈禧阴森严厉的目光，同治口干舌燥，左右为难。

窘迫之下，只好大口大口灌茶。

突然，同治有了主意。他把茶壶里的残茶泼在地上，让两个皇后候选人从上面走过。

富察氏年幼活泼，就连蹦带跳地走来，她爱干净，怕茶水弄坏了衣服，走的时候，还把袍幅儿提起，看着地面上的水，小心翼翼地走了过去。

阿鲁特氏却像平时一样，迈着端庄稳重的步子，大大方方地从茶水上走过。

同治大喜过望，一拍手，对两宫皇太后说："提衣服的爱衣，不提衣服的知礼。选后选德，选妃选色。崇绮的女儿能知大体，不失身份，举动端庄，可为皇后；凤秀的女儿，聪明有余，稳重不及，可为贵妃。"说完，便定崇绮的女儿为皇后、凤秀的女儿为妃。

慈禧太后气得脸都变色了，但同治的话句句在理，她也不好说什么，只好拂袖而去。

阿鲁特氏在茶水选后的环节中胜出了，但也迎来了无比悲惨的人生。

阿鲁特氏的祖父为大学士、军机大臣赛尚阿，外祖父是郑亲王端华，父亲崇绮则是有清一代唯一的"蒙古状元"。满蒙士林，均以其为荣。阿鲁特氏出身于官宦名门、诗书大家，工诗善画，多才多艺，深得同治帝喜爱和敬重。

但慈禧太后却视这个皇后儿媳妇为眼中钉、肉中刺，常常变相折磨这位小皇后。

慈禧恶狠狠地警告阿鲁特皇后，不许她与同治皇帝同房。回头又勒令同治要对富察氏好。

同治帝觉得自己连爱一个人的权利也没有，悲愤之下，独宿乾清宫。慈禧以为同治此举是阿鲁特氏挑唆所致，更加迁怒于阿鲁特氏。住在乾清宫的同治帝生活寂寞寡欢，后来偷溜出宫寻花问柳，染上梅毒（也有天花一说），病倒了。

《崇陵传信录》载，同治帝病倒后，阿鲁特氏去乾清宫探望，流着眼泪倾诉自己独处宫中、备受虐待的苦楚。同治帝安慰她说："卿暂忍耐，终有出头日也。"说这些话时，小两口万没料到慈禧正在外面偷听，结果，后果很严重。只见慈禧凶神恶煞般地闯了进来，抓住阿鲁特氏的头发，一边打，一边往外拽，并吆喝着要备大杖伺候。病床上的同治帝欲救不能，眼睁睁看着阿鲁特氏惨遭凌辱，急火攻心，昏厥了过去。慈禧一时慌了神，这才饶了阿鲁特氏一命。

经过这场劫难，阿鲁特氏身边的人劝她要设法讨慈禧欢心，否则，连皇后位都难保。阿鲁特氏却说："敬则可，则不可。我乃奉天地祖宗之命，由大清门迎入者，非轻易能动摇也。"

慈禧是通过选秀女进入皇宫的，最忌讳别人提从大清门而入。阿鲁特氏的话传入慈禧耳中，慈禧气得浑身发抖，认为这是故意蔑视自己，对阿鲁特氏切齿痛恨，必欲除之而后快。

《道咸以来朝野杂记》载：慈禧起了废除皇后位的想法，把担任宗人府宗令的咸丰帝的五弟敦亲王奕誴找来，商议此事。敦亲王说："欲废后，非由大清门入者不能废大清门入之人，奴才不敢奉命。"慈禧气得直翻白眼，从此也恨上了敦亲王奕誴。

同治十三年（1874年），同治帝全身溃烂而死，时年十九岁。

同治既死，慈禧就没有资格再当太后了。

为了可以继续当太后，慈禧不为同治立嗣，另立同治帝的堂弟载湉（也是慈禧外甥）为嗣皇帝，承继咸丰帝为子。

慈禧这么做，一方面是可以继续保留自己的皇太后的位子；一方面也是将阿鲁特氏置于处境尴尬的皇嫂之位，既不是皇太后，又失去了原来中宫皇后拥有的权力和尊贵地位。不难想象，新即位的光绪帝将来册立了皇后以后，阿鲁特氏的地位就更为尴尬了，这将是有清以来从来没有出现过的角色。

崇绮非常着急，上奏慈禧，询问应该如何安置自己的女儿。

慈禧的批示是：殉葬。

崇绮惊得半晌说不出话来，但也只能照办。

崇绮给女儿送去了一个空食盒，暗示她尽快绝食而死。

刚遭丧夫之痛，又收到父亲催死的暗示，阿鲁特氏除了死，别无选择。

光绪元年（1875年），阿鲁特氏在同治去世七十五天后，悲惨自尽，时年二十一岁。

有野史称：阿鲁特氏其实是怀了孕的，慈禧害怕她生下皇子，将来缵承大统，那时，阿鲁特氏成了皇太后，自己就不能垂帘听政了，所以不择手段把阿鲁特氏逼死，一尸两命，干干净净。

传说，阿鲁特氏是吞金自尽的。1948年，有盗墓贼用炸药炸开埋葬同治帝和阿鲁特皇后的惠陵后，不但盗尽珍宝，还把阿鲁特皇后的衣服剥光，开膛剖腹，索取皇后腹中的金条。

一代皇后阿鲁特氏的命运竟然悲惨至此。

 ## 同治中兴：纸糊的辉煌

清咸丰帝奕詝是个智商很高的人，以资质论，清入关后十个皇帝中只有康熙、乾隆可以与之媲美。但他很倒霉，不但接手的是个烂摊子，而且赶上了第二次鸦片战争和太平天国运动，差点就成了亡国之君。

太平天国运动，洪秀全等人已坐拥江南半壁江山，并且割据长达十四年之久。

第二次鸦片战争，在大沽口之战和八里桥之战中，八旗最后一批可战之兵皆毙命于欧洲步枪之下，圆明园被焚，咸丰仓皇出逃承德。

幸亏，一方面，清政府与英法媾和成功；另一方面，贤王能臣如恭亲王、曾国藩、李鸿章、胡林翼等尽心辅国，太平天国终于被平灭，政治上出现了一个和谐时期。

这时候，曾国藩适时上了一份《江南北无庸分省片》，将当时形势与唐中兴、宋中兴相提并论，使人们沉醉于一片"中兴"景象之中。

由于咸丰已在咸丰十一年（1861年）驾崩于承德避暑山庄，这时坐帝位的是咸丰的独子载淳，即同治帝，后世因之称这个时期为"同治中兴"。

那么，清朝真的是出现中兴了吗？

其实，由于咸丰错定了顾命大臣，安排了肃顺、载垣、端华等八个人做赞襄政务大臣，八个人的意见难于协调，又有帝胤势力、帝后势力掺和进来，互相交叉厮杀，致使出现了辛酉政变，差不多是小学毕业水平的慈禧掌握了大权，统治了中国近半个世纪之久！

幼冲登基的小皇帝同治，一直生活在母亲的阴影之下。

同治十一年（1872年），在慈安皇太后的坚持下，慈禧皇太后被迫同意同治帝成婚。

同治成婚，就意味着"成家立业"，慈禧必须归政。

正在妇女更年期的慈禧撤帘归政，无事可做，暂时陷入了空虚。

而早在三四年前，慈禧就有意修复被英法联军烧毁的圆明园，曾一度通过大太监安德海指使御使德泰奏请修复圆明园、内务府库守贵祥拟出筹款章程。此举遭到了恭亲王奕䜣等人的反对，德泰、贵祥二人被革职并发落黑龙江披甲为奴；安德海不久也在济南为山东巡抚丁宝桢执杀。

同治终于独掌国家大权了，心里却还是忐忑不安，担心慈禧回来干政，为了让慈禧颐养天年，乐不思政，就以颐养太后为名，发布了重修圆明园的上谕，并要"王公以下京外大小官员量力报效捐修"。

同治这个决定，太对慈禧的胃口了。

慈禧眉开眼笑，乐不可支，精神抖擞，全力以赴地投入到修园大业中去。

晚清政治腐败，贪污成风，国家一旦有大型工程项目，有关人员便有了中饱私囊的大好机会。

内务府上上下下因此兴奋异常，雇佣民工、清理旧园、采办木材，风风火火地忙碌起来。

其实，这个时候修园太难了。

西南面，法国正加紧侵略越南，直接威胁到中国的西南边疆；东南面，日本开始发动侵略我国台湾的战争；西面，新疆又爆发阿古柏叛乱，左宗棠率军西征日夜为难以保障的庞大军需发愁。

这个时候重修圆明园，钱从哪儿来呀？

虽然同治帝下旨要求"王公以下京外大小官员量力报效捐修"，但官员的个人"报效"只是杯水车薪，无济于事。

御使游百川上疏恳请缓修，"帝师"李鸿藻也苦苦劝谏。

就在同治帝愁苦计穷之际，一个超级大骗子出现了。

这个大骗子的名字叫李光昭，原为贩卖木材、茶叶的小商贩，后来"捐输"得一个知府衔，但并未得部照。李光昭与内务府大臣诚明相识，觉察到这是一个发财的机会，便大吹特吹，说他在云贵几省的深山老林里存有无数珍贵木材，可以报效。诚明喜出望外，飞报同治帝。

同治帝笑逐颜开，以为此人肯以木材报效，那就不用花户部的钱，修园就不成问题了。

得到同治帝的首肯，李光昭便打着"奉旨采办"名义南下运输木材，并私刻了"奉旨采运圆明园木值李衔"的关防。在南方吃喝玩乐、招摇撞骗，很是风光了一把，并且腰包鼓了起来。

其实，李光昭压根就没有什么木材，玩的纯粹是"空手套白狼"的把戏。看看爽得差不多了，就对内务府的人说，木材在深山老林里，运输不便，不如去香港购买。

内务府的人没辙，只好依他。

李光昭的嘴皮功夫不错，在香港，顺利地联系上了一名法国商人，签订了购买三船价值五万四千二百五十元木材的协议，并交付了定金，约好货到天津即付现款。

说来很多人都不会相信，李光昭交付的定金竟然只是十元钱！

回到北京，李光昭向内务府说，自己购买了价值三十万元的木材"报效"。

把五万说成三十万，这胆儿也真够肥！

货船到了天津，同治帝令直隶总督、北洋大臣李鸿章免税放行，迅速运京。

但李光昭既无力付款，也不想付款，托称木材尺寸与原议不合，拒绝提货付款。

法商当然不干，由法国驻天津领事出面，照会天津海关和天津道，指控李光昭私自废约有意欺诈，要求清政府扣留李光昭，令其付款并赔偿法商损失。

194

同治帝命令李鸿章查办此事。

李鸿章不查不知道，一查吓一跳。

李光昭不仅欺骗朝廷多报了二十多万元的货价，还私自以"圆明园李监督代大清皇帝"的身份与外商立约，致使此案险成外商与"大清皇帝"之间的诉讼，这可是严重的外交纠纷。

李鸿章根据有关律令，判处李光昭斩监候，秋后处决，并把查明的情况如实上报朝廷。

李光昭欺天诈骗之事传开，舆情大哗。

人们也因此看穿了所谓"同治中兴"里面政治的腐败、经济的空虚。

经济乏力的同治帝最后不得不灰溜溜地发旨停修圆明园。

 ## 丁宝桢设计斩杀慈禧心腹

大家都知道慈禧太后身为女流，文化程度不高，却贪恋权力，痴迷弄政，把大清帝国搞得乌烟瘴气，邦不邦，国不国，最终哗啦啦如大厦倾，落了个白茫茫大地真干净。

原本，在旧社会，女人是不方便抛头露面的，慈禧既是女人，要向朝廷传达自己的主张意志，就必须有心腹，有狗腿子。

说起慈禧早期的心腹，就不得不提一个人。

这个人是宫中小太监、直隶南皮（河北省南皮县）人安德海。

安德海净身很早，八九岁就进宫了，后来在咸丰帝身边为御前太监。

安德海聪明伶俐，善于奉承，很得咸丰帝和叶赫那拉氏的喜爱。

叶赫那拉氏为了监督咸丰，还让他在咸丰身边充当卧底的角色。

咸丰十一年辛酉七月十七日，咸丰皇帝在承德行宫病逝。

安德海进献"苦肉计"，自己忍受了皮肉之痛，在热河和北京之间来回奔窜，帮助叶赫那拉氏发动"辛酉政变"，夺去了肃顺等八位顾命大臣的权力。

政变成功，安德海被晋升为总管大太监，成了朝中显赫的人物。

安德海小人得志，恃功自大，打压恭亲王奕䜣，挑拨两宫皇太后，干预朝政，得意忘形，不可一世。

同治八年（1869年）七月，安德海奉叶赫那拉氏——即慈禧太后懿旨，出京赴南方采办同治皇帝大婚服饰。

按大清朝皇室的祖宗家法制度，太监是不可以出宫的。

但安德海有恃无恐，大张旗鼓，招摇过市，一路游山玩水，比钦差大臣出巡还要气派。

安德海的气焰嚣张激怒了山东巡抚丁宝桢。

丁宝桢，贵州平远（今织金县）人，淮军名将，曾任江海关监督、山东巡抚、四川总督等职，晚清洋务运动重要成员，是个天不怕、地不怕的主。他早听说安德海在朝中以功名利禄为钓饵，培植党羽，广交朝臣，有"清朝魏忠贤"之称，现在安德海无视大清制度，离京夸耀，处处敛财，就有了斩杀安德海、为国除害之心。

可怜安德海浑然不知，大模大样地闯入了丁宝桢的地盘，被丁宝桢候了个正着，打入了大牢。

要说，丁宝桢的办事效率那是相当惊人的。

他是在八月二日抓拿到安德海的，八月七日，经亲自查验确实后，就将安德海斩杀于济南。从抓捕到处决，不过五天时间。

同时被杀的还有安德海的党徒二十余人。

丁宝桢给安德海开出的罪名简单明了：太监擅自远出，按大清祖宗家法，就地正法。

丁宝桢虽然刚直，却并不莽撞。他也深知自己这是在太岁头上动土。为了让慈禧有苦说不出，巧施妙计，命人将安德海曝尸三日。

丁宝桢此举有一箭双雕之妙：一、朝野都愤恨安德海，将安德海陈尸于市，可以平息民愤；二、一直以来，社会上都盛传慈禧太后和安德海有不正当男女关系，现在安德海横尸街头，人们都可以清清楚楚地看到安德海是个货真价实的太监，可以洗去慈禧太后的不白之冤。这么一来，慈禧不但不好怪罪丁宝桢，还要反过来感激他丁宝桢。

果然，丁宝桢将处杀安德海、并曝安德海尸三日的事迹上报给慈禧，慈禧有苦说不出，敢怒不敢言，不但无法怪罪丁宝桢伏法，还提拔了丁宝桢。

"杨乃武与小白菜"冤案的背后

晚清同治年间，浙江省余杭县发生了一件案子。这原本是一件很普通的案子，可是，慈禧太后插手后，马上搞成了一件震惊天下的奇案、大案、要案，其所造成的后果不但撼动朝野，而且硬生生地扳正了清廷发展的轨道，为清政府续命数十年。

这件案子，就是与名伶杨月楼冤案、太原奇案、张汶祥刺马案并列为"晚清四大奇案"的"杨乃武与小白菜"案。

该案发生背景是这样的：浙江省余杭县余杭镇有一风姿隐绰的大姑娘名叫毕秀姑，生得水灵妩媚，却嫁给了卖豆腐的老大粗葛品连，又因为毕姑娘喜欢穿绿衣白裙，街坊唤她外号"小白菜"。

"小白菜"两口子租了余杭镇县前街澄清巷口的一间屋子开豆腐作坊。

屋子的主人姓杨，名乃武，同治十二年举人，时年三十三岁，为人耿直，好管不平之事，与余杭知县刘锡彤有积怨。

葛品连白天担豆腐沿街叫卖，"小白菜"在家无聊，就常常蹭到杨乃武的书房聊天。

杨乃武心肠热，可怜"小白菜"大字不识一个，就教"小白菜"识字经。

不知不觉地，和《水浒传》里面武大沿街卖炊饼、潘金莲在家勾搭西门庆的情景相像了。

街坊中渐渐有了风言风语，说什么"羊（杨）吃小白菜"之类的闲话。

一来二去，闲话传入了葛品连的耳朵里。

葛品连疑窦顿起，便搬出杨家，移住太平弄口。

可是，搬出不过两个月，葛品连突然死了。

葛品连死后两日，尸身色变，口鼻有淡血水流出。

这和《水浒传》里面武大暴死的情景太像了，太恐怖了。

葛品连的母亲葛喻氏怀疑儿子是中了毒，告之县衙，恳求相验。

知县刘锡彤既与杨乃武有隙，闻告，断言是杨乃武与毕秀姑所谋毒，亲率衙役、仵作前往验尸，并将"小白菜"和杨乃武带回县署审问，日夜用刑。

"小白菜"和杨乃武抵不过，屈打成招。

杨乃武的胞姐杨淑英和杨乃武妻詹彩凤不服，上京控告。

此案从同治十二年（1873年）一直折腾到光绪二年（1876年）十二月，整整三年。最后惊动了垂帘听政的慈禧太后。慈禧太后要求刑部彻底根查。

在老太后的干涉下，刑部大审，都察院、大理寺会审，案情出现逆转，且发展神速，真相很快大白天下：葛品连纯属暴病身亡，杨乃武和"小白菜"并无私情，也未合谋下毒。

杨乃武获释，出狱后，万事俱灰，以养蚕种桑为生；"小白菜"则在南门外石门塘准提庵为尼，法名慧定。

当然，事情并未就此结束。

不日，清廷下谕，革去刘锡彤余杭县知县职务，从重发往黑龙江赎罪。杭州知府，宁波知府，嘉兴知县，候补知县，侍郎胡瑞澜、杨昌睿等，被一撸到底，或革职，或流刑，牵涉面之广，出乎包括杨乃武和"小白菜"在内的所有人的意料，大大小小共有三百多名官员受到了惩治。此案成了一件震惊天下的奇案、大案、要案。

为什么会这样呢？

原来，同治、光绪年间，太平天国已经平定，但在镇压太平天国过程中发展起来的湘军已呈尾大不掉之势，这就成了清廷当政者的一块心病。

实际上，早在咸丰朝，曾国藩攻克武昌胜利，就有满族大臣提醒咸丰，说："曾国藩以侍郎在籍，犹匹夫耳。匹夫居闾里，一呼蹶起，从之者万人，恐非国家福也。"当时的咸丰就疑神疑鬼，对曾国藩防范有加。但在太平天国的威胁下，他也只能眼睁睁地看着曾国藩坐大。

慈禧当政，太平天国已经不复存在，但她也不敢明目张胆地对湘军怎么着。

可是，有一句话怎么说来着？瞌睡就遇上了递枕头的。

杨乃武和"小白菜"案的出现，正好给了慈禧太后一个剪除湘系势力的绝好机会。

首先，湘系势力在浙江最盛，随便对浙江任一个官员下手，都会削减到湘系的根枝。

其次，杨乃武和"小白菜"的确有冤情，借澄清此案对湘系势力动手术不但不会让人警觉，反而深得民心，一举两得，何乐而不为？

此事的处理结果是：三百多名官员被惩，湘系势力果然大受打击，而湘军领袖人物曾国藩也因此看到了朝廷的心思，很配合地主动奏请裁军归乡，自断臂翼。

慈禧太后这一不显山不露水的处理手法，成功地解除了湘军对清廷的威胁，为清政府续命数十年。

 ## 清朝惊世奇案之刺马案

同治九年（1868年）七月二十六日，按照惯例，是一年一度的两江总督阅视武弁投射的日子。

可是，这天电闪雷鸣，狂风大雨，阅射只好往后推移。

第二日，天气转晴，阅射正式在督署西边的校场演武厅开展。

该阅射为江宁一大盛典，允许百姓参观，热闹非凡。

阅射结束后，两江总督马新贻在巡抚、藩司臬司、知府等的陪同下徒步回署。

马新贻，字谷山，号燕门，别号铁舫，回族，山东菏泽东北五十里马海村人，生于道光元年（1821年），道光二十七年（1847年）中进士，先任安徽建平（今郎溪）县知县，再任合肥县知县，参与打洪杨、剿捻军，由县而府，由府而道，一直做到安徽布政使（俗称藩台），有"能员"之称，得到朝廷的赏识，后升浙江巡抚（俗称抚台），成为一省行政长官。

同治六年（1867年），马新贻升任闽浙总督（俗称制台、制军），成为节制浙江、福建两省军政的方面大员。

同治七年（1868年），马新贻改任两江总督，节制安徽、江苏、江西三省军政事务，并兼办理通商事务大臣（虚衔），官居一品。

两江总督地虽在疆臣之首直隶总督之下，但实权却在直隶总督之上。盖因为清廷财源的主要来源都来自两江总督下辖的省份。

马新贻能坐上实权最大的两江总督的位置，既有机缘巧合的成分，也有他自身能力不凡的成分。

且说阅射结束，马新贻在巡抚、藩司臬司、知府等的陪同下回署，负责警卫的有督标中军副将喻吉三和替总督传令的武巡捕叶化龙及两三名马弁。

回署的箭道两旁挤满了围观的群众。

马新贻到了后院门外，突然有人拦道跪倒，口中高呼求助。

此人是马新贻的同乡，山东郓城武生王咸镇，此前曾经得到过马新贻两次慷慨的资助，现在又来了。

马新贻眉头皱了皱。

武巡捕叶化龙会意，立刻上前将王咸镇推开，另一巡捕唐得金上前查问，其他人仍旧跟随在马新贻身后继续前行。

没走几步，又有一人拦道跪倒，口中高呼冤枉，一把抱着马新贻的右脚。

马新贻的眉头再皱了皱，叶化龙等人还来不及做出反应，那人已迅速站起，寒光一闪，一柄锋利的匕首疾若电光火石一般刺入马新贻右胁肋。

马新贻啊呀一声，扑倒在地。

说时迟，那时快，跟随马弁方秉仁一把扭住了那人的辫子，夺过他手中的匕首。其他马弁一拥而上，将之扭住。

按《清代野记》的记载，那凶犯既不挣扎，也不逃走，从容就缚，口中大呼："刺马者我也。我愿已遂，我绝不逃。"

亲从、家丁扶起马新贻，只见他面如土色，神态委顿，身子颤抖，已不能站立。

马弁即取下门板，将其抬进督署上房。

中军副将喻吉三一面命巡捕将凶犯押到督署候讯，一边差人飞报江宁将军魁玉和司道各员。魁玉闻讯如遭雷击，飞奔督署探视。

马新贻面如白纸，气若游丝，自知大限已到，口授遗疏，命嗣子马毓桢代书，请魁玉代呈朝廷。

魁玉回到将军府，饬委藩司梅启照、署盐道凌焕、江宁知府冯柏年、署理上元县知县胡裕燕、江宁知县莫祥芝、候补知府孙云锦、候补知县沈启鹏、陈云选等讯诘凶犯。

案犯只供称自己是河南人，名张汶祥。至于行刺动机，"语言颠倒""一味闪烁"，难得实情。

魁玉不信邪，又加派臬司贾益谦、候补道勒方、候补知府钱海永、皖南道李荣、江苏候补道孙衣言、山东候补道袁保庆等轮流审讯，但仍是不得要领。

魁玉只好一面督饬司道各员继续会审，一面驰奏朝廷。

同治帝览奏，"实深骇异"，一日之内，连发四道谕旨，要求魁玉督同司道各官赶紧严讯，务得确情，尽法惩办。同时，火速调补曾国藩为两江总督，密旨安徽巡抚英翰加强长江防务和地方治安。

面对朝廷的严令，魁玉不敢怠慢，昼夜审讯，但最后呈报朝廷的结果却仍是：该凶犯"一味混供""支离狡诈"。

这样的结果，朝廷当然不满，下谕说："情节重大，亟应严切根究"，告诫魁玉"不得含混奏结"。

的确，督臣遇害，疆臣人人自危，其中利害，岂可等闲视之?!

改日，清廷又下谕旨："张汶祥行刺督臣一案，断非该犯一人逞忿行凶，必应彻底研鞫，严究主使，尽法惩办。"并加派钦差大臣张之万驰赴江宁会同魁玉审办。

魁玉诚惶诚恐，再次奏陈：伏思前督臣马新贻被刺一案，案情重大，张汶祥刁狡异常，奴才督饬司道昼夜研审。张汶祥自知罪大恶极，必遭极刑，所供各情一味支离。讯其行刺缘由，则坚称既已拼命做事，甘受碎剐。如果用刑过久，又恐凶犯仓促致命。

魁玉的奏报上咬定是凶犯张汶祥"语言闪烁""一味支离"，到底是张汶祥"闪烁"和"支离"呢，还是你魁玉"闪烁"和"支离"呢?

且看张之万到江宁后的审讯结果。

张之万到了江宁后，连日提审张汶祥，最后，呈上朝廷的奏章是："该犯张汶祥自知身罹重解，凶狡异常，连讯连日，坚不吐实，刑讯则甘求速死，熬审则无一言。既其子女罗跪于前，受刑于侧，亦复闭目不视，且时复有矫强不逊之词，任意污蔑之语，尤堪令人发指。臣又添派道府大员，并遴选长于听断之牧令，昼夜熬审，务期究出真情，以成信谳。"

案子从魁玉到张之万，已经审讯了四个多月了，得出的结果仍是"凶狡异常""坚不吐实"，朝中的君臣都坐不住了。

12月9日，同治帝下谕旨严加训斥，说："现已五旬之久，尚未据将审出实情具奏，此案关系重大，岂可日久稽延!"

张之万、魁玉遂成为众矢之的，遭到了朝野的抨击。

给事中刘秉厚就奏劾说："派审之员以数月之久，尚无端绪，遂藉该犯游供，含混拟结。"

不得已，张之万、魁玉只好于12月12日呈上了一份饱经推敲锤炼的"审明谋杀制使匪犯，情节较重，请比照大逆向拟，并将在案人犯分别定拟罪名摺"，奏道："凶犯张汶祥曾从发捻，复通海盗，因马新贻前在浙抚任内，剿办南田海盗，戮伊伙党甚多。又因伊妻罗氏为吴炳燮诱逃，曾于马新贻阅边至宁波时，拦舆呈控，未准审理，该犯心怀忿恨。适在逃海盗龙启等复指使张汶祥为同伙报仇，即为自己恨，张汶祥被激允许。该犯旋至新市镇私开小押，适当马新贻出示禁止之时，遂本利俱亏。迫念前仇，杀机愈决。同治七八等年，屡至杭州、江宁，欲乘机行刺，未能下手。本年七月二十六日，随从混进督署，突出行凶，再三质讯，矢口不移其供，无另有主使各情，尚属可信。"

看看，前面说凶犯张汶祥参加过太平军和捻军，又加入海盗，和马新贻有仇，刺杀马新贻纯属仇杀，但结尾却别出心裁地加了个点睛之笔——"尚属可信"。

看来，案子里面还是有内幕，这内幕居然让他们遮遮掩掩，欲说还休，什么意思？

朝廷一面下旨切责张之万、魁玉办事不力，案情"不实不尽"，一面加派刑部尚书郑敦谨作为钦差大臣携随员赴江宁复审，同时谕令曾国藩速回江宁。

咦？早在马新贻遇刺的 8 月 25 日，朝廷就谕令调补曾国藩为两江总督了，他怎么还迟迟不肯动身？

事实上，在 8 月 30 日，曾国藩就接到了调他再任两江总督的上谕了，他的表现是：上呈"谢调任江督恩因病请开缺折"，固辞两江总督。

这是怎么回事？

曾国藩在处理天津教案中，两面不讨好，外国人嫌他惩处不力，国人骂他"残民媚外"，人生正跌落在一个低谷中，回任两江，正是复起振作的大好时机，他怎么不感兴趣？

相关史料表明，8 月 23 日，马新贻被刺事件传入直隶督署曾国藩耳中时，曾国藩午睡，"心不能静"。

马新贻被刺，似乎和曾国藩有某种联系。

朝廷驳回了曾国藩的请辞，说他"老成宿望"，是江宁的安宁所赖，务必动身赴任。

10 月 20 日，慈禧太后还亲自在养心殿东间召见曾国藩，敦促他速赴江宁。

可是曾国藩就像一块香口胶，黏在北京，就是不动身。

慈禧太后不得不在 11 月 1 日再次召见他，催："尔几时起程赴江南？"

曾国藩再也推托不开，只好在 11 月 7 日动身南下。

可是，路上磨磨蹭蹭，一直到 12 月 12 日才到达江宁。

仔细算起来，从清廷调他任两江总督到正式上任，历时三个多月，而他从北京到江宁，也用了长长三十六天，这速度，啧啧，龟速。

看见曾国藩来了，张之万如获大赦，匆匆交接了案件，一道烟溜往清江浦任江苏巡抚去了。

曾国藩来是来了，却不理会案件，每天除了和来访客人聊天，就是翻阅纪大烟袋的《阅微草堂笔记》。

这个曾国藩，葫芦里面到底在卖什么药呢？

他在等专案负责人员钦差大臣郑敦谨。

郑敦谨于 1871 年 1 月 7 日入宫请训，2 月 18 日才抵江宁。

2 月 18 日是大年除夕，全城包饺子，吃团圆饭，当然，牢中的张汶祥例外。

会审从正月初二正式开始，连讯十四天，仍是一无所获。

参加会审人员有：钦差大臣郑敦谨和他的随员伊勒通阿、颜士璋；曾国藩和他委派的江安粮道王大经、江苏候补道洪汝奎；后来又增加候补道孙衣言、袁保庆。

郑敦谨向以能审、会审著称，但才接触到这个案子，就知道里面水太深，不能乱来，搞不好，自己怎么死的都不知道。

审了十四天，都不知道该如何了结，只好请教曾国藩。

在这十四天时间里，曾国藩一直与郑敦谨并坐正堂，但几乎没说什么话。现在，听郑敦谨求教，不紧不慢地说："仍照魁、张二公原奏之法奏结。"

真是一语道破天机！

行了，就这么办。

3 月 19 日，郑敦谨、曾国藩联衔上奏："会同复审凶犯行刺缘由，请仍照原拟罪名及案内人犯按例分别定拟。"

郑敦谨、曾国藩还特别强调张汶祥"听受海盗指使并挟私怨行刺""实无另有主使及知情同谋之人",要求"按谋反大逆律问拟,拟以凌迟处死"外,还要"摘心致祭"。

这前前后后忙碌了五个多月,结果也只能是这个结果了。3 月 26 日,朝廷下谕旨通过了郑、曾的奏结。

4 月 4 日,曾国藩奉旨监斩,将张汶祥凌迟处死,并摘心致祭。

候补道孙衣言参与了会审,知道这个判处对马新贻并不公平,在写给马新贻的神道碑铭中秉笔直书:"贼悍且狡,非酷刑不能得实,而叛逆遗孽,刺杀我大臣,非律所有,宜以经断,用重典,使天下有所畏惧。而狱已具且结,衣言遂不书诺。呜呼!衣言之所以奋其愚戆为公力争,亦岂独为公一人也哉!"

孙衣言属于马新贻的亲信,和郑敦谨的随员颜士璋有深交,从颜士璋的嘴里知道了一些内幕。他这么一弄,天下震惊,都知道案子中另有重大隐情。

郑敦谨也于心不安,不等圣旨下达,甚至没等张汶祥正法,就默然离开了江宁。曾国藩送他程议,他分文不收,以有病为托词,终生不再为官。

事情为什么这么离奇?这么蹊跷?

"刺马"的真正内幕是什么?

民间大致有以下几种说法:一、幕后指使者是慈禧,所以此案无法深究。二、马新贻通匪,为张汶祥激于大义所杀。三、马新贻审理江苏巡抚丁日昌之子丁惠衡伤人命案,从而招致杀身之祸。四、马新贻曾在浙江严剿海盗,海盗分子之一张汶祥为报仇而"刺马"。五、马新贻"渔色负友",张汶祥为友复仇而刺马。六、马新贻触犯湘军集团利益,被湘军集团秘密会帮谋杀。

真相只有一种,到底是哪一种?

颜士璋写有一本《南行日记》,记述了南行审案的全部过程。多年以后,他的曾孙颜牧皋说,日记中写道:"刺马案与湘军有关。""刺马案背后有大人物主使。"

胡雪岩是中国商业史上的一个奇迹。

他从小学徒做起，白手起家，以一己之力缔造出庞大的商业帝国，让人叹为观止。

胡雪岩幼时家境贫寒，曾替人放牛、打短工。但人贫志不堕。某次放牛，在路上拾得一个包袱，里面装着满满的银子。胡雪岩并未迷失本性，将包袱收藏好，在路边放牛，静等失主。失主是杭州钱庄老板，回来寻包，喜胡雪岩品行难得，将他带到杭州学做学徒。

胡雪岩天资聪颖，勤奋好学，从扫地、倒尿壶等杂役干起，三年师满，成了钱庄正式的伙计。

又因为不谋私利，做事胆大心细，自信诚实，很快擢为跑街。

在这一时期，胡雪岩遇上了他命中的第一大贵人王有龄。

王有龄早在道光年间就捐了浙江盐运使，但无钱进京。胡雪岩眼光独特，认定奇货可居，拿出了自己辛辛苦苦积蓄下的五百两银子，慷慨资助，供其进京跑关系。

王有龄涕泪横流，感激不尽。

王有龄跑官成功，得侍郎何桂清荐举，在浙江巡抚门下任粮台总办。

为报答胡雪岩大恩，王有龄资助胡雪岩自开钱庄，号为阜康。

自此，胡雪岩的事业越做越大，渐脱寄居藩篱之境，成杭府之巨富。

这还没有完，王有龄的官不断高升，胡雪岩获助更广，除钱庄外，还开起了许多的店铺。

曾对王有龄有荐举之恩的江苏二品学台何桂清调动到浙江任巡抚，胡雪岩八面玲珑，知道何学台是云南人，立刻置办好四样云南土产相送：宣威火腿、紫大头菜、鸡枞菌和咸牛肉干。

何学台收礼回访，向胡雪岩道谢："离家万里，兵荒马乱，能吃上家乡的风味，太感谢了。"

替胡雪岩策划准备四样云南土特产的是他的相好阿巧。

阿巧风姿隐绰，妖艳动人。

何桂清一见之下，神魂颠倒，不能自持。

胡雪岩虽然也迷恋阿巧，为抱上何桂清的大腿，忍痛割爱，将心爱的女人相赠。

何桂清要上京碰碰运气做京官，胡雪岩立刻奉上一万五千两银子。

舍得舍得，有舍才有得，这就是胡雪岩的人生哲学。

得王有龄、何桂清等人的相助，胡雪岩捐班了一个候补知县，从商场跨入官场。

入了官场，视野大为开阔。胡雪岩又认识了精通外语和洋场生意的人才古应春，进入洋场。

1860 年，英法联军侵京师，咸丰以"狩猎"为名，仓皇出逃。一时间，诸军跃然欲试，要救京师。

有王有龄的指点，胡雪岩迅速与军界搭上了钩，吸纳了大量的募兵经费存入自己的钱庄。

不久，王有龄又委以其办粮械、综理漕运等重任。胡雪岩由此几乎掌握了浙江一半以上的战时财经，为今后的发展奠定了良好的基础。

1861 年 11 月，太平军攻杭州，胡雪岩做起了军火生意，给清军提供了大量枪支、粮米，获利巨大。

当时，京内外诸公皆以胡雪岩的阜康钱庄为外库，寄存无算。

次年（1862 年），王有龄因丧失城池而自缢身亡，胡雪岩失去了一大靠山。

但是，胡雪岩命中的第二大贵人已经出现。

这人就是民族英雄左宗棠。

经曾国藩保荐，左宗棠继任浙江巡抚一职。

左宗棠所部在安徽时饷项已欠近五个月，饿死及战死者众多，进兵浙江，问题更加突出。

胡雪岩抓住了这次机会，在炮火纷飞中为左宗棠筹措到了十万石粮食。

左宗棠喜出望外，对胡雪岩青眼有加，屡屡委以重任。

得到左宗棠的支持，胡雪岩主持上海采运局，兼管福建船政局，经手购买外商机器、军火及邀聘外国技术人员，从中获得大量回佣。

此外，他还操纵江浙商业，专营丝、茶出口，操纵市场、垄断金融，在各省设立阜康银号二十余处，并经营中药、丝茶业务，操纵江浙商业，资金超过千万两以上，成为"中国首富"，被慈禧太后御封为四省税务代理总管，后又御赐一件黄马褂，封为二品顶戴，是中国历史上唯一的红顶商人。

真正让胡雪岩成为大清舞台上的重要人物的，是资助左宗棠平定新疆。

1875年，左宗棠被清廷任命为钦差大臣，督办新疆军务。由于缺乏军饷，左宗棠通过胡雪岩向外国银行借高利贷筹措军饷。

胡雪岩找到在上海汇丰银行任帮办一职的古应春，联系上了英国渣打银行，先后六次借款，累计金额为一千八百七十万两白银。

可以说，左宗棠能收复新疆，胡雪岩功不可没。

巅峰时期的胡雪岩，阜康钱庄遍布全国，资金高达两千多万两银子，坐拥一万亩田地，富可敌国。

据说，胡雪岩娶了十二房姨太太，号称"东楼十二钗"。每到晚上，侍女端上盛有各姬妾牙牌的银盘，胡雪岩随手翻一个，侍女就按牌上名字安排这个姬妾侍寝，与皇上翻牌子没有什么两样。

还有小道消息说：胡雪岩家里家外的女人是能组成象棋盘队的，胡雪岩曾组织起这些女人来了场真人象棋比赛。

沙沤所作《一叶轩漫笔》就说，胡家有侍妾近百人。

李莼客的《越缦堂日记》则说"（胡宅）所蓄良贱妇女以百数，多出劫夺"。

这里所说的"劫夺"，多指以钱劫夺。

李伯元的《南亭笔记》卷十五中讲述有这样一个故事：

胡雪岩经过一家裁缝店，看见有一身姿曼妙的美女倚门而立，就多看了几眼。女子觉察，白了他一眼，入屋关门。

胡雪岩大怒，差人拿了七千银元找到美女，要纳其为妾。

洞房之夜，胡雪岩只顾自己喝酒，让新娘子裸体躺在床上，安排好几个仆人各执巨烛立床边照亮，大笑道："汝前日不使我看，今竟如何？"

酒饱意足，扬长而去。

第二天早晨，派人转告女子：房中的物件你随便拿，也可以改嫁他人，胡家没有你的位置。

女子也不客气，带走了价值两万两白银的家什，成为当地巨富。

所谓乐极生悲。

胡雪岩的悲剧就在于不能收敛低调，最终沦为政治牺牲品。

左宗棠晚年和李鸿章互相攻讦，胡雪岩和左宗棠这么亲近，又这么高调碍眼，自然成了李鸿章打击的对象。

1881年，胡雪岩试图垄断江浙生丝生意出口，开始大批囤积生丝。

洋商与胡雪岩之间的一场商战因而不可避免。

最终，胡雪岩陷入了国外金融资本势力和国内金融买办势力的内外夹击之中，资金链断裂，宣告破产。

恰巧，1883年，国内爆发金融危机，李鸿章等人咬定这场危机就是胡雪岩囤积生丝投机失败引爆的。

胡雪岩虽得左宗棠力保，但左宗棠不久病逝。

1885年9月，在李鸿章等人的操控下，胡雪岩被"拿交刑部治罪，以正国法"，家属则被"押追着落，扫数完缴"。

当年11月，胡雪岩黯然离世，终年六十二岁。

左宗棠收复百万领土之功

提起中国的晚清时期，稍微懂一点历史的人都会长叹一声。

这是一个贫穷落后、遭受西方列强蹂躏的悲惨年代。

经济上积贫，军事上积弱，完全照应了鸦片战争前林则徐沉痛无比的论断："中原几无可以御敌之兵，且无可以充饷之银！"

有人做过统计，第一次鸦片战争中，中国军队参战人数为二十万人，英国军队参战人数为一万九千人；中国死亡人数两万两千七百九十人，英国死亡人数五百二十三人。

中英双方伤亡人数比例竟为六百比一。

这是一个让人震惊的数字，也是让我们感到无比耻辱的数字。

这个数字直接揭露出中国的国力弱到了何种程度。

外忧之外，又有内患。

太平天国运动让孱弱不堪的大清王朝摇摇欲坠，几近覆亡。

所幸曾国藩、李鸿章、左宗棠、张之洞等盖世名臣适时而现，练兵，筹饷，积极引入外援，大搞洋务运动……终于刹住了颓势，迎来了所谓的"中兴"。

说是"中兴"，其实不过是为振奋国民放出的自欺欺人的谎言。

李鸿章就曾悄悄对身边的人说自己是"一生风雨裱糊匠"，在忙忙碌碌地裱糊起的纸屋子就是大清王朝，这个纸屋子外表光鲜好看，其实不堪风雨。

所谓破鼓万人擂，不但列强蜂拥而来欺负大清国，就连一些名不见经传的虾兵蟹将也张牙舞爪地跳了出来。

中亚地区浩罕汗国（在今乌兹别克斯坦境内）的一个名叫阿古柏的军官觑准了这个时机于1864年带兵入侵，占领了新疆近一百六十六万多平方公里的领土。

其实，想吞占新疆的还有当时的世界第一强国英国和号称欧洲大陆第一军事强国的沙俄。

英国占领了印度后尚需时间消化，一时还不能腾出手侵占新疆，只是从经济、武器等方面大力援助阿古柏。而沙皇俄国却于1871年悍然出兵占领新疆伊犁地区。

如果晚清政府再坐视不理，新疆将很快落入他人之手。

而新疆丢失，内蒙古、西藏等必大乱，陕甘青等便会成为前线，彼时，中国的统治中心将面临东西两面海陆入侵者的直接挤压。

但是，清政府的自身实力不免让人摇头叹息。

李鸿章就无比沮丧和绝望地说，清廷现在最大的忧患来自海上，现在只能全力整饬海防。至于新疆，那是化外之地，茫茫沙漠，赤地千里，即使失去了，于朝廷也没有什么大的损失，而收回了呢，也不过是多了几千里的无用不毛之地，反而增加了朝廷的负担。

谁都知道李鸿章是在无能为力的情况下说的自我安慰话，但现实就那么残酷，不这样，又能怎么样呢？

朝野附和李鸿章的声音比比皆是。

但是，却有一个人，在这样一片唉声叹气中发出了激荡人心的怒吼："天山南北两路粮产丰富，煤铁金银玉石藏量极丰，实为聚宝之盆，我绝不能不管。我一定要把入侵的强盗赶出去！"

这人就是著名湘军将领，与曾国藩、李鸿章并列为晚清三大名臣之一的左宗棠。

李鸿章不以为然地哀叹说，现在的中国没有班超、赵充国这样的能人，新疆恐怕要丢了。你左宗棠已经老了，还能做得了什么事呢。

左宗棠慨然道："壮士长歌，不复以出塞为苦也，老怀益壮。"

为了展现自己的决心，左宗棠表示自己愿抬棺出征。

清政府嘉赏左宗棠的志气，任命他为钦差大臣，督办新疆军务，统领大军出玉门关，收复新疆。

不过，清政府财政紧缺，无法提供足够的西征的军费，只出了三百万两。

没有军费就得借！

左宗棠咬紧牙关，借外债，而且是高利贷，每年的利息高达百分之十，一共借了五百万两，再从海关处挪了两百万两，加上朝廷出的三百万两，硬是凑了一千万两银子的军费。

然后整顿军务，强化练兵，练心，练胆，练体力和格杀技巧。

经过四年多的魔鬼式锤炼，一向被人们认为弱到爆的八旗兵、绿营兵都成了敢战之士。

1876 年 4 月，已经六十五岁高龄的左宗棠筹集齐了四千万斤粮食，集中了五千辆大车，五千五百匹骡马，两万九千峰骆驼，亲自统率由湘军主力组成的七万多大军，踏上了收复新疆的征程。

李鸿章忧心忡忡地对人说："阿古柏的虎狼之师与沙俄狼狈为奸，左宗棠必败，中国人又该被外国人笑话了。"

然而，左宗棠大军一出，便势如破竹，仅用一年半时间，就把肆虐西北十二年之久的阿古柏彻底击溃，顺利收复了占中国版图达六分之一的新疆，震慑住了沙俄，粉碎了英、俄吞并新疆的阴谋。

左宗棠收复新疆的壮举，在被外国人誉为"中国人的气质"。

时人作诗称赞云：

> 大将筹边尚未还，湖湘子弟满天山。
>
> 新栽杨柳三千里，引得春风渡玉门。

 ## 慈禧为何要光绪帝称自己为"亲爸爸"

有人做过一项有趣的活动，即评选出中国古代历史上知名度最高的十大人物。

评选结果，按年代远近排，这十人为：黄帝、姜太公、孔子、秦始皇、关公、唐太宗、李白、岳飞、成吉思汗、慈禧。

慈禧是十人中的唯一女性。

慈禧上榜的主要原因，不外乎两点：一、近年来清宫戏火爆，慈禧所占戏份比较重；二、慈禧统治晚清长达半个世纪之久，对中国近代史影响巨大。

慈禧，作为一个女人，又不是名义上的国家管理者，却执掌权柄半个世纪，除了其有技术方面因素，也不难看得出其对权力的贪恋到了何等痴迷程度。

同治没有儿子，按惯例，得从"载"字辈的下一辈"溥"字辈近支宗室中择立一个孩子过继为同治帝载淳的儿子，即同治立嗣，然后立这个孩子为嗣皇帝。

这是慈禧不能接受的。

因为，这么一来，她就不是皇太后了！而升任皇太后的人，恰恰是她的眼中钉、肉中刺——皇后阿鲁特氏！

因此，在慈禧的胡搅蛮缠下，为同治立嗣之议泡汤了，改为为咸丰立嗣。

而在慈禧的坚持下，被选为嗣皇帝、入继为咸丰帝儿子的，是同治帝的堂弟载湉。

载湉的父亲奕譞是道光帝的第七子，母亲是慈禧的胞妹，血缘上比较接近慈禧。最重要的是，载湉这年才四岁，当了皇帝却无法处理政事，

第八章　女人当国（上）

211

入继咸丰帝为子，母亲就是慈禧。也就是说，慈禧依然是皇太后，还可以再次垂帘听政。

民间有传说，其实皇后阿鲁特氏是已经有身孕的了。按一般人的心态来说，自己的儿子有后，那应该是好事。但慈禧却担心皇子生下来会对自己构成威胁，因此，摆在阿鲁特氏面前的，只有死路一条。

事实上，在同治去世七十五天后，阿鲁特氏真的被慈禧逼死了，时年二十一岁。

载湉成了皇帝，年号为光绪，人们称他为光绪帝。

非常奇怪的是，光绪帝被抱进皇宫后，慈禧明明是他的继母，但慈禧却不许他叫自己"母后"，而要叫一个极其别致的称呼——"亲爸爸"。

让光绪叫自己"爸爸"，那是慈禧的内心不甘停留在皇太后的层次上，而想成为只有男人才能扮演的"太上皇"的角色。在"爸爸"前加上一个"亲"字，慈禧自己解释说："光绪皇帝的父亲就是醇王。她的母亲就是我的妹妹。我妹妹的儿子，就跟我亲生的一样。"

可以说，单单训练光绪称自己为"亲爸爸"，慈禧已经在光绪面前获得了绝对的尊严。

但这还是不够的。为了把光绪培养成一个俯首帖耳的傀儡皇帝，慈禧还不厌其烦地传谕帝师翁同龢，要他在"孝道"方面对光绪进行灌输、强化教育。

正是这样，慈禧在同治驾崩后，仍然在光绪朝乾纲独断三十多年。

慈禧为什么被称为"老佛爷"

看清宫戏，我们常常会看到李连英一口一句称呼慈禧太后为"老佛爷"，而慈禧太后则称呼李连英为"小李子"。

这里插一句，李连英是慈禧的心腹太监，很多书把"李连英"写成"李莲英"，这其实是错误的。作家霍达在写《补天裂》一书时，专门查阅了李连英的墓碑碑文，上面写的是"李连英"而非"李莲英"。

称呼李连英为"小李子"这个容易理解，李连英姓李，称"小李子"既显得亲切，又可以倚老卖老，显摆出一种高高在上的气度。

可是，称呼慈禧太后为"老佛爷"就不好理解了。首先，慈禧太后一个女流之辈，称"爷"就让人觉得不伦不类，再加上一个"老"字、一个"佛"字，就更让人丈二和尚摸不着头脑了。

这，到底是怎么回事？

有人妄加猜测地说，之所以称呼慈禧太后为"老佛爷"，那是李连英为拍慈禧的马屁，专门替慈禧量身定做所构思出来的"美称"，意为吹捧慈禧是救苦救难的观世音菩萨再世。

事实并非如此。

只有稍微通熟一点清朝的历史，就不难发现，"老佛爷"其实并不是慈禧专用称呼，清代历代皇帝都曾被称呼为"老佛爷"。

怎么会这样？

这又得从古代帝王的名号说起了。

通常，历代帝王都会有"庙号""谥号"等等称呼。就拿慈禧的丈夫咸丰帝来说，"咸丰"不是名字，是年号，清朝十帝都是一帝一年号，所以，用名字来指代皇帝的名字，算得上是清朝的一大特色。咸丰帝的名字是爱新觉罗·奕詝，爱新觉罗·奕詝在位时，臣民是不能直呼他的名字的（当然，就算他死了，只要还是清朝统治，臣民也同样不能直呼其名的），那么，该怎么称呼爱新觉罗·奕詝呢？无论是书面还是口头上，通常都是用"今上"二字，即"当今皇上"的意思。但爱新觉罗·奕詝要是死了，则"今上"的称呼就应该留给下一任皇位继承人了，则对曾经的"今上"，就应该加"谥号"、上"庙号"了。爱新觉罗·奕詝的谥号很长，共有二十五个字，为"协天翊运执中垂谟懋德振武圣孝渊恭端仁宽敏庄俭显皇帝"，按照中国人的习惯，一般用省略简语，就称"显皇帝"；爱新觉罗·奕詝的庙号为"文宗"，人们称他为"清文宗"。

再举一个例子，中国历史上最仁慈的君主是宋仁宗赵祯，"仁宗"是庙号，谥号是"体天法道极功全德神文圣武睿哲明孝皇帝"，宋仁宗的年号是宋朝皇帝中最多的，共有九个：天圣、明道、景祐、宝元、康定、庆历、皇祐、至和、嘉祐。所以，就不能像清朝一样用年号来称呼他了。那么，在宋仁宗的有生之年，人们又不能直呼其名"赵祯"，那除了用"今上"称呼他之外，还会有其他什么称呼吗？

有的。

通常，帝王除了"庙号""谥号"之外，还有一个不成文的"特称"，当然，不同朝代皇帝的"特称"是不同的。比如说，西汉皇帝的特称为"县官"；东汉皇帝的特称为"国家"；到了宋朝，皇帝的特称就叫"官家"。《水浒传》第十九回中，阮小五唱了一首打渔歌，里面就有关于"官家"的歌词，为："打鱼一生蓼儿洼，不种青苗不种麻。酷吏赃官都杀尽，忠心报答赵官家。"

说了这么多，该回到"老佛爷"的话题上来了。

"老佛爷"，就是清代帝王的"特称"。

把皇帝称呼为"老佛爷"？怎么这么奇葩啊？

话说，明代有一位女真部落尊长，名叫李满住。"满住"在满语中的意思是"吉祥""仁厚"的"佛爷"，李满住有一位很了不起的后代——清太祖努尔哈赤。努尔哈赤建国后，历代清帝就以"满住"作为特称。开始时，根据这个音译成汉语，又称"满柱""曼珠"，后来则干脆意译为"老佛爷"。

慈禧让别人称她为"老佛爷"，目的很明显，即希望别人拿她当成皇帝看待。

可见，慈禧并非清朝皇帝，本来是不应该叫"老佛爷"的，但因为她太张扬，反倒使后人只知道她是"老佛爷"，而不知道康熙、乾隆也曾经被叫作"老佛爷"！

再补充一句，慈禧的名字其实也不叫慈禧。

慈禧到底叫什么名呢？事到如今，已经成了一个永久难解的谜。所能够考究的，是她的姓——那拉氏，因为她的祖先居住在叶赫，也称叶赫那拉氏，玉牒（皇族家谱）称她是"叶赫那拉氏惠征之女"。

慈禧在咸丰元年（1851年）被选入宫，当年就被封为兰贵人，咸丰四年册封懿嫔，生子后晋封为懿妃，次年晋封懿贵妃，咸丰死后被尊称为圣母皇太后，上徽号慈禧，即慈禧皇太后。

第九章　女人当国（下）

 光绪皇帝的死因

关于光绪帝的死因，百年来争论不息。

史料记载光绪是患病暴毙的；民间却说他是被毒杀的。

毫无疑问，众多的患病暴毙成为不了民间喜闻乐见的话题。那些死于父子之手、死于兄弟之手、死于敌人之手、死于侠客之手以及雷公震怒、花柳发作之类的说法，则具备了无穷尽的吸引力，让众生百谈不厌，津津有味，乐趣无穷。

有人也许会问：自古到今，各朝各代的皇帝这么多，为什么清朝的皇帝的死亡会招惹上这么多民间传说？

主要是人们对清朝的认同感不够。

清朝统治者不怎么把大清子民视作"子民"，如雍正皇帝，总在嘱咐自己的儿孙，时刻要提防汉人，如果实在在关内待不下去，就收拾东西回关外；再如慈禧太后，其一句"量中华之物力以结上国之欢娱"，根本就不把中国人当自己人。

统治者既然这样提防汉人，这样不把中国的利益放在心上，当然难赢得人民的拥护。

所以，在清朝长达二三百年的历史中，很有一些人是抱着冷眼旁观的心态在看待这段历史的：眼看他起朱楼，眼看他宴宾客，眼看他楼塌了……

但对我而言，我是不大相信民间那些关于清帝离奇死亡的千奇百怪情节的，而更愿意相信史书上的那些平淡无奇的记载。

史料中对于光绪的死亡记载，就是平淡无奇的。

不过，光绪帝的死亡时间是光绪三十四年十月二十一日酉正二刻三分（即 1908 年 11 月 1 日下午 5 时 33 分）；慈禧太后的死亡时间是光绪三十四年十月二十二日未时（即下午 1 时至 3 时），两人一前一后离开人世，时间差为二十二个小时。

考虑到光绪与慈禧之间的种种恩怨，这种巧合不能不让人疑窦丛生。

为此，有很多专家根据光绪帝生前的病历，结合当时的历史背景和现代中医学理论，缜密地推断过光绪帝的死因：

光绪帝在位三十三年，病案记录有一千多条（其中光绪二十七年至三十三年七月前没有医案记录，不知是没病还是资料丢失）。但戊戌变法前的二十年，病案记录仅有七十六次，变法失败后被囚瀛台的十年中，记录则达到了九百多次。即这十年中，平均每年要让御医诊视九十多次，几乎月月患病。

光绪死亡这一年（光绪三十四年），从三月到七月，病案记录高达二百六十次，给他诊治过的御医有三十多人。从病案上看，药罐子光绪的病，主要症候是肝脏郁热、肝旺脾弱、心肾两亏等。

法国驻京使馆的医官多德福曾进宫给光绪诊治，并做了医学化验，认为光绪的病是"腰火长症"，即肾炎。

但光绪身边的御医并没有采纳多德福的治疗方案，继续用传统中医治疗。

上面提到，光绪二十七年至三十三年七月之间缺失医案记录，光绪三十三年七月之后，有御医力钧、陈秉钧、曹元恒等人对光绪的详细诊疗记录，从记录的情况来看，光绪的病势日见沉重。

光绪久病不愈，心情大差，曾严加训斥御医，指名道姓，骂他们都是些欺世盗名的庸医。

于是，在光绪临终前的四个月中，各地又加荐了许多名医进宫协助宫中御医进行诊治，其中有杜钟骏、张彭年、周景涛等人。

光绪死亡前的最后的一个月，光绪腰部痛得不行，五官变形，周身汗涌，自感越服药就越感觉病重，一遍又一遍嘱咐御医"万不能以药试病"。

杜钟骏等人心照不宣，都认为光绪已病入膏肓，却不敢说出来，且在病案中千方百计加以隐瞒。

杜钟骏在《德宗请脉记》中坦承，在记述每日诊疗病簿时，"予于案中有实实虚虚，恐有猝脱之语"。

光绪临终前两日，他在医案中写"此病不出四日，必出危险"，但内务大臣们认为这样写不利于病人度过生命的最后时光，他也只好将之删去。

而两日之后，光绪猝然昏厥。

内务大臣急召杜钟骏、周景涛、施焕来前来诊脉。

大家诊断过之后，如实相告：皇上必过不了今晚，所有针药均无力回天，不用再开方了。

但内务大臣要求死马当活马医，随便上一方子。

几位御医没辙，只好开了一味生脉散。

药还没进上，光绪已经驾崩。

根据光绪帝这些病历、脉案和药方，大家得出的结论就是：光绪一生体弱，久治不愈，加上慈禧刻意虐待，病情加重，最后不治身亡。

冯伯祥在《清宫档案揭秘光绪之死》中记道："详考清宫医案，用现代医学的语言来说，光绪是受肺结核、肝脏、心脏、风湿等慢性病长期折磨，致使身体的免疫力严重缺失，酿成了多系统的疾病，最终造成心肺功能衰竭，合并急性感染而死亡。"

晚清状元的气节表现不输文天祥

晚清直隶省河间府肃宁县人刘春霖是科举制度废除前一年（即光绪三十年，1904 年）甲辰科状元，也是中国历史上最后一名状元，所谓"第一人中最后人"。

刘春霖早年求学于京师，帝王师翁同龢初见刘春霖的笔墨和文章，曾惊叹不已，预言他将大魁天下。

撇开文章不说，单就一笔漂亮洒脱的毛笔字，刘春霖也足以让天下墨客倾服绝倒。

刘春霖的小楷笔力清秀刚劲，得世人推崇，有"楷法冠当世，后学宗之"之誉。

时至今日，书法界仍有"大楷学颜（真卿）、小楷学刘（春霖）"之说。

刘春霖能习成这样的笔墨文章，全靠过人天赋和艰苦学习得来。

刘春霖家道贫寒，世代为农，父亲为了一家人的生计，先后在济南、保定府衙当差。母亲到知府家中做奴仆。

刘春霖由哥嫂抚养，跟随表叔王铁山读书。

刘春霖天资聪颖，学习刻苦。

王铁山看在眼里，喜在心头，用心教导。

这对师徒，一个肯学，一个乐教，几年工夫下来，四书五经都烂熟于胸。

王铁山觉得再这样下去，会误了孩子，建议刘父带他到大地方深造。

刘父于是克服一切困难，把刘春霖带到保定莲池书院读书。

院长吴汝纶慧眼识才，悉心培养。

这样，光绪三十年（1904 年），三十二岁的刘春霖一举夺魁，夺取了该科状元。

刘春霖考中状元后，念及自己读书生涯一路走过的艰辛，有感于农村儿童读书的困难，没有在老家广修"状元府"来光耀自家门庭，而是在本村修建了一所小学堂，学堂的房屋、教椅、教桌及教具等，一力承担，并在学堂门口题有"铸才炉"匾额一方，立有石碑一座，作有《劝学篇》一文留念。

刘春霖初授翰林院修撰，随即奉派到日本法政大学留学。归国后，历任资政院议员、记名福建提学使、直隶高等学堂提调等职。

辛亥革命后，刘春霖一度隐居家中，继而出任袁世凯、黎元洪、冯国璋、徐世昌和曹锟等总统府内史（相当于秘书长）。

在此期间，刘春霖看到军阀混战、内部争斗、政治腐败的局面，非常愤慨，于1928年愤然辞官，在上海、北京以诗书自慰。

刘春霖作为中国最后一名状元，忧国忧民，胸怀治国之大略，虽隐居不仕，但对国家前途颇为关心。

1933年夏季，黄河决口，河北、河南、山东三角地带洪水泛滥，受灾严重，人民流离失所。刘春霖串联起一批河北省知名人士组织成立了"河北省移民协会"，带头捐助，并多方募集资金，组织领导灾区难民救济，对无家可归者，迁徙到包头城东十五里的南海子一带，开垦荒地，建立"河北新村"。

1934年农历三月，"满洲国"傀儡政府总理郑孝胥以"满洲国"名义特邀刘春霖前往，许以伪满教育部部长之职，刘春霖愤然拒绝。

宋哲元任河北省省长时，出于对状元的敬仰，即拜刘春霖为师。

"七七"事变爆发后，日军占领北平。与刘春霖是同科进士，且是日本留学时同学的大汉奸王揖唐登门拜访，想借刘春霖的状元之名作招牌，邀其出任北京市市长要职。刘春霖当即翻脸，骂道："我刘春霖是绝不会依附外国侵略者的，请免开尊口！"

王揖唐见势头不对，抱头鼠窜而去。

亲朋好友得知此事，劝刘春霖到南方躲避一下。

刘春霖沉痛万分地说："能躲到哪里去？南方的大片国土也沦陷了，总不能躲出国门、流浪到南洋去吧？我是中国人，死也要死在自己的国土上！"

恼羞成怒的日伪第二天就抄了刘春霖的家，把他历年收藏的书画珍宝洗劫一空。

刘春霖气得大骂："宁作华丐，不当汉奸！"

受此事打击巨大，刘春霖从此杜门谢客，于 1942 年 1 月 18 日在悲愤中谢世。

中国历史上有名的状元郎被奉为万世楷模。

而中国历史上最后一名状元郎刘春霖在气节方面也丝毫不输文天祥，也为世人所敬仰。

慈禧属羊偏喜欢吃虎

220

慈禧太后出生于 1835 年，属羊。

都说羊儿温柔，但慈禧太后这头"羊"既凶狠，又特别能吃。

根据清末女官德龄的回忆录《清宫二年记》《慈禧太后私生活实录》的记载，每天慈禧太后的菜肴如下：共备正菜一百种，糕点、水果、糖食、干果等亦一百种。每天做饭共需要炉灶五十座，厨子上手五十人，厨子下手五十人，洗涤夫等杂差详数不明。

慈禧太后喜欢吃的菜，根据《慈禧太后私生活实录》记载有以下几种：

清炖肥鸭，做法是先把鸭子除毛去肝脏，洗净，加上各种调味品，密封到一个磁罐子里，再把这个磁罐子装在一个盛了一半清水的钳锅中，盖上锅盖，用文火慢慢蒸上三天，等鸭子完全酥透了才开锅动筷，味道美得能让人把鸭肉连同舌头咽下去！

清汤虎丹，食材取自小兴安岭东北虎的睾丸，放在微开不沸的鸡汤里炖上三个小时，然后捞出剥皮，放在调料里浸泡两个小时，佐以蒜泥、香菜末儿。

不客气地说，东北虎濒临灭绝，跟慈禧是有些关系的。

《御香缥缈录》上记，慈禧的"西膳房"能做四千多种菜肴、四百多种点心，每顿饭的菜肴三张膳桌拼起来还摆不下，菜点都在百种以上。

另外，慈禧还喜欢吃人奶。据说，慈禧从二十六岁开始，直到七十五岁去世，近五十年时间内，从未间断过吃人奶，每天有三名奶妈专门为她提供充足健康的奶水。

《宛署杂记》中记载：东安门外，稍北，有礼仪房，是清宫专选奶口（奶妈）以候内廷宣召之所。清宫规定，每个季节，精选奶口四十人，在内廷之中，辟专室养护，称为坐秀奶口。再选八十人，著籍于宫中，由内府专门供应饮食，称为点卯奶口，意在坐秀奶口有意外时补缺。每季，更换一批。

选这么多奶妈入宫为慈禧提供奶水，不知因此饿死了多少嗷嗷待哺的婴孩！

唐朝诗人白居易作有七言乐府《红绣毯》，痛骂宣州太守只顾自己荒淫享乐而不顾惜织工的辛勤劳动，以丝线织地毯，诗云："宣城太守知不知，一丈毯，千两丝！地不知寒人要暖，少夺人衣作地衣。"

在这里，我也要骂慈禧："慈禧太婆知不知，一口奶，两口血，你不知饿婴要哺，少夺婴食作你食。"

慈禧在吃的方面，似乎憋着劲要作践天物。她自称最喜欢吃西瓜，一天可报销掉三百五十多个西瓜。

天！猪八戒吃西瓜，一天也不过只吃四个，难道慈禧的肚子比猪八戒还要大？

实际上，慈禧吃的西瓜，每个只吃瓢中心最鲜红那一点儿，其他的全部丢弃了。

也就是说，慈禧的肚子和普通人一样，主要是吃法太变态了。

慈禧还有一个摆果闻香的嗜好，为此，每年都要消耗大量水果。据记载，仅苹果一项，一年就消耗十五万八千多个。

有一张慈禧在光绪二十三年消耗的鲜果清单：苹果十五万八千三百二十个、秋梨十一万一千七百五十个、棠梨七万七千三百个、红肖梨五万三千二百九十五个、柿子二千二百七十五个、文官果二千四百个、石榴三百一十个、甜桃四千三百四十四点五筐、酸桃三百零二点五筐、樱桃四百二十九筐、李子九百二十筐、杏六百九十四筐、沙果四百九十一筐、槟子七百七十筐、葡萄一万六千三百八十五斤、鲜山楂一万六千六百六十三斤，核桃、栗子、红枣、黑枣、白果、榛子、晒山梨、英俄瓣共计二千三百五十六石七斗七升五合七勺。

慈禧如此暴殄天物让人无比痛心，可她本人只知沾沾自喜，毫不以为意。

挥霍无度成了习惯，即使是逃亡路上，也念念不忘"吃"。

1900 年八国联军攻陷北京，慈禧逃亡西安，不顾国势垂危、民生维艰，严令全国各地调集猴头、燕窝等各种贡品，以保证每天的膳食供给。

那段日子，慈禧每餐依然是选菜谱百种，价值两百两银子，是老百姓一家几年的口粮。

由于天气炎热，慈禧还派人到距离西安一百五十公里以外的太白山运冰，以便大快朵颐、一饱口福。

1902 年，慈禧乘坐"御用火车"到奉天（今沈阳）拜谒东陵，安排了四节车厢来建立临时膳房，每节车厢装五十个炉灶，每灶负责做两样菜，仅厨师就有一百名。

慈禧的奢侈，极大地助长了清廷贪腐之风。

从某种程度上说，大清国就是被慈禧吃掉了的！

慈禧最饱受争议的是她那著名的六十大寿寿宴，她挪用了北洋舰队的军费，致使出现了黄海战败之辱。

据说，为了办好这场寿宴，共花掉了白银一千万两！其中，光买衣服花去黄金二十多万两！

如此骄奢无度，大清国不亡就没天理了。

 ## 慈禧太后的海量陪葬品

人们常说，钱财乃是身外之物，生不带来，死不带去。

是的，人一旦死了，元神俱散，万事皆空，只剩下一副臭皮囊，保护得好，可以成为干尸木乃伊，保护得不好，也就成为蝼蚁的盘中餐，化作粪，成为有机肥，回归大自然的循环之中。

但古代的帝王将相是不同意这种看法的，他们坚信，死后会进入另一个世界，他们希望在那个世界里继续享受荣华富贵，于是就可劲地打造豪华的陵墓，用巨量金银珠宝来陪葬。

这方面，慈禧太后算是其中的一个杰出代表人物。

慈禧生前，就是一个好逸恶劳、穷奢极侈的主，爱吃、爱穿、爱打扮。

所以，在同治五年（1866年），慈禧就开始殚精竭虑地操办自己的百年大事了。

历朝历代，皇后应该陪伴皇帝共陵寝的。

但清朝自康熙别葬祖母孝庄皇太后起，一句"卑不动尊"的话流传到清末。即皇后先于皇帝死，则先葬入帝陵，等皇帝驾崩了，再打开石门，将皇帝梓棺移入地宫。而若是皇帝先死，那么，对不起，皇后只能葬在别处了，因为，"卑不动尊"。

慈禧的丈夫咸丰皇帝的定陵选在了清东陵的平安峪，地宫中已有咸丰皇帝的原配孝德显皇后陪伴，则由同治帝加封的慈安、慈禧二位皇太后"卑不动尊"，只能另选陵址了。

慈禧要建陵，也必须同时建慈安的陵。

同时为两位皇太后建陵，不仅在大清国是头一次，在中国历史上也是没有先例可寻的。

大臣们进行了仔细、谨慎的讨论，想为两位皇太后建一座陵，百年之后，两位皇太后的棺椁并排奉安在一座地宫里。

慈禧一口否定，两人共住一宫，不嫌太狭窄吗？不行！

大臣于是又想按照康熙皇贵妃陵的模式采取"同陵不同穴"的方案，即同一座陵墓，造两座地宫。

慈禧还是嫌狭窄。

没办法，大臣只好为两个皇太后各自选址建陵。

慈安、慈禧太后的定东陵的选址工作，从同治五年算起，到同治十二年止，历时七年，期间花费了大量的人力、物力和财力。

慈禧陵寝的选址定在裕陵妃园寝西侧的菩陀峪和平顶山，这两个地点，不仅紧挨着，而且实现了"陵制与山水相称"的苦心孤诣的追求。

可以说，慈禧陵寝的选址，达到了清代陵寝"三年求地、十年定穴"的要求。

开始，两个皇太后陵的规制是完全一样的，东、西并排，于光绪五年六月二十二日全工告竣，慈安陵用了二百六十六万两白银，慈禧陵用了二百二十七万两白银。

慈安死于光绪七年。

慈安一死，慈禧便表现出了对两个陵墓建造规格相同的极大不满。

光绪二十一年（1895年），慈禧大张旗鼓地对自己的陵寝进行了一次大规模的修缮，把方城、明楼、宝城、宝顶、大殿、东西配殿全部拆除重建，其他那些建筑，全部是揭瓦大修，就是没有把建筑拆平了，把上盖都挑了。

这么做的原因非常明显，一是要压倒慈安，二是希望自己死后在另一个世界生活得更好。

其实，在重修前一年，即光绪二十年，中国遭遇了"甲午战争"的惨败，北洋舰队全军覆没。而重修这一年，即光绪二十一年，清政府又与日本签订了屈辱的、不平等的《马关条约》，割地赔款。

还有，从光绪十八年到光绪二十一年，我国遭到了历史上罕见的各种自然灾害，水灾、旱灾、风灾、雹灾、虫灾，几乎是同时发生，波及大半个中国。中国人民处于水深火热之中，挣扎在死亡线上。

但贪婪自私的慈禧根本不会考虑这些，只顾着自己生前身后的安乐富贵。

这场重修工程历时十三年之久，增设了许多名贵珍奇的黄花梨木；加铺贴金的和玺彩画；墙壁全部雕砖扫金；柱子一律用镀金铜龙盘柱；石栏杆要进行精雕细刻的加工；精心铺设玲珑剔透的御路石。

光绪三十四年（1908年）十月十八日，重修工作告竣。

四天之后，即光绪三十四年十月二十二日，慈禧离开人世。

慈禧的棺材由两层上等金丝楠木打造，表面涂上金漆，再写上四大天王咒。

这些楠木都是从云南运过来的，光运费就花掉了数十万两白银。

慈禧的心腹李连英亲眼见证了慈禧入殓，在《爱月轩笔记》中写道，慈禧尸体入棺前，先在棺底铺三层金丝串珠锦褥和一层珍珠，共厚一尺。慈禧头部放置荷叶，青翠透亮，叶面上有天然生成的脉络，脚下有粉红碧玺莲花、翡翠甜瓜、翡翠白菜。这些花果皆用宝石天然纹理雕成，真实生动。左手侧放置了玉石莲花一支；右手侧放置缠蟠桃的玉雕红珊瑚树一株。头部带珍珠凤冠，凤冠上缀有鸡蛋大的珍珠。身着金丝串珠彩绣袍褂，身上盖着珍珠堆制成大朵牡丹衾被。棺椁里放着两百多个宝石制成的桃子、李子、杏子等果实。另外，玉石骏马八尊，玉石十八罗汉，共计七百多件。葬殓完毕，又倒入四升珍珠，宝石两千二百块填棺。

1928 年 7 月，孙殿英盗墓，目击者的回忆基本印证了李连英的说法。

慈禧的棺材里放着三层被子：第一层是金丝宝珠棉褥，上面有一万两千多颗珍珠。近百颗红宝石，还有两百多块白玉。第二层是荷花珍珠丝褥，有珍珠两千四百多颗，价值百万两白银。第三层是绣佛串珠薄褥，上面也有很多珍珠。

慈禧尸体上盖的是一件陀罗尼经被，上面织有佛像、佛塔，还有两万五千万字的经文，镶嵌有八百二十颗珍珠。

慈禧身上穿的寿衣也镶满了珍珠，有大珍珠四百二十颗，中珍珠一千颗，小珍珠一千五百颗，头部凤冠上的珍珠最大，有四两重，脖子上缠绕有三串朝珠，嘴里咬着一颗价值连城的夜明珠，手里紧紧握着鸡蛋大的珍珠，两手边上还放着八匹玉雕骏马，十八尊玉罗汉，还有一座由白玉雕成的九级玲珑宝塔，棺材里的缝隙全部由珍珠填满，是个十足的珍珠控！

当然，这些珍珠也只是慈禧太后墓里面的冰山一角。

据估计，慈禧埋在墓中的宝贝在当时的价值高达亿两白银（当时清政府的年财政收入才五千万两），慈禧的祸国殃民，由此可见一斑。

孙殿英把慈禧陵墓里的宝贝席卷一空，为了取慈禧嘴里的夜明珠，士兵用刀割裂尚连在一起的牙骨，为了取慈禧衣服上的珍珠，士兵们甚至把慈禧的尸体从棺材里拽了出来，把衣服扒去，最后只剩下一条袜子和一条内裤。

慈禧陵寝被盗案发后，溥仪派载泽、耆龄、宝熙等人到东陵对慈禧的遗体进行了重新安葬。

载泽等人钻进地宫，见慈禧遗体趴在棺盖上，已曝尸四十多天，遗体上出现了许多斑点，长满了白毛。

竭天下民脂民膏以奉一人之快活，大清不亡，就没有天理了。

清末女英雄抗击八国联军

人们习惯以1492年哥伦布发现新大陆为时间轴，将十五世纪末到十六世纪初这段时间称为大航海时代。

大航海时代是人类文明进程中最重要的历史之一，世界各地的经济、文化、政治出现了各种激烈的碰撞和交流。

可惜的是，我国长期实行"闭关锁国"政策，对外面世界的剧变茫然不知。直到1840年，鸦片战争爆发，国门被英国人用坚船利炮轰开，国人才蓦然惊觉，天朝上国的优越感已经荡然无存，我国经济和科技已落后西方列强太多。

也就是从这一年开始，我国一步步沦落成了半殖民地半封建社会——清朝统治者连续不断地和列强签订一系列丧权辱国的不平等条约，直至灭亡。

在洋人横行的岁月里，民众激愤于清政府的懦弱无能，爆发了义和团运动。

义和团创始人名叫朱红灯（原名朱逢明），山东泗水县柘沟镇人，1898年因避水灾逃荒到长清县大李庄（今德州齐河县大李庄），在长清县（今济南市长清区）一带设场练拳，提出了"兴清灭洋""拿洋教、保江山"的口号。

义和团运动兴起迅猛，公开进行反洋教斗争，发展蓬勃，很快就席卷了北中国各地。

义和团是男人的事业，女人也要"兴清灭洋"，怎么办？

朱红灯的意见是："先学义和拳，后学红灯照，杀了洋鬼子，再烧天主教"，提倡妇女成立红灯照。

义和团于1900年春夏之交进入天津，红灯照随之出现。

《拳乱纪闻》记："闻现在津郡城厢内外，时有幼童练义和拳，又有幼女演练红灯照。此种陋风河东一带为尤甚，小营门内外亦有之，以致谣言四起。"

加入红灯照的妇女都穿上红裤子、红袄、红布裹脚，右手提红灯，左手持红折扇，年长的头梳高髻，年轻的绾成双丫髻。

津门红灯照的大师姐被称为"黄莲圣母"，传说功法出神入化。凡加入红灯照的妇女，只要跟着她在静室习拳，几天工夫，就能得道术成。而一旦术成，持了红折扇徐徐扇动，自身就能升高登天，在空中自由飞翔。彼时，右手的红灯投掷到哪，哪就是一片烈焰火海。

民间对于红灯照的传说，就是这样神乎其神。

《天津一月记》这样描绘练习红灯照女子行踪："父母不能禁，常夜半启门，不知所往，有数日始返，有一去不复返。其返者，询何往，则曰至外洋焚洋楼也。"

不难看出，参加红灯照者人数众多，这些人常选择在夜间活动，练习飞行（类似于现在的跑酷运动）和纵火术一类的武功，反教灭洋。

和义和团一样，红灯照也宣称拥有刀枪不入、灵魂出窍的法术，百姓被蛊惑得晕晕乎乎，难辨真假。

很多人认为，红灯照首领"黄莲圣母"不是凡胎肉身，而是降落凡间替苦难民众驱妖除魔的仙女。

关于黄莲圣母的事迹，史料记载大致有：

一、《义和团在天津城乡的反帝战斗》提到，黄莲圣母参加了义和团，清军在老龙头火车站和紫竹林租界发起的战斗，黄莲圣母本人率领红灯照在战斗中做后勤补给和给伤员治病疗伤。

二、《天津拳匪变乱纪事》记，黄莲圣母率领红灯照女儿头披红巾，身着红衣，脚穿红鞋，手持红扇，红灯"踩城"（即上街游行），云："每在街上行走，有二三十个男子相随，皆持洋枪，其妹三仙姑行走时，亦有二十余岁之男子数人跟随，传谕人等，皆须闭目不可看，于是皆敬之为神，焚香跪接焉。""踩城"活动，大致每十天一次，黄莲圣母领徒众边走边舞，呼喊诸如"妇女不梳头，砍去洋人头；妇女不裹脚，杀尽洋人笑呵呵"之类的口号。

三、《天津拳匪变乱纪事》还记载了黄莲圣母为拳民治病疗伤和发放避弹符水的事迹。义和团有受枪伤的团民大都抬往黄莲圣母处求治，"其治法用香灰涂抹伤处，谓能止痛收口，故受枪伤者多抬往求治；不效，则曰此人平生有过处，神仙不佑，故不能好耳"。

四、《天津一月记》记，直隶总督裕禄对义和团毕恭毕敬，曾恭请黄莲圣母到督署，求其保护，并专门制作了黄旗两杆，大书"黄莲圣母"四字，还给黄莲圣母提供了不少军械粮草。

五、《津西文史资料选编》记，黄莲圣母曾戏弄李鸿章儿子李经述。1900 年 6 月下旬，天津城告急，时为四品京堂的李经述为保家中财产不失，把贵重物品打包放船上，准备运回合肥老家。黄莲圣母带领红灯照将之截住。《拳匪闻见录》还记录有其中细节：红灯照命其"赤足着靴随去，到圣母舟中，呼之跪，即挺然遽跪，跪刻许方挥之使去"。

黄莲圣母的事迹就这样东一麟、西一爪，犹如神龙在云雾里，首尾不现。

黄莲圣母的真实身份由此成谜。

当时，比较流行如下几种说法：

一、"看香头的巫婆"；二、"土娼，略有姿色，而悍泼多智巧"；三、"船家女"；四、善"绳技"的卖艺人；五、"幼习拳棒"的女拳师，"善剧艺，曾挟技走江湖，在上海奏技。其父以犯洋人之禁，曾被逮入捕房，圣母以是恨洋人入骨"。

现在，经过天津一批史学研究者到民间进行调查、挖掘，总算弄清楚了黄莲圣母的真面目。

黄莲圣母，本姓林，名黑儿，幼时随父跑江湖卖艺，稍长，嫁与李姓船户之子，靠捕鱼运货谋生，生活贫苦。

1900 年，林黑儿父触犯洋教，遭人毒打，伤重身死。林黑儿听说义团坎字团首领张德成在天津城内外大弄，遂加入其中，在其支持下组织红灯照，在静海独流镇设立坛口，做大师姐。不久，又想在杨柳青设立坛口，遭当地地主石元士反对，未成。

张德成想了个法子，建议林黑儿在进入天津城之前以"黄莲圣母"之名行事。

于是，在6月的某一天，林黑儿率众从杨柳青乘舟去天津，途中，装神弄鬼，诡称"黄莲圣母"下凡，哄传一时。到了天津，林黑儿将船停在北门外，用红绸将船围严，船的桅杆上升起书有"黄莲圣母"四个大字的红色大旗，威风凛凛，使得成千上万看热闹的人不由自主地在运河两岸向船焚香跪拜。

林黑儿上岸后，直隶总督裕禄用八抬大轿把她迎接到督署，尊崇有加。

《拳变余闻》记，裕禄穿朝服向林黑儿跪拜，问："天津的前途如何？"林黑儿答："不打紧！"裕禄因此为她制黄旗两杆，大书"黄莲圣母"，派乐队吹吹打打，送到侯家嵕某神堂。随后，林黑儿在侯家嵕归贾胡同北边的南运河上设坛授徒，人数达二三千人之多。每当举行仪式，她就"坐神橱中，垂黄幔，香烛清供，万众礼拜"，风靡一时。

关于天津陷落后林黑儿的最终去向，也存在多种说法。

《拳变余闻》的说法是：为八国联军俘获，"屡于都署询鞠，无甚要领，遂载往欧美各洲，以为玩物云"。

《天津文史资料选辑》却说"黄莲圣母与三仙姑被人缚送都统衙门，正法完案"。

民间还流传有林黑儿被八国联军俘获处斩后制成标本运往欧洲展览的传闻。

但大多数资料是说她在天津陷落后不知所终。

不过，从英国人霍布斯鲍姆、兰格所著《传统的发明》（顾杭等译）及法国人毕耶尔·洛谛所写《撕裂北京那一年》（允若译）的记载来看，《拳变余闻》的说法是正确的，即林黑儿为八国联军俘获，并未杀害，而是当成玩物，运往了欧美各洲。

毕耶尔·洛谛还详细描述了自己"参谒"被八国联军俘虏了的"黄

莲圣母"的过程："房间里边已浮着暮色了。在一些凌乱物事中，一双凄然默坐的少女便显了出来。她们真是一双形容相若的姐妹，一个坐在椅子里，一个坐在床沿上，看着有人来，便觉惊愕不胜地垂下头来。她们都穿着朴素的黑衣，但散乱在地上的却有鲜美的绫罗、绣着金纹的法袍。这些，都是当初她们征战之日，在枪弹迅飞的啸声中披着步上前敌的女战士的装饰品呀……她们真的是曾经给人当作菩萨样地瞻拜着的女儿。炮声震天的时候，有她们来念动真言，跑向炮火浓处，后面的兵士便会跟着冲杀上来。就以这些本事，她们便成为一群不可思议的义和团的女性仙子——说起这个残忍而又值得惊异的宗教运动，这真是全中国患的一次最大的歇斯底里症。这些人今天可以是毫无抵抗地惊恐狂逃，可明天他们又可以抛掉白刃，在弹雨中冒着死向十倍的敌军冲杀上来，真使一切外国人恨也不是，怕也不是。现在，做了阶下的俘囚，昔日的女神便成了联军的玩物了，并且是一种珍奇的玩品。"

看，这就是林黑儿，这就是"黄莲圣母"，"她们真的是曾经给人当作菩萨样地瞻拜着的女儿"，"今天可以是毫无抵抗地惊恐狂逃，可明天他们又可以抛掉白刃，在弹雨中冒着死向十倍的敌军冲杀上来"！即使被俘受辱，仍然镇定从容。

一代狂圣章太炎因此把"黄莲圣母"纳入"倡义起兵功烈卓著者"之列，并称："法兰西之革命，亦拥女优为自由神，与义和团之'黄莲圣母'何异者？"

二十世纪八十年代，天津市人民政府将"红灯照黄莲圣母停船场"遗址列为市级重点文物保护单位，并于1994年8月在停船场设立"红灯照黄莲圣母停船场"纪念碑，作为爱国主义教育基地。

龚自珍后人是否引导英法联军火烧圆明园

说起龚自珍，就算对其人、其事知之不多，也必定听说过他的名字。因为他有一首诗，出现在中小学语文课本里，诗名叫《己亥杂诗》，云：

九州生气恃风雷，

万马齐喑究可哀。

我劝天公重抖擞，

不拘一格降人才。

必须说明的是，《己亥杂诗》并非这首诗的题目，而是创作于"己亥"年一组"杂诗"，共三百五十首，集结成册，册名就叫《己亥杂诗》。

龚自珍还有一篇杂文，叫《病梅馆记》，被收入高中语文教材。

所以，作为接受过中小学教育的人，没理由不知道龚自珍的名字。

俗话说，唯大英雄能本色，是名士自风流。

龚自珍绝对称得上风流名士，有才华，有学识，还富于自己独立的思想，称得上晚清诗人、文学家、思想家和改良主义的先驱者。

柳亚子对龚自珍倾倒服绝，誉之为"三百年来第一流"人物。

龚自珍的死法也非常离奇，传说他是跟亲王奕绘的小老婆顾春私通，被奕绘之子毒死，史称丁香花疑案；又有说他是死于权贵穆彰阿之手；还有说被青楼女子灵箫和小云毒死。晚清小说《孽海花》干脆以龚自珍儿子的口吻说，他被宗人府的同事，用毒酒毒死了。

其实，真讲究起来，龚自珍的儿子也算得上一代名士的，只是太狂太傲，不把士林众生放在目中，遭到了大家的摒弃和抑制，名声不扬。

龚自珍的儿子名叫龚橙，龚自珍对他期望殷切，在《己亥杂诗》中专门有四首是指导其学习做人处世的诗，其中一首诗惇惇叮嘱其："多识前言蓄其德，莫抛心力贸才名。"

龚橙在治学上不负乃父教导，如其父一样通经研史，还治小学，精校勘，治金石碑刻，精通域外语文，兼容并包，学问相当广博渊深，颇受咸同学人郭嵩焘、赵烈文、谭献、王韬等人的推崇。但他很狂，无心考取功名，也看不起那些满嘴标榜忠君爱国的士大夫。大家嘴里一致赞颂的社会名流和贤达，到了他的眼里就全是男盗女娼。

著名学者王韬算是龚橙的好友，在《淞滨琐话·龚蒋两君轶事》一文中记："居恒好漫（谩）骂人，轻世肆志，白眼视时流，少所许可。世人亦畏而恶之，目为怪物，不喜与之见，往往避道行。"

老实说，龚橙狂起来，那是连他自己的父亲也不放在眼里的。

他常常拿出父亲的文稿率意涂改，嘴里念念有词："这写的都什么破玩意儿，丢人丢到家了！"骂得狠了，还拿起棍子，边涂改边敲打父亲的牌位，说："看你是我亲爹的份上，帮你修改，免得贻笑后世。"

父亲是盖世名士，龚橙都这么看不起，家里的其他人，就更加没有好脸色了。

龚橙和妻子陈氏生活多年，厌烦起来，立马分居，就连儿子龚瞢（字去疾）也不愿见，对于一奶同胞的弟弟龚家英（字念匏），更是形同路人。

中国人历来讲究五伦，即君臣、父子、夫妻、兄弟、朋友五伦。

龚橙不肯承认自己的世界里存在有君臣、父子、兄弟、朋友以及夫妻——龚橙不爱原配妻子，却对一个小妾视若珍宝，最终同意自己的五伦虽然已经丢了四伦半，但还剩下小妾所占的半伦，于是自号"半伦"（《清稗类钞·姓名类》）。必须补充的是，这个小妾其实也不是东西，她看到龚橙晚年穷困潦倒，就和人私奔了，让龚橙连"半伦"也没捞到。

龚自珍在世时，在京师任职，龚橙自小即过着锦衣玉食的生活。

龚橙晚年曾不无自豪地回忆说："曩在京师，非客不乐，厨人皆精选绝者，故龚家食品无不艳绝墨林。"

龚橙精通域外语文，跑去给英国人威妥玛做秘书，得到威妥玛的高度赏识，拿高薪，出入有洋车接送，护卫跟从，前呼后拥，很是风光过一阵子。

曾国藩任两江总督，爱惜龚橙的才华，想提拔提拔他，设盛宴款待，用言语试探。龚橙眼高过顶，大言不惭地说："以您的能力，至多也不过给我个监司当当。我龚橙岂是一个甘愿位居您之下的人？今晚嘛，只谈风月，别用小官小职这种话来污了我耳朵。"

但是，三十年河东，三十年河西。

狂狷半生的龚橙晚年很落魄，自从威妥玛对他不感冒了，生活就失去了着落，靠典卖家里的书画古玩藏品度日。

士林界也趁机落井下石，把一顶"大汉奸"的帽子盖到他的头上。

盖这顶帽子的始作俑者，就是前文提到的小说《孽海花》。说1860年，英法联军侵入中国，龚橙随英军北上，到了北京，将辫发盘到头顶，戴洋人帽，穿白色西装，出入洋兵营盘，狐假虎威，好不得意。随后，领英国军队入圆明园，自己抢先一步单骑直入，取珍宝重器以归，大发横财。号称"万园之园"的圆明园随后被英法联军洗劫一空，付之一炬，成了如今的断井颓垣。后来，龚橙还代表英吉利和清政府谈判，对代表清政府的恭亲王百般刁难。恭亲王很不舒服，责备他说：你们龚家世受国恩，为什么为虎作伥？龚半伦回敬道：我父亲才华横溢却不能入翰林；我本人更是穷困潦倒，不得不到外国人手里讨生活，我家什么时候受过国恩？一句话，噎得恭亲王喘不过气来。

这一则故事，并不见于正史，纯属小说家语。

但龚橙平日太招人恨了，而且，他的确是做过英国人威妥玛的秘书，替英国人做事，趾高气扬，不可一世，于是各种野史笔记小说蜂起争相记载此事，包括《清朝野史大观》《圆明园残毁考》《新世说》《南亭笔记》，等等。

其中《新世说》的记载确凿无疑、不容置辩，云："庚申之役，英以师船入都，焚圆明园，半伦实同往，单骑先入，取金玉重器以归，坐是益为人诟病。"

所谓"三人成虎"，龚橙引英法联军烧圆明园之事很快就成了"铁案"。

不过，还是有些明白人的，他们秉公持正，替龚橙做过辩护。其中辩诬最多的是龚橙最要好的朋友赵烈文。但赵烈文既是龚橙最要好的朋友，世人多不愿采信其说。

此外，孙静庵在《栖霞阁野乘》一书和蔡申之在《圆明园之回忆》一文中也都公开为龚橙做过辩护，但影响力有限。

最终还是梁启超在《饮冰室文集》之四十四（下）跋《龚孝拱书横额》中说了句公道话："孝拱为定庵子，圆明园之役，有间谍嫌疑，久为士林唾骂。或曰并无其事，孝拱尝学英语，以此蒙谤耳。"

王闿运在《圆明园词》中也同意梁启超的说法，分析龚橙背此黑锅的原因有二：一是龚橙不仅给英国人做过秘书，而且"英师船闯入天津，孝拱实同往焉"；二是龚橙不检细行，放荡不羁，不仅言语惊世骇俗，而且行为特别怪异，既让人看不惯，又得罪了许多人。

现在回头看此事，一则当年侵略者的回忆录中完全没有提及此事。二则清廷留京大臣如恭亲王奕䜣以及文祥、宝鋆等人上给咸丰帝的奏折中，也未说到此事。三则当时留京官僚的日记中，如翁同龢的《翁文恭公日记》、李慈铭的《越缦堂日记》等，虽都详细记载了北京城里对火烧圆明园的种种传闻，却未提及龚橙引洋兵入园之事。日记只是记录自己的日常见闻，不用对任何事负任何责任，那是有闻必录，日记中没有，即龚橙引导外国人焚园之事，纯属子虚乌有，属小说家语。